Questions
and
Answers
Philosophy

智慧百科丛书

智慧的声音

探索哲学之谜

U0781257

[美]内奥米·扎克 著

李 哲 高 见 等 译

上海科学技术文献出版社
Shanghai Scientific and Technological Literature Press

图书在版编目（CIP）数据

智慧百科．智慧的声音：探索哲学之谜／（美）内奥
米·扎克著；李哲等译．—上海：上海科学技术文献出
版社，2025.
—ISBN 978-7-5439-9319-8

Ⅰ．Z228：B-49

中国国家版本馆 CIP 数据核字第 2024WV7975 号

THE HANDY PHILOSOPHY ANSWER BOOK, 2nd Edition by Naomi Zack
Copyright © 2010 by Visible Ink Press®
Published by arrangement with Visible Ink Press c/o Nordlyset Literary Agency
through BARDON CHINESE CREATIVE AGENCY LIMITED
Simplified Chinese translation copyright © 2025
by Shanghai Scientific & Technological Literature Press
ALL RIGHTS RESERVED

图字：09-2024-0810

责任编辑：姚紫薇
封面设计：留白文化

智慧的声音：探索哲学之谜
ZHIHUI DE SHENGYIN: TANSUO ZHEXUE ZHIMI
[美]内奥米·扎克 著 李哲 高见 等译
出版发行：上海科学技术文献出版社
地　　址：上海市淮海中路 1329 号 4 楼
邮政编码：200031
经　　销：全国新华书店
印　　刷：商务印书馆上海印刷有限公司
开　　本：787mm×1092mm　1/16
印　　张：19.75
字　　数：348 000
版　　次：2025 年 4 月第 1 版　2025 年 4 月第 1 次印刷
书　　号：ISBN 978-7-5439-9319-8
定　　价：68.00 元
http://www.sstlp.com

目录

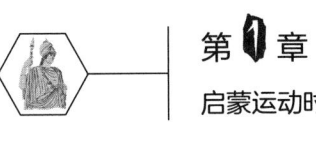
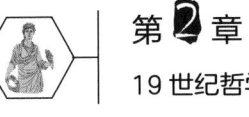
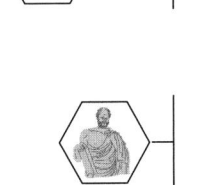
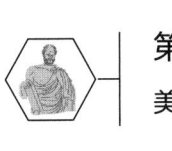

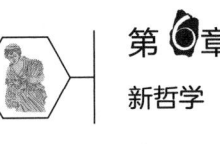

第 1 章
启蒙运动时期

 启蒙哲学是什么？

启蒙哲学形成于 18 世纪左右的启蒙运动时期。在此时期，哲学家的思想在文化领域占据了主导地位，这与中世纪时期宗教占统治地位，以及 19 世纪和 20 世纪科技占统治地位形成了鲜明的对比。

 启蒙运动是什么？

对当时的人们及后人而言，启蒙运动意味着理性时代的到来。启蒙运动的影响超出了智力活动的范畴，影响了绘画、文学、建筑、宗教、科学，当然还有政治。启蒙运动为美国独立战争（1775—1783）和法国大革命（1789—1799）提供了理论支持和舆论准备。尽管拥有共同的启蒙运动思想主题，但因各国所处历史环境有所不同，从而产生了各具特色的独特思想。而且，从 18 世纪上半叶至下半叶，启蒙思想有了显著的发展，这主要是因为美国革命和法国革命前后所发生的重大社会和政治变革。

 启蒙运动的共同思想主题是什么？

启蒙运动的共同主题是一系列价值观，包括以下几点：

1. 深刻影响所有价值观的是对理性重要性的强调，以及通过理性来探究人类本性和社会理想形式的重要性。

2. 相信人性本善，而且人的善良本性可以通过革除腐朽的制度来重新发现。

3. 倡导全面的世俗化，弱化传统基督教的超越性。

4. 推崇基于人性本善的全新美学和伦理学思想。

5. 或许最重要的是，使人们对人类的发展和进步有强大的信心；笃信当下优于过往，未来胜于当下。

然而，在启蒙运动的思想家当中，没有一个人完全直接地表述出这些启蒙运动的思想主题。他们几乎都运用理性思考并结合才智，去验证和发展自己的思想。但是，有时这些思想本身会带来无法预见的结果。那就是，这些启蒙运动时期的天才们，有时候思想发展得太远，或者是不能彻底全面地考虑问题。因此，当进步思想和人类理性理想枯竭之时，怀疑论、悲观主义和浪漫主义便开始疯狂地盛行起来。

 ### 启蒙运动时期的"理性"指的是什么？

理性是人们拥有的一种普遍能力，这种能力通过逻辑和科学知识的运用得以实现。理性要求人们摒弃迷信和压迫制度，诸如君主专制和宗教教条主义。

 ### 启蒙哲学家和其他知识分子有明显的区别吗？

两者并无明显差别。启蒙哲学家和其他知识分子都影响了当时的思想和理念。然而，在众多哲学家中，久经历史考验而成为目前哲学代表人物的却仅限于乔治·贝克莱（George Berkeley）、大卫·休谟（David Hume）、托马斯·里德（Thomas Reid）、杰里米·边沁（Jeremy Bentham）、让-雅克·卢梭（Jean-Jacques Rousseau）、伊曼纽尔·康德（Immanuel Kant）和詹巴蒂斯塔·维柯（Giambattista Vico）。约翰·洛克（John Locke）也与启蒙运动有着密切的联系，尽管他属于17世纪。然而，在他们的时代，其他领域的杰出思想家和作家，诸如伊桑·艾伦（Ethan Allen）、马奎斯·孔多塞（Marquis de Condorcet）、丹尼斯·狄德罗（Denis Diderot）、乔纳森·爱德华兹（Jonathan Edwards）、本杰明·富兰克林（Benjamin Franklin）、霍尔巴赫男爵（Baron d' Holbach）、托马斯·杰斐逊（Thomas Jefferson）、约瑟夫-玛丽·德·迈斯特（Joseph-Marie de Maistre）、查理·路易·孟德斯鸠（Charles Baron du Montesquieu）、托马斯·潘恩（Thomas Paine）、约瑟夫·普里斯特利（Joseph Priestly）、亚当·斯密（Adam Smith）、玛丽·沃斯通克拉夫特（Mary Wollstonecraft）、威廉·戈德温（William Godwin）和伏尔泰［Voltaire，原名弗朗索瓦-马里耶·阿鲁埃（Francois-Marie Arouet）］，他们也都是促成当时哲学学术气氛的重要代表。

是不是所有 18 世纪的思想家都赞成和支持启蒙运动的思想主题？

不是。一些思想家具有反传统、反启蒙运动普遍理性精神的浪漫主义思想，如作家塞缪尔·泰勒·柯勒律治（Samuel Taylor Coleridge）、约翰·沃尔夫冈·冯·歌德（Johann Wolfgang von Goethe）、约翰·戈特弗里德·赫尔德（Johann Gottfried Herder）、戈特霍尔德·埃夫莱姆·莱辛（Gotthold Ephraim Lessing）、弗里德里希·席勒（Friedrich Schiller）和威廉·华兹华斯（William Wordsworth）。也有另外一些启蒙运动的悲观主义者，他们不赞同"进步的信念"这一时代特征。例如，哲学领域的詹巴蒂斯塔·维柯、埃德蒙·伯克（Edmund Burke）和约瑟夫—玛丽·德·迈斯特，文学领域的威廉·柯珀（William Cowper）、肖代洛·德拉克洛（Choderlos de Laclos）、萨德侯爵（the Marquis de Sade）和乔纳森·斯威夫特（Jonathan Swift）。

人们熟知弗里德里希·席勒是德国伟大的浪漫主义诗人和剧作家，而实际上，他也是一位哲学家，在伦理学和美学方面有大量著作。（图片来源：艺术文献库）

乔治·贝克莱

 乔治·贝克莱是谁？

乔治·贝克莱是现代唯心主义的奠基人。与 17 世纪的唯心主义先驱，如尼古拉斯·马勒伯朗士（Nicolas Malebranche）和戈特弗里德·莱布尼茨（Gottfried Leibniz）不同，贝克莱并不是理性主义者。总的来说，贝克莱是赞同科学和经验主义的，他也是英国近代经验主义三大哲学家之一，另两位是大卫·休谟和约翰·洛克。

贝克莱出生在爱尔兰基尔肯尼郡，从 11 岁开始，他在基尔肯尼大学学习，共学习了 4 年。之后，他前往都柏林圣三一学院，开始了历时 4 年的大学生活。1707 年，他被选为研究员，任职到 1724 年。他于 1709 年出版了第一部著作《视觉新论》(*An Essay Towards a New Theory of Vision*)，随后，在 1710 年出版了《人类知识原理》(*A Treatise Concerning the Principles of Human Knowledge*)。1713 年，他搬到英国伦敦，出版了《许拉斯和斐洛诺斯的三篇对话》(*Three Dialogues between Hylas and Philonous*)，这是他第一本深受欢迎的著作。后来，贝克莱经著名评论家、讽刺作家乔纳森·斯威夫特的介绍觐见了安妮女王，并因此与当时的文学精英们结为至交。

1713 年，贝克莱作为大使的专职牧师前往意大利西西里岛。他的下一份工作是英国北爱尔兰德里主教圣乔治·艾舍 (St. George Ashe) 的助教，这使他有机会得以遍游欧洲。1721 年，他撰写了《论运动》(*On Motion*) 和《论如何防止大英帝国毁灭》(*An Essay Towards Preventing the Ruin of Great Britain*)。在《论如何防止大英帝国毁灭》一书中，他提出 1721 年前后发生的金融危机（南海泡沫事件，即一场因过度投机导致的股市崩盘）是宗教和道德衰落的结果。1723 年，他从一个叫埃斯特·凡鹤利 (Esther Vanhomrigh) 的女人那里继承了一笔意外财产。埃斯特·凡鹤利是有着荷兰血统的爱尔兰人，长期和乔纳森·斯威夫特保持通信，并且是斯威夫特的情人。乔纳森·斯威夫特在诗中称她为"凡妮莎"(Vanessa)。（贝克莱却称她是一个完全陌生的人。）

1724 年，贝克莱被任命为德里教区的主教，这一职位给他提供了经济保障。他的梦想是在百慕大群岛 (Bermuda) 创建一所可接纳黑人和印第安人的基督学院，使他们像白人一样具有接受教育的资格。他为此工程到处筹集资金，但资金不足，无法使其成为现实。英国议会曾承诺给他拨款 2 万英镑，但是这笔拨款一直没有兑现。

贝克莱于 1728 年结婚，之后和妻子安妮前往美国罗得岛。他发现这里更适合建立新学院，于是他创办农场，并为未来的学院种植庄稼。贝克莱夫妇在罗得岛生活 3 年后，返回伦敦。1732 年，贝克莱在《渺小的哲学家》(*The Minute Philosopher*) 中捍卫了基督教教义，并

爱尔兰基尔肯尼郡托马斯镇的戴萨特城堡 (Dysart Castle) 是乔治·贝克莱的故居。（图片来源：艺术文献库）

于 1734 年在《分析学家》（*The Analyst*）中称，数学比宗教更加故弄玄虚。同年，他被任命为爱尔兰克莱因主教，这使他搬回爱尔兰，并一直住在那里，直至 1753 年他在牛津大学探望其子之时逝世。

乔治·贝克莱的视觉新理论是什么？

贝克莱与法国哲学家勒内·笛卡儿（René Descartes）一样，试图为距离的感知作出解释。笛卡儿在《屈光学》（*Dioptrics*）一书中指出，天生具有的几何学知识可以使从未学过几何的人测算出距离，他们的双眼和可视物体之间的光线形成三角形，通过算出这个三角形的高度可以计算出距离。爱尔兰自然哲学家威廉·莫利纽克斯（William Molyneux）认为，距离即是从物体到人的眼睛的长度，本身并不可见。贝克莱以威廉·莫利纽克斯的观点为基础进行推论：既然人所见的是二维物体，它与距离的关系是偶然的，在所触和所见之间，依赖的是人眼睛的感知和头脑的联想。这些联想依赖的则是以往的经验。

贝克莱关于"视觉如何起作用"这一问题推理的总体结果是，视觉感知是一种活跃的和经验性的过程。他也对约翰·洛克的观点进行了批评，认为由视觉而来的观念和由触觉而来的观念并无共通之处。

为什么乔治·贝克莱被视为异类或障碍？

贝克莱之所以被视为异类，是因为他的思想违背了常理，以至于被视为荒谬。而他之所以被视为障碍，是因为他创立了一个强大且持久的思想流派，该思想流派在 19 世纪主导了哲学的一些领域，并演变为 20 世纪，乃至 21 世纪错综复杂的进步运动。

乔治·贝克莱的视觉论与物质和物质存在的概念有何关联？

贝克莱以其视觉论闻名于世，其视觉论为现代认知心理学发展做出了诸多贡献。但是，在此理论中，他完全否定了经验主义的首要观点，即物质。贝克莱在详细阐述自己的观点时，既违背了常识，也违背了科学。他坚持认为物质（整个物理世界），根据我们所能掌握的最佳证据，它根本就不存在，而其他经验主义哲学家，包括洛克和休谟及后来的约翰·斯图亚特·密尔（John Stuart Mill）和伯特兰·罗素（Bertrand Russell），却假定物质是存在的。对于哲学历史上任何一个严谨的学者而言，贝克莱的立场决定了他要么是令人愉悦的异类，要么是一个棘手的障碍。

 ## 贝克莱的唯心主义使谁困惑？

对于那些仍然坚持外部世界感知存在的现实性的人来说，贝克莱的理想主义是令人困惑的。对于许多科学家而言，贝克莱的唯心主义也是悖论，因为他们为了使自己研究"客观事实"的工作有意义而必须相信"客观实在"。

 ## 乔治·贝克莱所谓的"存在即被感知"是何意？

贝克莱认为世界只存在三种事物：心灵、观念和上帝。天使也是心灵，是另外一种把世界划分为心灵和观念的方式。人类、天使和上帝都是心灵，其他一切都是观念。没有什么已知的事物是存在的。但如果存在的仅仅是心灵和观念，那世界又从何而来呢？

贝克莱认为，我们所设想的外部世界是观念一个个地不断叠加到我们所感知的观念中去的。贝克莱认为世界上存在的只有能进行思考的心灵和不能进行思考、只存在于心灵之中的观念。物质是不存在的，因为它被证明是一种没有性质的物理客体。我们能够感知到主观存在的观念。如果不被心灵感知的话，没有任何观念是可以存在的。贝克莱的名言是"存在即被感知"。外部世界自身是一种孤立的观念，但仅仅是一种观念。此外，我们认为所了解的许多观念可以用来说明外部现实的存在，可实际上这些观念仅仅是与我们感知到的观念结合而产生的一些特殊观念。例如，"实在"和"物质实体"这两个观念只是单词而已，在外部世界中并无与之相符的事物。在贝克莱看来，"实在"只是另一种观念，这种学说使他成为卓越的唯心主义哲学家。

偶因论是什么？

偶因论是一种理论，它认为在现实生活中没有任何事物能够引发另一事物。上帝决定一切，上帝创造世界时已决定这一切。因此，当一个台球撞击另一个台球时，被撞击的台球会发生移动。但在这个过程中，第一个台球并没有导致第二个台球移动，因为第二个台球原本就被设定为以那种方式自行移动。偶因论认为，所有看似相互作用的事物都像是并排放置的两个时钟，其中一个时钟比另一个快一点点。当走得快的时钟的指针移动时，它看起来像是导致了走得慢的时钟的指针移动。

 ## 为什么说"观念"对贝克莱很重要？

让我们从这个意义上去理解，"观念"是一种术语，指的是头脑中的某种抽象事物。贝克莱的形而上学始于一种假设，即我们都曾了解我们心中的观念（这也是观念之所以重要的原因之一）。我们倾向于做出这样的假设：对于某些事物，就是假如我们有特定词汇去描述它，那么我们就会形成对该事物的观念。然而，有时我们却欺骗自己，因为我们的许多词汇很空洞，无法形成相应的观念。我们只是因为习惯了以某些固定的方式去使用语言，但这并不意味着所有词汇都是纯概念性的，词汇也并不能指称所有观念。我们以抽象和普通词汇为例，如"人类""纯洁""动物"和"物质"。显而易见，我们头脑中并无相应的观念对这些词汇作出反应。所有的观念都是关于特定的事例或是特定事例的结合体。我们缺少创造新观念的能力，因为只有上帝才有这样的能力，我们的能力仅限于以新的方式组合现有观念或是创造现有观念的仿制品。

 ## 根据乔治·贝克莱的观点，有哪两种类型的观念？

贝克莱认为，观念只存在于那些能感知到它们的心灵中。人类所知的两种类型的观念：一是感知观念，即从外部世界进入心灵的观念；二是想象观念。尽管上帝从无到有地创造了所有观念，但上帝并不具有感知观念，因为世上没有任何事物可以影响上帝。上帝只具有想象观念。

没有一种观念能够自己独立行动，所有观念都是被动的。只有心灵才能起作用，所有观念都必须存在心灵中，无心灵便无观念。

 ## 谁影响了乔治·贝克莱？

乔治·贝克莱认为，我们的感知观念只有被感知后才能形成实际观念。从我们对事物的感知中，我们也只是以某种形式参与分享了上帝所创造的东西。以此看来，贝克莱关于世界的概念是偶因论的扩展，这一理论由尼古拉斯·马勒伯朗士在 17 世纪提出，并通过戈特弗里德·威廉·莱布尼茨的"先天的和谐"概念得以发展和完善。贝克莱基于这一学说润色了自己的观点，即上帝创造了现实世界，因为我们自身也是上帝在创造其他事物时创造出来的。

贝克莱从而将上帝的存在扩展到人类认知中，将其视为构成现实本身的一种力量。然而，贝克莱之所以被视为经验主义者，是因为他强调感知信息是知识的要素。对于贝克莱来说，感知信息并不是哲学家和绝大多数非哲学家所谓的"外部世界"的象征或征兆，而是由上帝创造并置于我们头脑之中的观念。

 贝克莱是如何看待勒内·笛卡儿所提出、约翰·洛克所完善的"物质""广延"等基本概念的？

贝克莱认为，物质和广延（物质的主要属性，即物质占据空间）是抽象的、普遍的观念。也就是说，那些命名和描述物质的词语指的并不是真实的观念，因为只有观念、心灵和上帝是存在的。贝克莱认为物质和广延是不存在的，因为并无任何真实的东西与之对应。贝克莱还以同样的方式批判了我们假设的因果观念问题和两种物性问题（物质的第一性质和第二性质的区别）。他试图寻找感知观念和想象观念来支持他的说法，但是无果而终。

在因果观念方面，贝克莱基本是偶因论者。

 贝克莱的偶因论为何与众不同？

大多数偶因论者认为，事物之间真正的因果关系发生在上帝的心灵中。贝克莱并不赞同这一观点。贝克莱认为，我们对可感知的现象产生观念，这通常是由可感知现象的具体观念引起的，但是事物之间的因果关系只是一种假象或幻觉。

 贝克莱是如何看待第一性质和第二性质之间的区别的？

17世纪的经验主义哲学家认为，第二性质是人的主观感觉（观念），即颜色、声音、质地和气味等；像质量和数量这样的第一性质构成物体的原子的性质。我们不能感知第一性质，但17世纪的经验主义者认为，正是原子第一性质之间的相互作用导致了我们对第二性质的感知。例如，红油漆内部的原子通过光纤与我们的眼睛相互作用，使我们产生了对红色的体验。但是贝克莱否认了第一性质和第二性质的区别，因为没有第二性质（颜色、质地、声音和气味等）的观念，就不会存在第一性质（数量、广延、体积）的观念。

为何乔治·贝克莱如此喜欢焦油水？

一些传记作者声称，乔治·贝克莱一生都饱受便秘的困扰，直到中年晚期，他终于从焦油水中找到了长效解决痛苦的办法。焦油水是一种从树皮中榨取的树脂。以下内容出自约翰·廷布斯（John Timbs）的《1760—1860年百年轶事》（*A Century of Anecdotes from 1760—1860*）。

"贝克莱主教在腹痛不适时，使用焦油水后得到了好处，于是发表了一篇名为《焦油水的功效》（*On the Virtues of Tar-Water*）的作品。"在他去世前几个月，又发表了一篇续集，名为《关于焦油水的进一步思考》（*Further Thoughts on Tar-Water*）。一时间，焦油水成了万灵药。当被质疑时，他回答道："坦率地说，焦油水是万灵药，我对此也怀疑。"

休·西摩·沃尔波尔爵士（Sir Hugh Seymour Walpole）保存了关于贝克莱治疗方法的讽刺诗："谁敢嘲笑虔诚的贝克莱所做的事情？教会将站起来为她的儿子辩护；她告诉我们她所有的主教都是牧羊人，而牧羊人则用焦油治愈病痛的羊群。"

贝克莱是如何回答"森林中倒下的树是否发出声音"这一问题的？

贝克莱认为，对物体而言，我们只有在对它们的感知性质形成观念的情况下，才能感知它们的存在。如果我们感知不到那些性质（例如森林中一棵树倒下时发出的声音），那么它们在我们的观念中就是不存在的。但是，这并不意味着我们可以得出这样的结论：这样一棵树没有发出声音。我们对感知性质形成的观念源于上帝，因为上帝创造了它们。假如森林里一棵树倒塌，而上帝创造了它倒塌的声音，那么上帝心灵中的观念就会保证声音的发生，即使人类无法感知它。贝克莱将同样的推理应用到了这样一种情况，那就是无人住的房间将会持续存在，它仍然作为一系列观念存在于上帝的心中。

贝克莱是怎样批判牛顿学说的？

贝克莱认为，并不存在脱离具体事物的绝对运动，或是脱离具体距离的绝对空间的观念。他认为牛顿关于在一定距离上的力和运动的假说对数学计算或许有用，但并没有理由断定其为真理。

大卫·休谟

 ## 大卫·休谟是谁？

大卫·休谟是西方传统意义上的第一位哲学家，因为他的思想体系没有依赖上帝而创建。他的无神论不仅是一个个人信仰问题，而且是基于"上帝存在可以通过理性得知"这一主张的怀疑主义应用。休谟将他的怀疑论扩展到关于世界知识的本质问题上，同时也说明我们对于因果和未来的知识是多么有限。他是第一位现代的、彻底的自然哲学家。

 ## 对于大卫·休谟的生平我们了解多少？

休谟于 1711 年生于苏格兰爱丁堡。他父亲是霍姆伯爵（Earl of Home）的远房亲戚，而他母亲的近亲都是律师，所以大卫·休谟最初打算学习法律，但后来他发现自己对法律并不感兴趣。他 15 岁时离开爱丁堡大学并开始阅读和思考哲学。之后因迫使自己进行高强度的数年学习，休谟不得不于 1734 年在医生的护理下进行身心调养。随后，他在哲学上取得了重大突破，同时也为英国布里斯托尔的一位商人工作。此后，休谟前往法国安茹的拉弗莱什定居 3 年，拉弗莱什是勒内·笛卡儿的母校所在地。在法国定居期间，休谟于 1739 年匿名出版了《人性论》（*A Treatise of Human Nature*）一书。但是这本著作并没引起当时知识分子的重视，后来休谟自己也这样描述，"媒体对这本书的反应是一片死寂"。

休谟希望被人们认可，因此他在 1740 年继续匿名写下了《人性论摘要》（*An Abstract of a Treatise of Human Nature*）。他试着将之前的冗长著作缩短并精简，以吸引更多读者。即便经过这样的努力，他依然没有成功地使人们重视《人性论》一书。他的下一本主要哲学著作是 1748 年的《关于人类理解力的哲学论文》（*Philosophical Essays Concerning the Human Understanding*），此书在 1758 年改名为《人类理解研究》（*An Enquiry Concerning Human Understanding*）。接着在 1751 年，他出版了《道德原则研究》（*Enquiry Concerning the Principles of Morals*）。该书比《人性论》更加清楚明确地提出了反宗教思想。他的《自然宗教对话录》（*Dialogues Concerning*

Natural Religion）很可能写于 18 世纪 50 年代，但该著作却是在他死后才出版的。

休谟的研究还涉足历史学、经济学、伦理学和政治哲学。他的著作《大不列颠史》（History of Great Britain）体现了他对哲学深刻而全面的研究，也因此使得他被人们认可并闻名于世。即使如此，他也为得到苏格兰爱丁堡大学和格拉斯哥大学哲学教授的职位而不断努力，但最后以失败告终。从 1746 年起，他担任了圣克莱尔将军（General St. Clair）的秘书，并在这一职位上工作了 3 年。在工作期间，他有机会前往法国布列塔尼和意大利都灵。休谟在 1752 年回到爱丁堡，担任了 5 年的爱丁堡大学图书馆馆长。之后，他成为英国驻法国巴黎大使的私人秘书兼副国务卿。

 大卫·休谟在哲学上的远大理想是什么？

休谟试图使用经验主义方法创建一种心灵科学，就像艾萨克·牛顿创建的自然科学一样。

 休谟是如何在哲学上创建他的心灵哲学的？

休谟总结和应用了许多学科知识，并遵循两大主要原则。第一，我们所有的知识是我们心灵活动的感觉印象或是感觉反射。第二，任何事实都不能先验地证明，也就是在经验之前证明。休谟指出："人类心灵的所有感知可以分为两种不同的类型，即我所谓的印象和观念。"

他认为，自然世界的科学和关于人类社会的信仰都是实证调查的结果。数学和逻辑学原理是未经实证就可以知道的，基于此，这些知识关乎的不是外部世界，而是人类的心灵活动。我们的感知信息为我们提供了直接的事实性知识，这比我们的观念更容易让人信服。正如休谟所言："最生动的思考还不如最迟钝的感觉。"

休谟在创建心灵哲学的过程中并没有使用过去的哲学课题，也不包括对这个世

制作于 1854 年的大卫·休谟塑像，他寻求创建一种心灵科学。（图片来源：iStock 图像）

界或是下一个世界活动的推理。以下是休谟的总结：

　　假如我们把任何一本书拿过来看，（这本书）要么是神学的，要么是形而上学的。我们不禁要问：它包含任何关于数或量的抽象推理吗？不包括。它包含任何关于事实和存在的实验推理吗？不包括。那就把它投进火中吧，因为它除了诡辩和幻觉之外什么也没有。

 ## 是什么困扰了大卫·休谟对因果关系的分析？

　　休谟反驳了因果之间有必然联系的科学和常识观念。他说，在观察两颗互相撞击的台球的时候，不管我们观察时离得多近，都看不到第一颗台球发出的某个动作使第二颗球作出某种必然的反应。只有凭借经验我们才能了解到因果之间的关系，因此我们不能说一个事件导致了另一个事件，我们所知道的只是一个事件总是跟随另一个事件发生。休谟在这里提出了"因果关系恒常连接理论"。因此，我们并没有理由相信一个事物造就了另一个事物，两个事物在未来也不一定会一直"互相连接"。我们之所以相信因果关系并非因为它是自然的本质，而是因为我们所养成的心理习惯和人性。例如，人们对面包形成的观念是与营养的观念联系在一起的。

休谟是怎么看待自我的？

　　众所周知，休谟否认自我是作为物质或灵魂存在的。他写道："就我个人而言，当我最深入地探究所谓的'自我'时，我总是会碰到某种特定的知觉，如热或冷、明或暗、爱或恨、痛或乐。我从未在没有任何知觉的情况下感知到自己，也从未观察到除知觉以外的任何东西。"他接着解释说，一个人所称的"自我"不过是一种或数种知觉的集合，其中没有一个是关于自我的直接概念。

 ## 休谟的归纳推理是什么？

　　休谟引入了一个关于我们如何从过去或现在推理到未来的问题，此问题至今仍然困扰着科学哲学家和认识论学者。他指出，无论我们过去的经验多么丰富，否认过去发生的事情会在未来发生，这并不构成逻辑上的矛盾。举例而言，如果依据过去的经验，太阳总是从东边升起而从西方落下，这与说它明天不会升起并不矛盾。如果有人反驳，过去的经验给了我们今天发生的事件和之后太阳升起之间的规律性，那么，休谟的回答是，我们并不能因此确定其在未来还会如此。再举一个例子，在氧气中摩擦可燃物质总会导致燃烧，但是或许在未来，氧气、可燃物质与摩擦这种组合将不会引发燃烧。

休谟归纳思考的原则在于我们过去的行动不可以作为未来行动的可靠指导。他主张，即便我们有足够的能力预测未来，并且我们已经在以往的经验中证实了相关的知识，我们也无法知道未来会和过去一样。当然，他也是非常审慎的，没有忽视任何的可能性。他的批判对象是我们可以确定未来的观念。

 休谟将自我归结为知觉的做法存在什么大问题？

总的来说，休谟将心灵视为剧院舞台，观念穿梭其中，每一个观念都是知觉或逻辑关系的独立"存在"。各种知觉就像演员一样在这个舞台上持续不断地相继出现：有的知觉在舞台上倾心沉醉，有的不发一言，有的兴致勃勃，有的忧郁苦闷。但休谟并没有论述观众会是谁，以及谁有资格进入剧院。他寻找的，但却未能找到的是，一个能以统一、独特的方式证明"自我"这一术语的对象。在寻找"自我"时，他并没寻找"反省者"或"我"。他只是简单地假设，这个反思者并不是他所要寻找的自我。当一个人"最深入地探究所谓的自我"时，另一种表述是，休谟对自我的分析无法解释这一分析过程（即反思自己的想法）。但是休谟没有考虑到这样的事实，即他所反省的事情本身就有"自我"的含义。

休谟相信神迹吗？

他可能不相信，尽管他并没有明确否认过它们的存在。休谟的论点旨在评估神迹报道的真实性。这种评估将涉及神迹的目击者及目击者所描述的时间和空间的可信度。休谟认为，如果有人报道了神迹的发生，我们应该问这样一个问题：根据我们对世界的所有了解，神迹发生的可能性更大，还是没有发生的可能性更大？

休谟关于宗教的观点有何新意?

在《自然宗教对话录》一书中,他反驳了关于上帝存在的先验论证和实证论证。这是对宗教信仰理论基础的攻击。他也反对勒内·笛卡儿的本体论或先验论,休谟对"为什么凡是开始存在的东西都有其存在的原因"的普遍命题表示怀疑。也就是说,假定任何事物的不存在,包括上帝,这并不是逻辑矛盾。

他的经验论主要指向宇宙哲学论和设计论。他反驳宇宙哲学论关于世界必然有造物主的观点,休谟认为,我们对世界起源的了解不足以证明关于这个世界是如何产生的假设。最古老也最常被用来主张上帝存在的论点是设计论,即世界上的所有秩序,以及所有事物的"目标"都已经被上帝预先设计好了。自然现象存在着错综复杂的秩序,就像机械或工艺品一样。这就为这样的想法提供了证据:必定有一位对自然事物的构造和适应秩序负责的设计者,他具有远胜于人类才能的能力。因此,我们可以合理地假定:上帝作为这位设计者而存在。休谟对此的回答是,我们没有理由和根据能从任何一件小事到整个世界自身推理出真有造物主。如果休谟的论点成立,那么留给宗教信仰的唯一依据就只剩下纯粹的信仰了。

 ## 休谟的情绪理论有何与众不同之处?

虽然休谟在知识方面推崇理性而非信仰,但当谈到人类心理学问题时,他笃信最初是情绪或激情赋予我们动机,而理性总是为这些情绪服务。与巴鲁赫·斯宾诺莎(Benedict de Spinoza)不同,休谟没有情感方面的认知理论,即我们所感受的不是我们所相信的结果。休谟曾这样写道:"理性是,且应该只能是情感的奴隶。"

 ## 休谟认为我们有自由意志吗?

是的,休谟相信自由意志的存在,但他认为自由意志以一种奇怪的方式存在着。他认为自由是由我们现有的性格所决定的。如果动机和行动之间没有因果联系,那么就没有赞扬和责备的道德基础。也就是说,我们不会因为别人无心或是偶然做的事而去赞扬或是责备他。对休谟而言,自由在于我们能够做自己想做的事情,或者说不受约束。我们的自发性并不等于冷漠,也不是做一件事或另一件事没有原因。他曾写道:"我们可以将自由理解为根据意志决定采取行动或不采取行动的权力。除了囚犯和戴着镣铐的人,现在这种假设的自由属于每个人。"

 ## 为什么说休谟是一个充满矛盾的人？

休谟曾写过这样一句名言："作为哲学家，身处各种哲学之中，但要记住，自己是个凡人。"休谟描述自己是"一个性情温和、情绪稳定、性格开朗、善于社交、乐观幽默的人，有能力去爱，但很少怀恨在心，并且在所有情感中都能保持极大的节制"。在他患癌症的弥留之际，他的至交亚当·斯密去看望他时，他镇定自若，对自己的无神论没有丝毫悔意，他表示假如有来世的话也不愿有宗教信仰。事实上，他终其一生都和蔼可亲，笃信理性。休谟是一位平静且温和的哲学家，在英国和法国以"好人大卫"（the Good David）的称号而为众人所知。

然而，尽管休谟性格温和，但他却非常享受美食与美酒，体重超过 300 磅（136 公斤）。关于他是否是温和的人，他与让-雅克·卢梭的"友谊"或许会给出另外的答案。1766 年，卢梭在英国得到了庇护，在很大程度上是因为休谟的帮助，但是很快休谟就开始后悔。虽然当时休谟已在巴黎沙龙享有很高的声誉，但是卢梭却是一位更加著名的世界名人。卢梭当时经济窘迫，对公众舆论也很敏感，他的奇装异服常常被保守的英国社会所嘲弄，休谟对此置若罔闻。卢梭很快开始怀疑和休谟的友谊，指责他背信弃义，休谟非但没有让此事平息，还公开了他与卢梭的信件。一些好友深知卢梭所遭受的苦难，曾劝告休谟不要这样做，但是休谟并没有听从好友们的劝告。公开发表信件之后，休谟还否认是他自己公开了这些书信，这些事情毁了休谟和卢梭之间的友谊，并引起了人们对他善意、明智和根本动机的怀疑。

让-雅克·卢梭

 ## 卢梭是谁？

让-雅克·卢梭是一位具有独创思想的政治哲学家，他对推动法国大革命做出了比其他人更重要的贡献。另外，他还是一位极具创造力的小说家，拥有庞大的读者群，让读者通过他的角色间接地体验生活，有些人甚至会将自己锁起来数日，以便感性地享受卢梭最新的小说。因此，卢梭可以说是第一位现代名人哲学家。

卢梭的生平如何？

　　纵观卢梭的一生，他的生活似乎总是充满戏剧性，尽管他也曾在写作中找到过心灵上的安定。卢梭于 1712 年生于瑞士日内瓦，并始终认为自己是那里的公民。他的母亲在他出生 9 天后就离开了人世。他的父亲则是一位平凡的钟表匠。实际上，卢梭是由舅妈抚养长大的。他的父亲也是性情中人，常常阅读言情小说和普鲁塔克（Plutarch）的作品。

　　童年时，卢梭常常遭受来自家庭之外的虐待。他在《忏悔录》（Confessions）一书中提到，8 岁时他寄宿在一位牧师家中，受到牧师的妹妹、女教师的鞭罚。12 岁时，他先后向一个公证人和一个镂刻匠学艺，却饱受虐待。16 岁时，卢梭只身离开日内瓦，遇到了天主教贵妇人华伦夫人（Francoise-Louise de Warens），她后来成为卢梭的情妇，也是华伦夫人使其皈依了天主教。

　　1742 年，他不断地自学和研究，想出一种用数字代替音符的简易记谱法，后来他将自己的全新记谱法带到巴黎，呈交给巴黎科学艺术院，但遭到了拒绝。1743 年，卢梭担任法国驻意大利威尼斯大使的秘书一职，但因和大使争吵，一年后就离开了。回到巴黎后，他开始了与一个叫泰蕾兹·勒瓦瑟（Thérèse Levasseur）的女裁缝的同居生活。之后，卢梭结识了大哲学家狄德罗，由于有共同的兴趣、爱好和志向，他们之间建立了深厚的友谊。他们彼此都热衷于学术工作，狄德罗和卢梭等人便着手合编了一部百科全书，卢梭负责音乐部分。随后，他参加了法国第戎学院"关于科学和艺术的进步对改良风尚是否有益"的征文比赛。卢梭于 1750 年提交了《论科学和艺术》（Discourse on the Sciences and Arts）一文，从反对观点进行了论述。他赢得了此次论文比赛，并因此成为巴黎名人。他的歌剧《乡村预言家》（Le Devin du Village）深得法王路易十五（Louis XV）的赏识，但是卢梭并没得到法国国王经济上的照顾，因为路易十五很快就转而支持意大利音乐了。

　　返回到日内瓦之后，卢梭再次皈依了加尔文主义教派。1755 年，他写了《论人类不平等的起源和基础》（The Discourse on Inequality）一书，此书导致他与狄德罗和其他资助者的疏远，因为他在书中指出人类大多数的不平等不是自然的产物，而是社会作用的结果。卢梭相信人性本善，他也因此得到了富有的卢森堡公爵（Duke de Luxembourg）的支持。1761 年，卢梭出版了爱情小说《新爱洛依丝》（Julie ou la nouvelle Heloise），并取得了巨大的成功。随后，1762 年又出版了《社会契约论》（*Du Contrat Social*），又名《政治权利原理》（*Principles of Political Right*），以及《爱弥儿：论教育》（*Emile or On Education*）。所有这些著作都对既定宗教进行了批判，因而在法国和日内瓦都被列为禁书。1762 年，因为他的政治观点，卢梭开始了逃亡生活，辗转多处，最后于 1765 年在英国哲学家大卫·休谟的邀请下来到英国。但后来两人相处得并不愉快。最后，卢梭因与休谟之间的分歧愈来愈大而离开英国。

让-雅克·卢梭为人性本善辩论。（图片来源：iStock 图像）

　　他不得已改名为"勒努"（Renou）才得以回到法国，重新过隐居的生活。流亡生涯、不安宁的岁月并未影响到卢梭的创作。在英国期间，他就开始撰写《忏悔录》，但直到他死后，该书全本才得以出版。在应邀为波兰-立陶宛联邦宪法建言献策后，他撰写了《波兰政府论》（*Considerations on the Government of Poland*）。1782 年，他的《卢梭评判让-雅克：对话录》（*Dialogues: Rousseau Judge of Jean-Jacques*）、《忏悔录》、《孤独漫步者的遐想》（*Reveries of the Solitary Walker*）先后出版。他在 1778 年弥留之际还写了一篇评析格卢克（Gluck）歌剧《阿尔西斯特》（*Alceste*）的文章。

 卢梭最有影响力的思想是什么？

　　卢梭倡导人性本善。他认为，是社会和习俗滋生了人类的恶习和罪恶。例如，在自然状态下，原始的人类有一种健康的自爱之心，但是在社会状态下却变成了他人眼中的"自尊"，或者叫作骄傲和虚荣。在自然状态下，"人人生而自由"，但在社会状态下，私有财产（卢梭将其视为一种盗窃）也滋生了腐败，导致人处于"无处不在的枷锁之中"。卢梭认为在人际关系中存在一种天生的同情，但是这种同情已被贪婪所腐化；也存在一种简单的虔诚，但是这种虔诚已被有组织的宗教所扭曲。

"人性本善"的观点是卢梭于1750年在《论科学和艺术》一文和他的小说中提出的。在1762年的《社会契约论》中，他讨论了托马斯·霍布斯（Thomas Hobbes）和约翰·洛克曾经论述过的原始自由、好政府的设想及好政府的标志等话题。卢梭指出，在建立契约之前，个人必须放弃自己的特殊利益而完全服从公共意志。作为回报，个人以公民的资格作为完善的国家的一分子，其个人权利得到保护。但这是一个积极的公民模型，因为个人在追求自身利益的同时，必须同意普遍意志。

卢梭是伪善者吗？

让-雅克·卢梭假定儿童天性善良，教育的目的是培育这种善良，因此他成为那个时代领先的教育理论家。他的《爱弥儿：论教育》一书，生动地描述了一名年轻男孩（爱弥儿）在卢梭的指导下成长的过程。这个男孩在乡村长大，那是一个安宁祥和的世界，他直到12岁才接受教育。这本书构想的是一个能够挖掘儿童自然天性的渐进的教育过程："大自然希望孩子在成为男人之前先成为孩子。……童年有其独特的观察、思考和感受方式。"随后，爱弥儿学习了一项技能（木工），并在16岁时与未婚妻索菲（Sophie）相识。索菲接受了良好的教育，乖巧听话，而爱弥儿则学习了自治的原则。

据说，卢梭与泰蕾兹·勒瓦瑟育有五个孩子，每个孩子出生时都被送到孤儿院。那些本来就讨厌卢梭的人，如伏尔泰，指出当时孤儿院的大多数孩子都夭折了。卢梭唯一的辩解是，他自己不是一个好父亲。

当卢梭的一位朋友指出，《爱弥儿：论教育》中描述的教育方法并不实用时，卢梭回信说："你说得完全正确，不可能培养出像爱弥儿这样的人。但我不能相信你把这本书当作真正的教育论文。它更像是一部哲学作品，作者在其他著作中提出了人天生善良的原则。"

如果卢梭没有认真地把自己当作教育理论家，那么从这点看，他作为父亲的所作所为并不意味着他是伪善者。然而，问题仍然存在，即这种行为是否使他成为"天生善良"的人，因此伪善者的问题并没有那么容易解决。

卢梭支持自由社会吗?

不完全赞同。和托马斯·霍布斯一样,卢梭认为社会组织和政府部门的存在对于保护个人自由来说是必要的。公民一旦签订社会契约,就保留主权,但立法者将普遍意志,或社区利益,制定为法律。这种普遍意志或社区利益有时可能与对大多数人有利的东西相悖。卢梭对理想社会的构建强调的是其最后实现的目标。他认为,对于小型社会而言,直接民主是实现理想社会的最佳方式,但在大型社会中,代议民主制,乃至君主政体可能更加合适。卢梭还主张建立某种形式的国家宗教,这对所有公民具有约束力,并要求他们参与,以维护社会凝聚力和稳定。

托马斯·里德和杰里米·边沁

 为什么说托马斯·里德很重要?

托马斯·里德,是苏格兰常识学派的创始人。苏格兰常识学派在 19 世纪上半叶的英国思想界占有重要地位,并在 20 世纪由 G. E. 摩尔(G. E. Moore)在其对唯心主义的攻击中复兴。里德在哲学上的基本贡献是其对观念论学说的批评,该学说由前辈约翰·洛克和乔治·贝克莱始创,并由大卫·休谟推广。

里德认为,心灵存在感觉或观念是不可能的,因为这不能解释物体所呈现给我们的感觉、运动和我们自身的体验。里德认为我们直接认识大千世界的实物,就如我们在常识中设想的一样。例如,当你在打字的时候,眼睛看着电脑屏幕,你感知到的不是屏幕的观念,而是屏幕本身。他的常识是坚持认识者直接位于世界中,而不是通过观念、感觉或印象在思维中进行中介。

 除了阐释经验主义者的错误之外,托马斯·里德还有自己的理念吗?

答案是肯定的。尽管托马斯·里德在哲学上是一个很容易被忽视的人物,但作为启蒙运动时期的哲学家,他的哲学对西方思想产生过重要影响。他执教于苏格兰阿伯丁国王学院,后又担任格拉斯哥大学道德哲学教授。他的主要著作包括 1764 年的《按常识原理探究人类心灵》(*An Inquiry into the Human Mind on the Principles of Common*

Sense）、1785 年的《论人的理智能力》(*Essays on the Intellectual Powers of Man*)和 1788 年的《论人的行动能力》(*Essays on the Active Powers of Man*)。

在拒绝和反对经验认识论之后，里德发展了一种在智力方面的直接论。里德认为我们具有先天的概念和信念能力。我们可以通过其早期外观、普遍性和不可抗拒性来识别第一原则。我们无法否认不可抗拒原则。比如，感觉是心灵的运作，与我们的感官器官所接收的印象一起，使我们产生第一性质和第二性质的概念。对气味的感觉表明客体具有引起该感觉的性质。在视觉的分析上，里德推断眼睛的圆形表面接收数据，但会在眼球内部进行处理。他得出结论，视觉空间中必须有一个非欧几里得几何的弯曲空间（他比其他人大约早一个世纪提出了非欧几里得几何的假设）。

除了感知和记忆能力外，里德提出了道德能力，这种能力会导致正义和非正义的观念，这些观念可能会因不同的人对同一活动的想法不同而产生差异。他还根据活动原则，提出导致行动的能力。里德提到的"能力"似乎指的是心灵中的能力。行动原则分为动物原则（如食欲和物欲）和理性原则（包括理解力和意志力）。

现在看来，托马斯·里德与经验主义者有什么分歧？

知识的过程，实际上就是生理心理学关于大脑活动过程的描述。经验主义者认为，大脑中会产生观念和表象。然而，在我们的思维中，正如里德所指出的，我们的直接经验似乎并不是我们的观念或感觉，而是我们感知到的对象本身。

托马斯·里德如何看待自由意志论？

里德认为，我们有能力按意志的力量做事，是因为我们有行动概念，并且有动机。关于自由，里德认为，大卫·休谟的论述并不充分，我们依照意志行动，但也要有能力选择意志。这是因为意愿是达成行动目标的工具，没有能力控制方法就意味着没有能力控制结果。你的自由行动是由你自己引发的，你也清楚自己就是这些自由行动的起因。因为你对自由的信仰源于你的本能，这是自由的首要原则。

杰里米·边沁是谁?

杰里米·边沁是功利主义哲学道德体系的创立者,该体系是西方哲学史上三大主流伦理学体系之一,另外两个是亚里士多德的美德伦理学和康德的道义论或义务伦理学。

 ## 边沁的生平如何?

边沁出生在英国伦敦的猎犬沟渠街,12 岁就开始在牛津大学女王学院学习。毕业之后,他进入林肯律师学院学习法律,并于 1767 年取得律师执业资格。他虽然从没打过一场官司,但却毕生致力于民法和刑法的体制改革中。他认为,现存的法学理论存在普遍的不准确与紊乱之处,而且刑罚系统过于残暴,执行起来代价昂贵。边沁的法律著作始于法律改革,直到 1811 年才问世,而他对布莱克斯通(William Blackstone)的《英国法释义》(*Commentaries on the Laws of England*)的评论直到 1928 年才出版。边沁著作颇丰,但是并不系统。他发表了其中的部分作品,即 1776 年的《政府片论》(*A Fragment on Government*)和 1789 年的《道德与立法原理导论》(*An Introduction to the Principles of Morals and Legislation*)。

边沁曾试图获得俄国女皇叶卡捷琳娜二世(Catherine II)对他的宪法典的支持。法国大革命之后,他于 1792 年成了法国公民,他的思想也传播到了美国。但他在政治上对英国的影响最大,他是当时哲学激进分子的领袖,也是边沁派的精神导师。这些人都认为边沁的"快乐原则"或"功利原则"可以用来改变世界,使其变得更好。约翰·斯图亚特·密尔的父亲詹姆斯·密尔是 19 世纪伟大的英国功利主义者,他是边沁的挚友。边沁还创办了《威斯敏斯特评论》(*Westminster Review*),也参与创建了伦敦大学学院。

 ## 边沁的"功利原则"是什么?

边沁想用此原则指导立法者改革法律体系。他认为立法者受到了太多"同情与憎恶原则"的影响,他称之为"武断之言"。他们惩罚他们不喜欢的,即使在性犯罪这样的案件中,如果没人受到伤害,他们就不去追究和惩罚实施者。边沁希望法律义务以最大限度地增加幸福总量并减少痛苦和受难为目标,这就是"功利原则"。有了此原则,就无须其他准则了,法律虚构也可以被废除。关于权利,边沁认为他们是在"踩着高跷胡说八道"。

 ## "幸福计算"是什么？

根据边沁的理论，我们应该基于所经历的快乐和痛苦的结果去选择做法。每个人都有自身存在的唯一价值，所有快乐都在同一水平上。功利主义者认为每个人的偏好都有意义，不论人们所欲何为，不论其喜好什么。对边沁来说，要记住真正重要的，是快乐或痛苦的强度和持续时间。所谓"更高级的快乐或更高贵的美德"在边沁看来不过是更持久、更强烈的快乐。他有一句名言表达此观点，"只要快乐的总量相等，弹珠游戏与诗一样好"（弹珠游戏是当时的一种保龄球类型的儿童游戏）。正义的价值只是在于它相对于不正义具有更大的效用。例如，刑罚只有在预防未来犯罪时，才会体现出公正或不公正。边沁的"幸福计算"由实际量化的快乐和痛苦组成，而量化的快乐和痛苦取决于以下因素：距离的远近、持续时间的长短、强度的大小、产生同种快乐或痛苦的可能性大小和影响范围。

 ## 边沁对监狱改良的主要建议是什么？

在其《圆形监狱方案》（Panopticon Letters）一书中，边沁提出建立一种新型监狱，使囚犯可以处于持续的监视之下。他为此精心绘制了蓝图，这样的设计使得一个监视者可以监视所有的犯人，而犯人却无法确定他们是否受到监视。此设计被视为监管犯人的一种既人性化又高效的手段。

"自体圣像"是什么？

杰里米·边沁创立了伦敦大学学院，他去世后将遗体赠给了伦敦大学学院，其被称为"自体圣像"（Auto-icon）。1832年这位伟大的哲学家去世后，他的遗体被保存了下来，并放在大橱柜里，陈列在伦敦大学学院主建筑中。据说，学院理事会关于改革的投票出现平局的话，就依靠过世的边沁来解决，但理事会坚决否认这一谣言。然而，展出的边沁头颅是假的，因为原来的头颅在被学生恶作剧损坏后被放在别的地方妥善保管了。

伊曼纽尔·康德

 康德是启蒙运动时期的重要人物吗？

是的。伊曼纽尔·康德是 19 世纪影响力巨大的哲学家，其影响超越了其他启蒙时代的哲学家，因为他构建了可被视为经验主义和自然科学源头的理性主义。因此，可以说康德在理论上终结了理性主义和经验主义之间残留的对峙关系，因为他的理性主义容纳了经验主义。从这个意义上说，他是理性时代的缩影。当然，对于否定康德的人来说，哲学的使命依旧包括经验论、唯心主义或理性主义。

 伊曼纽尔·康德的生平如何？

康德于 1724 年 4 月 22 日出生在德国东普鲁士的柯尼斯堡。康德的父亲是一个制造马鞍的工匠，祖父是苏格兰移民。康德 8 岁开始上学，从当地一所中学毕业后，康德在柯尼斯堡大学师从哲学家马丁·克努岑（Marin Knutzen）。大学毕业后，康德去一个乡间贵族家庭当了 9 年的家庭教师。之后，康德重返柯尼斯堡大学，取得硕士学位，被聘为编外讲师。他任职了 15 年，教授物理学、数学、人类学、地理学和部分哲学课程。在他的人类学和自然地理学课程上，康德曾教授过这样的观点，即当时流行的"欧洲人应该统治亚非人"的观点。1770 年以前，康德的生活都比较拮据。直到后来他被聘为柯尼斯堡大学逻辑和形而上学教授，生活才有所改善。

康德所敬仰的其他哲学家，如让-雅克·卢梭等，他们都为了维持生计和名声而四处云游，他们的风流韵事和政治冒险成为他们知识生涯的一种副产品。但是康德却没有过这样的生活，他从未离开过东普鲁士，在柯尼斯堡（现称加里宁格勒）终身未娶。1794 年，普鲁士国王要求康德不得在今后的著作中再谈论宗教问题，他立即照办了。康德的身体状况一直不佳，但他很注重自我保健，直到 80 岁。他从旅行者那里和已出版的书中获取关于外部世界的信息，他乐于和朋友一起进餐聊天。他出色地完成了自己的教授职责，还担任过一届柯尼斯堡大学的校长。

康德早期的著作都是关于自然科学的，其中最著名的是 1755 年出版的《自然通史和天体论》（*General History of Nature and Theory of the Heavens*）。康德的代表作是《纯粹理性批判》（*The Critique of Pure Reason*），该书最终在 1781 年才问世，但却鲜有人能读懂。因此，他在 1783 年出版的《未来形而上学导论》

IMMANUEL KANT.

伊曼纽尔·康德构建了可被视为经验主义和自然科学源头的理性主义。（图片来源：iStock 图像）

（*Prolegomena to Every Future Metaphysics*）一书中尽力使他的观点易于理解。1790 年，他出版了《实践理性批判》（*Critique of Practical Reason*）和《判断力批判》（*Critique of Judgment*）。在 1793 年和 1797 年，他分别出版了《单纯理性限度内的宗教》（*Religion within the Bounds of Mere Reason and the Metaphysic of Morals*）和《道德形而上学》（*Metaphysic of Morals*）。那时，康德已经久负盛名，但是一些更年轻的思想家却比康德本人更好地解读了他的哲学体系。在他的《遗著》（*Opus Postumum*）一书中，康德一直在回答这些年轻思想家的提问，直到去世。

 ## 为什么说康德的认识论和形而上学是先验的？

时至今日，哲学家们对康德的争论依然存在，即康德提供的是一种心灵理论还是一种认知的批判理论。不管属于哪种情况，康德的认识论和形而上学都是先验的。康德的认识论是先验的，因为他从已知的事物出发，先验地推理出必须存在的情况，目的是描述已知。他的形而上学是先验的，因为最终存在都会超越我们的直接知识和深层理解，尽管根据理性原则，我们仍有理由假设其存在。

康德只对物质世界知识创造的基础感兴趣吗？

不，并非如此。除了康德所持的"人类对于'头顶的星空'的普遍敬畏"之外，他还将"内心的道德法则"作为实践理性的主题进行了探讨。他也关注自我和对上帝的信仰。

 ## 康德的"哥白尼式革命"是什么？

正如哥白尼把宇宙中心由地球改变为太阳一样，康德也将科学研究的现实的基本原则和范畴从外部世界转移到了人的思维中。与约翰·洛克相同，他首先从思维能力的考察开始，旨在拒绝那些无法被合理证明的形而上学主张。他指出，人类理性地理解空间和时间中的真实体验是必要的，而与其他理性生物一起生活的实践需求也是必要的，他寻求能够满足这些需求的原则。

正如近代天文学的奠基人哥白尼认为恒星的运动部分是因为观察者在运动，他用这种方法解释了恒星表面上的运动。在认识过程中，客体与心灵之间的关系并非心灵去迎合事物，而是事物必须契合心灵，从而证明了心灵的先天原则是如何适用于客体的。这种情形与哥白尼最初的思想的情况相同。

1770 年，康德在《论可感世界与理知世界的形式及其原则》（*On the Form and Principles of the Sensible and Intelligible World*）一文中提出，我们的时间和空间知识虽仅是事物的表象，但我们仍然有理由对表象背后的内容作出有限的断言。这就是众所周知的批判哲学的基础。康德的变革主张认为，我们拥有先天的时间和空间知识，因为它们是我们感知的形式。空间是外部世界经验的组织，而时间则是内心世界经验的组织。（之后，他发表了两版《纯粹理性批判》，并在其间发表了《未来形而上学导论》以回应批评。）

 康德的"综合先验知识"概念是什么？

根据康德的观点，假如知识是我们从经验中获得的，知识就是"综合的"（synthetic）或是"扩大的"（ampliative）。如果知识是不经经验而得到的，那么它就是先验的。康德引发的形而上学问题："如何在没有先前经验的情况下，了解关于世界的某些原则？"

康德的解决之法是把"先验演绎"（transcendental deduction）应用于这些原理中，用以表明没有这些原理，经验就不可能获得。例如，关于因果关系，他主张意识本身需要基于现实中必要联系的有序经验。这是康德对大卫·休谟的恒常连接理论的回答。他拒绝接受休谟的怀疑论，因为休谟的恒常连接理论认为只有存在真实的因果联系，世界对我们才有意义。康德在《未来形而上学导论》一书中有句名言："休谟将我从独断论的睡眠中唤醒。"

 康德的道德哲学体系是什么？

康德的道德体系的出发点在于将工具性地或假设性地因其具有善的结果而善的事物与本身即为善的事物进行区分。本身即为善的事物只有一种，即善的意愿或仁慈，没有它，任何其他命运所赐的礼物都可能成为怨恨的正当理由。道德（伦理）是为理性存在而存在的，而理性存在需要行动原则。在理性社会或"目的王国"

（Kingdom of Ends），如果行动是自主的，也就是说可以自由选择，那么行为就会是善的。

　　康德认为，理性存在是自主或自控的。理性存在用来约束自己的规则是绝对的，康德称之为"定言"（categorical）。这样的规则是命令性的，而且是因为它们自身的原因而被遵守的。相比之下，假言命令（Hypothetical rules）是为了让其他事情发生而被遵守的。例如，"别伤害无辜的人"就是定言命令，而"吃你的蔬菜"就是假言命令。

 何为康德的定言命令？

　　康德的道德哲学通常被解读为两种公式。其中一种是定言命令。"假如行动的准则是你能同时意愿它成为一项普遍法则，那么你应当依据那项准则而行动。"换言之，要按照你同时认为也能成为普遍规律的准则去行动。定言命令是无条件的、绝对的、必然的、客观的。无条件是由于定言命令本身就是行为的根据，遵从定言命令的行为是为了命令本身而行动，它唯一要遵守的是命令本身。这样，它就不需要根据别的意图或目的来制订行为的准则，不需要根据具体的或特殊的情况来改变准则。必然则因为它对一切理性存在都适用，它一旦被选择遵守就是确定的，不会因为行为的意图或目的的改变而改变，这源于定言命令本身就是行为的根据。客观则指定言命令不因个人而不同，它排除了一切爱好和欲望因素，对所有理性存在均是一样的。

　　检验定言命令的方法是看在人人遵循的情况下会发生什么。某些事在特定情况下会产生善果，但不意味着在所有情况下都会产生善果。以"遵守交通规则"这一行为准则为例，行车时路上遇到红灯，此时并无其他车辆，你也不会闯红灯，尽管此情况下闯红灯的结果对你是有利的。或者，看一个康德曾举过的例子，如果行为准则是"不撒谎"，一个行为失常者在寻找你的一个朋友，而你知道这个朋友的行踪，这种情况下，你就不可以撒谎，你不能因为你的谎言对你朋友有利而允许自己撒谎。撒谎是以信任为前提的，但撒谎的结果却是人们彼此之间不再信任。再看康德的另一个例子，你不可以自杀，不管生活有多痛苦，因为道德的定言命令要求你不能自杀，自杀不是善行。自杀是以生命存在为前提的，但自杀的结果却是生命消失。

伊曼纽尔·康德是隐士吗？

是的。他过着非常精确且有序的生活，以至于邻居们可以根据他每天的散步时间来校对钟表。在18世纪70年代，康德的那段时间被传记作家们称为"沉默的十年"。他给自己设定的任务是找出感知和智力是如何相互连接的。他从不热衷于社交，甚至尽量避免社交接触。但他对自己的生活和想法非常坦诚，从不以任何世俗的社交借口为托词。当一位前学生试图劝他外出时，他这样回应：

"任何变化都让我感到不安，即使它带来了改善我处境的最大希望，我的这种自然本能告诉我，必须注意到命运之神为我纺成的线是那么纤细，以至无法再被拉长到任何长度。非常感谢关心我、为我的福祉着想的朋友们，但同时也请原谅我这个谦卑的请求，让我维持现状，免受任何干扰。"

 康德的定言命令与黄金法则有何不同吗？

是的，它们有所不同。根据《圣经》中提到的黄金法则，我们想要别人怎么对待我们，我们就要怎样对待别人。假如我们的体验是不正当的或是我们不在乎自己的福乐，那么为人准则就会允许堕落和暴力行为的出现，但是这样的行为在定言命令下是不被允许的。此外，康德的体系是以个人对整个社会其他所有理性个体的善意志作为坚实基础的。事实上，康德很大程度上借鉴了让-雅克·卢梭的"公共利益"（common good）观点，康德也非常尊重卢梭的道德哲学。

 康德道德哲学定言命令的第二公式是什么？

康德认为，所有理性者都天生具有价值，在"目的王国"中，没有人是他人为了达到目的而利用的手段。在人类事物中我们所做和所为都是可以定价的，但在"目的王国"中没有定价，只有人类高贵的尊严。需要说明的是，康德在对这条道德公式的描述中提出了"人性"一词，"人性"在这里特指"与道德相符的人性"，也就是涤除了欲望、爱好的人性，康德认为这种人性"才是具有尊严的东西"。我们再来看那几个例子，自杀是为了解除烦恼，撒谎是为了获得利益，这里便是把人（自己或者他人）仅仅看作实现目的的手段了；而有才华不去施展、有能力不去帮助他人，这又违背了我们与道德相适应的人性。换言之，不要利用别人。

 ### 康德的"自我理论"的内容是什么？

康德将自我意识分为经验的自我意识和先验的自我意识（康德有时也称为"我"或"自我"）。经验的自我意识是依照我们内部知觉中的种种确定状态而有的自我意识。这种自我意识是经验性的，意味着它依赖于我们的具体经验和感知。因此，它总是易变不定的。先验的自我意识则具有超验的综合统一性，这意味着它超越了具体的经验，为经验知识提供了可能的基础。它不仅是对个别经验的反映，而且是对经验的普遍性和必然性的把握。先验的自我意识是一种纯粹知性能力的表现，只能应用于人类经验，但它本身并不是经验的直接对象。相反，它只能作为思想的对象被认知，我们无法通过直接经验来感知它。

 ### 康德是如何证明上帝存在的？

康德拒绝了本体论论证，理由是存在不是事物的属性或特征。在康德看来，不能因为毛衣是红色的、羊毛的，它就是存在的。康德批判了第一动因论，因为它依附于本体论。他也批判设计论，因为设计论最多也就是证明宇宙有一个建造者或设计者，而不能证明有一个创造者。康德认为可以用道德的方式证明上帝的存在，因为道德行为者知道没有上帝他将无法完成自己的使命。结果信仰上帝变成了个人的事和信念，不是"道德上存在上帝是必然的"而是"我确信道德上存在上帝"。

玛丽·沃斯通克拉夫特和威廉·戈德温

 ### 启蒙运动中还有哪些启蒙思想家与哲学有最直接的联系？

在哲学领域的启蒙思想家中，值得注意的是玛丽·沃斯通克拉夫特，她是著有《弗兰肯斯坦》（*Frankenstein*）的英国女作家玛丽·沃斯通克拉夫特·雪莱（Mary Wollstonecraft Shelley）的母亲。玛丽·沃斯通克拉夫特为女性主义思想奠定了基础。

她的丈夫是无政府主义者、政治哲学家威廉·戈德温，威廉以其功利主义思想著称。法国的哲学家们，特别是百科全书派，提出了关于社会和政府的激进思想。伏尔泰给更多的读者带来了更闪光的哲学思想，被誉为"法兰西思想之王"。一般认为，启蒙运动对美国的殖民地和美国的建国原则产生了巨大影响。

 ### 玛丽·沃斯通克拉夫特是谁？

玛丽·沃斯通克拉夫特被誉为西方现代女性主义的奠基者。在法国大革命动荡的背景下，她进行了大量的创作。《人权辩护》（*A Vindication of the Rights of Men*）一书对民主思想卓有贡献；在《女权辩护》（*A Vindication of the Rights of Woman*）一书中，她提出了女性平等的女权思想。她还撰写了小说、自传体的游记散文和教育方面的短篇作品。

 ### 玛丽·沃斯通克拉夫特的主要政治思想是什么？

在 1790 年《人权辩护》一书中，她驳斥了爱尔兰政治家和政治理论家埃德蒙·伯克对法国大革命自由、平等和博爱理念的抨击。她认为伯克对传统和习俗的认同意味着接受奴隶制，这一观点使她一夜成名。在 1792 年《女权辩护》一书中，沃斯通克拉夫特吹响了妇女要求平等认可的号角，革新了她的进步思想。

 ### 沃斯通克拉夫特代表妇女要求了什么？

玛丽·阿斯特尔（Mary Astell）和伊丽莎白·埃尔斯托布（Elizabeth Elstob）在沃斯通克拉夫特之前就曾为女性作为思考者的身份认同进行辩护。阿斯特尔主张女性有权接受教育。她为此提出的理由是女性与男性一样拥有上帝赋予的思维能力。他认为女性接受教育是完全正当合理的，因为接受教育会帮助她们成为更好的妻子和母亲。沃斯通克拉夫特继承了阿斯特尔的观点并更系统地为其进行了辩护。她还提出，将女人看成"玩偶"或"玩具"是在贬低她们的自尊。卢梭广受欢迎的小说《爱弥儿：论教育》中提到了女性接受教育是为了取悦男性，这一观点激怒了沃斯通克拉夫特，她对卢梭本人及这一观点进行了抨击。她公开谈论女性的性问题和情感脆弱性，以及对"无赖"的易感性，认为女性所受的教育使她们变得冲动、情绪化和轻信他人。

沃斯通克拉夫特的理论创新体现在哪里？

　　玛丽·沃斯通克拉夫特发展了 17 世纪一位匿名作家在《为女性辩护：男人的侵夺和习俗的残暴》（*An Essay in the Defense of the Female Sex: The "Usurpation of Man and the Tyranny of Custom"*）一文中提到的观点，即女性之所以具有这些特质，是因为社会赋予她们的角色。然而，沃斯通克拉夫特并没有因此去谴责男性或主张女性在性格和力量上与男性匹敌或优于男性。

　　沃斯通克拉夫特对政治和社会理论的贡献是双重的。首先，就女性来说，她详细分析了她们因传统的教养和社会赋予的角色而形成的特质，这些特质：情绪化、顺从、冲动、虚荣，被认为是女性"天生"的。其次，她给出了这样的假设，即理性可以用来增强人类的幸福感。在她的两部主要著作中，她提出支持社会进步和人类平等是理性男女共同的责任。沃斯通克拉夫特的进步在于关注那些处于不利地位和受压迫者的生活状况，这大大有别于 17 世纪和启蒙运动时期的主流男性哲学家。从这个意义上来看，她是一位革命性的思想家。

沃斯通克拉夫特反对婚姻吗？

　　不反对，玛丽·沃斯通克拉夫特认为婚姻应该进行改革，丈夫和妻子应该成为真正的朋友。她认为不该把女性的美德完全置于贞洁之上，而应该使她们有机会像男性一样发展自己的性格。颠覆了 17 世纪人们持有的"女性是性方面危险和攻击性强的性别"的观念，她写道，对女性贞洁的最大威胁是男性没有将贞洁视为自己的一种严肃的美德。

 沃斯通克拉夫特的生活遭遇是如何影响她的事业的？

　　玛丽·沃斯通克拉夫特的生活是动荡不安的，这种动荡程度令她的同辈和许多后来的思想家感到震惊。沃斯通克拉夫特在 37 岁时死于产后并发症，她的丈夫、哲学家威廉·戈德温在其去世一年后写了《女权辩护作者传》（*The Memoirs of the Author of A Vindication of the Rights of Woman*）一书。浪漫主义诗人罗伯特·骚赛（Robert

Southey）曾谴责威廉·戈德温（现代无政府主义奠基人）"享受着把他死去的妻子剥个精光的快感"。理查德·波尔威尔（Richard Polwhele）还于1798年出版了讽刺作品《失去女性特征的女性：一首小诗》（*The Unsex'd Females, A Poem*）。

沃斯通克拉夫特出生于英国伦敦的斯皮塔菲尔德。她的父亲将家产耗费在投机生意上，从而导致整个家庭逐渐地陷入了财政困难。沃斯通克拉夫特的少女时代是随着家庭的颠沛流离度过的。最后，他们的财政状况已发展到了极其危险的地步，以至于她的父亲甚至动用了沃斯通克拉夫特成年后将继承的遗产。此外，沃斯通克拉夫特的父亲还染上了酗酒的恶习，酒醉后便会对妻子拳脚相加。她的两个妹妹伊莉莎（Eliza）与埃弗里娜（Everina）也都有着不幸的婚姻。在她十几岁的时候，玛丽与简·阿登（Jane Arden）和范妮·布拉德（Fanny Blood）相识并成为好友。两段友情塑造了沃斯通克拉夫特早年的生活。简·阿登的家庭非常具有理性和知识氛围。沃斯通克拉夫特与范妮·布拉德后来在伦敦一处非国教居民区纽因顿格林（Newington Green）创办了一所寄宿学校。

布拉德婚后，一直病重，不久就离世了，学校也随之关闭。布拉德死后，沃斯通克拉夫特在朋友的帮助下谋得了一份家庭教师的工作，在辞去担任了一年的家庭教师工作后，她决定成为一名职业作家。实际上，成为一名作家的选择是十分大胆的，因为在当时几乎还没有哪位女性能靠写作来养活自己。在1787年写给妹妹埃弗里娜的一封信中，沃斯通克拉夫特谈到自己想要成为"新女性之先"。不久以后，她搬到了伦敦，并接受了一位思想开明的书商约瑟夫·约翰逊（Joseph Johnson）的帮助，在一处地方定居下来，依靠写作自给自足。她学会了法语和德语，并翻译了一些著作以维持生计。在这段时期，沃斯通克拉夫特的理性思维得到了充分的发展，这不仅源于她为撰写评论而进行的大量阅读，还应归功于她结识的众多朋友：她在约翰逊的名流宴会上认识了许多知识渊博的人，其中有思想激进的作家托马斯·潘恩和无政府主义哲学家威廉·戈德温。在戈德温与沃斯通克拉夫特的第一次见面中，他们对对方都感到十分失望。在伦敦期间，沃斯通克拉夫特与已婚的画家亨利希·菲斯利（Henry Fuseli）发展了一段感情。她打算同菲斯利和他的妻子住在一起，并与他保持一种柏拉图式的精神关系。但是，菲斯利的妻子无法接受三角家庭关系，因此，菲斯利拒绝了她。

随后，她撰写了《人权辩护》和《女权辩护》。1792年，沃斯通克拉夫特离开伦敦，并在路易十六（Louis XVI）被处决前大约一个月时抵达巴黎。她在法国结识了一位美国冒险家吉尔伯特·伊姆利（Gilbert Imlay），并与他陷入热恋之中，不久后，沃斯通克拉夫特便怀孕了，并在1794年5月14日生下了她的第一个女儿范妮（Fanny，用她最亲近的朋友的名字来命名）。但是伊姆利却拒绝与她结婚，沃斯通克拉夫特返回英国后，曾两次试图自杀。最终，她与威廉·戈德温喜结良缘，为了使他们的孩子合法化，他们决定结婚，尽管他们一直分房而居。他们共同的女儿玛丽，也就是玛丽·雪莱，后来成了英国著名小说家，著有《弗兰肯斯坦》。不幸的是，她的女儿范妮在22岁时自杀了。

 威廉·戈德温是谁？

玛丽·沃斯通克拉夫特的丈夫威廉·戈德温是一位著名的小说家和政治学家。在他的名著《政治正义论》（Enquiry Concerning Political Justice）中，他提出功利主义和无政府主义。他认为政府机构产生的腐败堕落对个人造成了极坏的影响，导致了不公正现象的出现。因此，他建议取消大的民族国家，人们应该居住在无政府的小型社区中，这样作为独立个体的人们才会相识相知。只有这样，邻里之间才有可能和睦。

戈德温认为，因为自由意志不存在，所以惩罚无意义。在他看来，美德基于同情，而同情促使我们为尽可能多的人带来最大的幸福。戈德温轻视除幸福原则外的其他价值。他还认为权利不是必需的，因为同情护佑每个人。

启蒙哲学家

 启蒙哲学家指哪些人？

实际上，"启蒙哲学家"这个术语已经用来泛指主张在世界秩序中进行变革的知识分子，这些知识分子主要活跃在美国和法国革命前夕和期间。从这个意义上说，大卫·休谟、杰里米·边沁和本杰明·富兰克林都是启蒙哲学家。然而，为了简化哲学历史，有必要缩小这个术语的范围，启蒙哲学家特指百科全书派和亚当·斯密、爱德华·吉本（Edward Gibbon）、戈特霍尔德·埃夫莱姆·莱辛和切萨雷·贝卡利亚（Cesare Beccaria）。

百科全书派的目标是什么？

百科全书派的目标是收集当代各个领域的知名著作和书籍，将其编纂成册。其代表人物是丹尼斯·狄德罗、让·勒朗·达朗贝尔（Jean le Rond d'Alembert）、保尔·昂利·霍尔巴赫男爵和查理·路易·孟德斯鸠男爵，还有卢梭和伏尔泰。他们的作品具有人文主义和科学倾向。然而，因百科全书派的反宗教思想，1750 年编纂百科全书的工作遭到了王室的审查。尽管如此，该项工程持续到了 1777 年。据统计，参与该项工程的人员极为广泛，其中有 140 位撰稿人，还有大约 150 位作家和雕刻师。出版的 32 卷册包含 7 万多条条目，其中 184 条配有插图，包括 11 卷插图和 21 卷印刷文本。

狄德罗、达朗贝尔、霍尔巴赫和孟德斯鸠，他们个人的显著成就是什么？

狄德罗是法国《百科全书》的主编。他在 1747 年出版的《怀疑者漫步》（*The Skeptics Walk*）一书对基督教教义来说是个沉重的抨击。在 1749 年出版的《论盲人书简》（*Letter on Blind*）中，他提出宇宙完全是物质的和不断演变的。这一观点给他带来了短暂的监禁。狄德罗的喜剧作品被认为是二流的，但是他却为文艺批评创造了新的样式，即文学批评。

达朗贝尔是百科全书编纂工程的首席哲学家。在"全书概览"中，他将人类哲学分为神学（灵物学）、逻辑学和伦理学。他认为宇宙物质是不可知的，并且在《论哲学元素》（*Essay on the Elements of Philosophy*）中将这一领域定义为现象（即表象）比较。

丹尼斯·狄德罗正在编纂法国《百科全书》文艺批评部分。（图片来源：艺术文献库）

霍尔巴赫是百科全书编纂的主要成员之一。他曾是巴黎法院的律师，也曾主办过哲学沙龙。他将狄德罗的自然主义系统化，并匿名发表了一些反宗教著作，运用哲学反击天主教会。他认为一切存在之物都基于物质和运动，宇宙中的一切都是必然的。他指出基督教美德是违背自然规律的，所谓的虔诚就是狂热，并且宗教官员也都不道德。霍尔巴赫也是一位功利主义者。

孟德斯鸠也是百科全书编纂的主要成员，是该工程的主要法学家。在他最著名的著作《论法的精神》（*The Spirits of Laws*）中，他提出政体可分为共和政体、君主政体和独裁政体三种，三种政体相对应的原则是美德、荣誉和恐惧。政府的政体取决于民族的性格、历史和地理环境。只有具备行政、立法和司法权力分离的宪法政府，才能保护自由。"三权分立"学说对美国宪法的制宪者产生了极大的影响。

亚当·斯密的著作因何重要？

亚当·斯密阐释了资本主义经济体系，同时奠定了现代经济学的科学基础，以1776年出版的《国民财富的性质和原因的研究》（*An Inquiry into the Nature and Causes of the Wealth of Nations*）为标志，该书也是现代经济学的开山之作。他试图回答国家如何变得更富有的问题，并假设随着国家的繁荣，人类生活将会得到改善。他还分析了在工业化进程中劳动力分工的重要性，并主张基于利润动机的自由竞争。这就是后来的自由主义经济思想或"不干涉政策"（让他们去干吧！）。他

亚当·斯密阐释了资本主义经济体系，被誉为"现代经济学鼻祖"。（图片来源：iStock图像）

还提出，经济体制之建构，应以保障个人之生存及发展为原则。每个人若能充分发展自我，社会整体也将获得进步。当然，这一过程需要市场这只"无形的手"来调控。

爱德华·吉本的贡献是什么？

爱德华·吉本著有《罗马帝国衰亡史》（*The History of the Decline and Fall of the*

Roman Empire），该书于 1776 年至 1788 年间出版。这部鸿篇巨制至今对人们有着深远的影响，仍被人们广泛阅读。吉本认为罗马的衰亡是因蛮族的入侵和基督教的腐败，后者导致罗马人惯于"奴颜婢膝和胆小怯懦"。

戈特霍尔德·埃夫莱姆·莱辛是谁？

戈特霍尔德·埃夫莱姆·莱辛是德国启蒙哲学家的代表人物，被誉为"德意志的伏尔泰"。因德国的保守和严密的审查制度，所以在德国进行启蒙运动十分艰难。在诗剧《智者纳旦》（Nathan the Wise）中，他主张对犹太人宽容和人类宗教平等。在《论人类的教育》（On the Education of the Human Race）一文中，他指出所有宗教都是人性进步的一部分，直至人类最终放弃宗教，转向纯粹的理性。

贝卡利亚提倡什么改革？

贝卡利亚著有《论犯罪与刑罚》（On Crimes and Punishments），他呼吁以更人道的方式对待囚犯，呼吁改革法律并改善监狱环境，批判了影响深远的刑罚是报应的思想。他是近代资产阶级刑法学的鼻祖，在整个欧洲有相当大的影响力。他论述了监禁的目的是保护社会和改造罪犯。贝卡利亚的这本书被认为对 19 世纪中叶废除酷刑和致残作为例行刑事处罚的做法产生了重要影响。

伏尔泰是谁？

"伏尔泰"是弗朗索瓦-马里·阿鲁埃的笔名，他是法国启蒙时代的剧作家、诗人、评论家、思想家和哲学家，也是牛顿理论的普及者。伏尔泰的《哲学通信》（Philosophical Letters）和《哲学辞典》（Philosophical Dictionary）是他最重要的著作，彰显了他的非凡才智和社会正义感。他曾取笑戈特弗里德·威廉·莱布尼茨就像他的讽刺小说《老实人》中的庞格罗斯博士一样。庞格罗斯是一个典型的乐观主义者，他坚信这个世界是所有可能世界中最美好的一个。然而，伏尔泰对此持不同看法，他并不认为这个世界已经完美无缺，无需任何改变。相反，伏尔泰认为尽管这不是所有可能的世界形式中的最好世界，但是他坚信社会的改良和进步是可实现的。

伏尔泰的经验主义和约翰·洛克很相似，他是一个温和的怀疑论者，也认为人类的知识大体上足够满足大多数人的生活所需。换言之，我们知道我们需要知道的。他支持信仰的自由，反对基督教会的狭隘。伏尔泰对于文明和简朴的态度与让-雅克·卢梭有所不同。卢梭推崇简朴的生活方式，认为这有助于人们更接近自然，摆脱社会的束缚。然而，伏尔泰并没有完全接受卢梭的这种观点。他并没有像卢梭那样推崇简朴胜过文明，而是更加看重文明的发展和进步。收到卢梭送给他的《社会契约论》之后，伏尔泰这样回复卢梭："先生，收到了您的反人类新著，谨表感谢。亘古至今，从未有人用如此聪明才智愚弄我们。拜读您的大作使人想在地上用四肢爬行，但是这个习惯我已经丢掉六十多年了。很遗憾，重操旧习，看来是不可能了。"

 ## 伏尔泰一生有哪些趣闻轶事？

伏尔泰的一生充满戏剧性。在法国巴黎接受完古典教育后，伏尔泰并没有从事法律行业，而是选择了文学。随后，伏尔泰因写小说讽刺当时的摄政王而被流放，以致背井离乡，从巴黎来到荷兰。紧接着，他因写讽刺诗，被投入巴士底狱关押了将近一年。这些都发生在伏尔泰 24 岁之前。

长达半个世纪之久，伏尔泰被公认为是法国最优秀的剧作家。1726 年，伏尔泰遭到一个贵族的诬陷，再一次被投进巴士底狱。出狱后，伏尔泰被驱逐出境，流亡英国。到英国之后，他开始学习当地的语言、哲学和政治。伏尔泰于 1729 年回到法国，积极开展启蒙宣传活动。1734 年，伏尔泰发表了《哲学通信》，全面论述了他的哲学和政治思想。这一重要著作出版后，立即遭到查禁，他不得不再次逃离巴黎，逃至其情人夏特莱侯爵夫人（Marquise Du Chatelet）的庄园，在那里隐居了 15 年之久，宁静的隐居生活使得伏尔泰的才能得到了充分的发挥，他与充满才智的夏特莱侯爵夫人一起潜心研究物理学、形而上学和历史学。在此期间，伏尔泰也曾被告上法庭，身陷囹圄，幸运的是得到了法王路易十五

伏尔泰是一位机智的剧作家、诗人和散文家，是艾萨克·牛顿和约翰·洛克理论在法国的宣传者和普及者。（图片来源：iStock 图像）

（Louis XV）的情人蓬巴杜侯爵夫人（Madame de Pompadour）的帮助，最终得以脱险。

　　这期间他一度被宫廷任命为史官，1746 年当选为法兰西学院院士。1750 年，伏尔泰应普鲁士国王腓特烈二世（Frederick the Great of Prussia）的邀请，来到柏林，被任命为国王私人的哲学诗人。遗憾的是，3 年后他们之间出现了分歧。离开普鲁士后，伏尔泰在瑞士日内瓦购置了一处庄园，随后在法国也买了一处地产。在法国期间，他为让·卡拉斯（Jean Calas）进行辩护，卡拉斯是新教徒，1762 年被判处车裂而死。那时的伏尔泰已非常富有，所以他可以投入到启蒙运动中去，猛烈抨击教会的宗教迫害。当 83 岁高龄的伏尔泰回到阔别 29 年的巴黎时，他受到了人民热烈的欢迎。同年，伏尔泰与世长辞。起初，伏尔泰的遗体被埋葬在巴黎郊外，法国大革命后被安葬在先贤祠（Pantheon），并为他补行国葬。不料，在复辟时期被再次挖掘出来。自此后，伏尔泰的遗体再也无法完整地安葬了。

 ### 伏尔泰的主要哲学贡献有哪些？

　　1734 年，伏尔泰正式发表了《英国书简》（Letters Concerning the English Nation），该书是其《哲学通信》的一部分，宣扬英国资产阶级革命后的成就，抨击法国的专制政体。他在书中对英国的政治制度、洛克和牛顿及其他英国思想家的思想作了充满欣赏之情的描述。与此同时，他开始抨击法国的专制政体，这推动了法国大革命的爆发。布莱斯·帕斯卡（Blaise Pascal）在 17 世纪提出寂静主义，认为人世间遭遇的一切苦难都是在为进入天堂做准备。而伏尔泰反对布莱斯·帕斯卡的观点，他提出人类生活的改善在于当下。

　　伏尔泰在著作《哲学辞典》中的"关于洛克先生的一封信"里，论及了这样一种可能性，即物质存在思想。然而，在伏尔泰晚年，在唯物主义被哲人们拿来为无神论辩护后，他又退回到了怀疑论的立场。

 ### 伏尔泰的宗教观点是什么？

　　伏尔泰并不接受 17 世纪著名数学家布莱斯·帕斯卡关于上帝是否存在的说法。以下是摘自帕斯卡《思想录》（Pensées）中的一段著名的打赌式的论断：

　　　　"上帝存在，或者不存在。"我们应该倾向于哪一边呢？

　　　　在这个问题上，理性起不到丝毫作用。无限的混沌将我们分隔开来。在那无限距离的末端是一场赌博，输赢将会见分晓。那么你会选择哪一边呢？

让我们来看看吧。既然你必须做出选择，让我们看看何种选择对你的损害最小。你会失去两种东西：真与善；你会付出两种东西：你的理性和意志，你的知识和幸福；而你的本性要避开两种东西：错误与不幸。在你做出一种选择而不是另一种选择的时候，你的理性不会因此受到冲击，因为你必须做出选择。但你的幸福呢？

让我们权衡一下，打赌上帝是否存在的得失。如果你赢了，你得到了全部；如果你输了，你什么也没失去。那么，不要犹豫，赌上帝存在吧。

换言之，假如我们不知道上帝是否存在，我们有两个选择。我们可以基于上帝存在的前提来生活。在此情况下，倘若上帝存在，我们死后会进入天堂。但假设上帝不存在呢？

即使我们赌上帝不存在且上帝确实不存在，我们只不过是在自己的痛苦中得到了证实，但如果上帝实际上存在，我们死后就会下地狱。伏尔泰对此并不认同。

伏尔泰相信自然的设计是上帝作为第一动因、原动力和至高智慧存在的证据。然而，他认为上帝并不关心人类疾苦，不尝试解决罪恶问题：如此仁爱和万能的上帝怎么会允许罪恶存在呢？

1755 年的万圣节，葡萄牙首都里斯本发生大地震和海啸，致使成千上万人遇难，这使伏尔泰十分悲痛。在《里斯本灾难哀歌》（ *Poème sur le désastre de Lisbonne* ）中，伏尔泰既批判莱布尼茨的乐观主义哲学，又批判原罪论。在《查第格》（ *Zadig* ）和其他作品中，他的宗教敬畏思想进一步深化了。在他的余生中，伏尔泰一直保持着对宗教的宽容态度，同时对孔子学说和贵格会产生了浓厚兴趣。伏尔泰晚年尖刻地抨击天主教会的黑暗统治。他曾公开宣称："凡使你信服荒谬思想之人，最终必将使你参与暴行。"

 ## 乔纳森·爱德华兹是谁?

乔纳森·爱德华兹是普林斯顿大学第三任校长，但他在当选校长一年后就去世了。他早年在耶鲁学院接受教育，在美国纽约布道。1729 年，他在美国马萨诸塞州成为大觉醒运动的领袖。他的神学思想是以加尔文主义为基础的，并体现了清教徒的特质和观点。

爱德华兹的哲学兴趣广泛，涉及尼古拉斯·马勒伯朗士、剑桥柏拉图学派和约翰·洛克。他自己本身是唯心主义者，与乔治·贝克莱一样，认为人类心灵是由观念和感觉组成的，上帝才是唯一真实的存在。

启蒙运动是如何影响美国的？

美国直到19世纪末和20世纪初才发展出自身的哲学传统。在美国独立战争和新共和国成立之前的时期，政府的暴虐促使人们追求自由，个人的尊严及要求拥有私有财产都是积极进步的观念。

托马斯·潘恩、本杰明·富兰克林、托马斯·杰斐逊等人的作品中充满了这些乐观的理念，极大地鼓舞了人心。被视为个人自由的一个篇章的美国政教分离制度——反对压迫性政府宗教，倡导自由思想和言论——直接源于启蒙运动的思想，当然还源于人们对政府权力分工的不满和对政府的不信任。

然而，值得注意的是，自由主义和彻底的无神论在欧洲仍然长期存在。在乔纳森·爱德华兹的鼓舞下，美国新教宗教哲学在18世纪末的新英格兰复兴运动中蓬勃发展，这一运动被称为"大觉醒"（the Great Awakening）。

美国开国元勋本杰明·富兰克林（左）和托马斯·杰斐逊（右）都受到启蒙时代日益增加的民主和自由理想的鼓舞和激励。

乔纳森·爱德华兹关于上帝的观点有何新颖之处?

乔纳森·爱德华兹发展了对上帝的认识,他认为上帝爱他自己,上帝为此感到喜悦,而我们和其他生物都是他这种自我喜悦中的一部分。爱德华兹曾布道说,上帝的爱是无私公正的,上帝崇高而美丽,使整个世界充满了"他的可爱"。相比之下,凡人眼中的美是"次要的",是上帝所见之美的残缺复制品。

 ## 爱德华兹对罪孽者仁慈吗?

一点儿也不。爱德华兹认为对于那些堕落的人来说,一定有个真实的地狱在等着他们。他最著名却不幸被人们误解的是《落在愤怒的上帝手中的罪人》(*Sinners in the Hands of an Angry God*),这篇布道文极其震撼,虽然他只是以朴素的文字、平和稳定的语调宣讲。爱德华兹不仅相信罪人会受到惩罚,而且认为上帝本人对他们的痛苦毫无怜悯之心。他写道:

> 倘若呼求上帝怜悯你,他一定不会可怜你这悲惨之状,也不会表示丝毫的仁爱,反会将你踏在脚下。虽然他明知你不能承受全能神的沉重践踏,然而他丝毫不理会,也不施怜悯,而是会无情地踩碎你;他要榨取你的血,使之飞溅在他的衣服上,并且玷污他圣洁的衣裳。他不仅憎恶你,而且极端鄙视你。他想你不配待在任何地方,只好将你践踏在脚下,就像街上的泥淖一样。

在乔纳森·爱德华兹的宗教观念中,当一个人出于善意和虔诚的心,努力模仿和效法上帝的行为和品性时,他会认为那些在地狱中遭受折磨的罪人所经历的一切痛苦和折磨,都是他们罪行的应得报应。1758 年在他的《为何荣耀的圣人会以看到临死的痛苦为乐》(*Why Saints in Glory Will Rejoice to see the Torments of the Damned*) 一文中,爱德华写道:

> 他们(圣徒)将看到他们的同类那么痛苦悲惨,而且那些人本来就是和他们生活在同一环境下的。当看到他们痛苦的浓烟,燃烧他们的肆虐的火焰,听到他们悲痛的号啕,同时,想到自己此刻正享受着幸福的状态,并且将永远处于这种状态之中:他们是何等欢乐呀!

反启蒙运动者

哪些反启蒙运动者对哲学产生了持久深远的影响？

乔瓦尼·巴蒂斯塔·维柯或称詹巴蒂斯塔·维柯，是近年来才被重新发现或受到认可的哲学家。近代保守主义代表人物埃德蒙·伯克是英美保守主义的奠基者，与他具有相似观点的有约瑟夫·德·迈斯特，还有英国讽刺文学大师乔纳森·斯威夫特。另外，还有萨德侯爵，其堕落性代表了一种极端的边缘性，这种边缘性后来被 19 世纪和 20 世纪的进步人士所继承——他也依然保持着真正令人震惊的特质。

詹巴蒂斯塔·维柯是如何成为他那个时代独特的哲学家的？

乔瓦尼·巴蒂斯塔·维柯是意大利哲学家、历史学家和法学家，被誉为历史哲学的创建者，建立了历史发展的观点。他对过去的思想进行了细致的分析，研究了它们的发展过程，认为思想的发展应该归因于不断变化的环境和思想内容本身。从这个意义上说，维柯开创了思想史。

维柯一生中和其他启蒙思想家相互影响过吗？

没有，维柯在其一生中并没有与其他启蒙思想家进行交流。维柯生活的环境无法给他提供作为知识分子所享有的闲暇安逸。在意大利以外，只有德国知识分子，如约翰·格奥尔格·哈曼（Johann Georg Hamann）和约翰·戈特弗里德·赫德尔（Johann Gottfried Herder），知晓他的作品。在维柯所处的时代，意大利还没统一。意大利那不勒斯动荡不安，被西班牙、奥地利和法国轮番占领，此外人们还要承受来自耶稣会的额外的政治压力。

维柯父亲是那不勒斯的一位书商。维柯年幼时不幸头骨骨折，这一遭遇使他休学在家长达 3 年，出于无奈，维柯开始广泛地阅读。进入大学后，维柯成了自由散漫的学生。维柯起初钻研了逻辑学和中世纪经院哲学，后来才转向法律。他十几岁时，在一起诉讼案件中协助了他的父亲，但是这以后他再也没从事法律工作。自 1685 年开始的 10 年间，维柯一直从事家庭教师的工作，同时自己广泛阅读哲学、历史、伦理学、法理学和诗歌。他不喜欢数学，对科学也不太感兴趣。

1695 年，维柯成为那不勒斯大学修辞学教授，那时那不勒斯大学还是一个笛卡儿研究中心，致力于研究笛卡儿哲学。维柯对笛卡儿主义的诸多方面都持反对意见，尤其是其唯理主义。从 1699 年到 1708 年，维柯每年都为那不勒斯大学作开学演讲。这些演讲稿被改写成了一系列文章，其中，《论我们时代的研究方法》（*On the Study Methods of Our Time*）一文因其倡导自由教育而广受欢迎。随后，在 1709 年维柯发表了《论意大利最古老的智慧》（*On the Most Ancient Knowledge of the Italians*）。1722 年，他的 3 卷本《普遍法》（*Universal Law*）完成。1725 年，他的自传和《新科学》（*The New Science*）相继出版，后者于 1730 年和 1734 年进行了修订。维柯后来并没有成为民法学教授，为了维持生计，他不得不靠写诗和一些没有价值的作品赚钱。晚年，维柯生活状况越来越差，他本人变得更加忧郁。1744 年，维柯因病痛折磨而去世。

 维柯的思想是如何反对启蒙运动的？

维柯的主要观点是观念法则遵循存在法则，与之相反，启蒙运动的观点为存在法则遵循观念法则。也就是说，维柯认为观念是物质实在的结果，而启蒙运动的乐观主义者则认为现实可以由理性指导。此外，维柯笃信人类事件呈循环式进展，而启蒙运动的首要信念是，真正的变革才是进步的存在。

 维柯为何反对笛卡儿主义？

维柯认为笛卡儿过于迷恋数学和自然哲学（自然科学），从而轻视了艺术、法律和历史等其他领域的知识。维柯认为笛卡儿在数学研究中的某些知识也未必正确。维柯在他的第一本书《论意大利最古老的智慧》中提出，笛卡儿以自身存在的意识作为基本哲学原理，以及试图只通过理性证明上帝的存在是错误的。

维柯自己的观点是，心灵不能产生自身，也不能知晓自身是如何具有知识的。关于数学和其他科学依据，维柯认为我们不能通过笛卡儿所说的清楚而明晰的观念得出结论。他认为数学知识之所以是真实准确的，是因为人类心灵已经为数学真理创造了标准或人类创造了数学。然而，上帝创造了物质世界，那么也就只有上帝才可以通晓关于物质世界的知识。事实上，维柯承认当我们在自然界中或通过科学实验创造事物时，我们可以从假设的证实中获得知识。

维柯自传有何不寻常之处？

维柯在《詹巴蒂斯塔·维柯自传》（*Life of Giambattista Vico Written by Himself*）中，以第三人称讲述了自己的人生故事，并分析了自己的性格是如何受环境影响的，以及自己开始写作前的思想是如何发展的。可以说，他的自传也是他的思想史。自传的开篇是这样的：

"詹巴蒂斯塔·维柯先生于 1670 年出生于那不勒斯，父母都是正直的人，留下了很好的名声。父亲性格开朗，母亲却很安静忧郁，两人的性格都对这个小儿子产生了影响。维柯小时候非常活泼好动。但在七岁那年，他从高高的梯子上摔下来，头先着地，一动不动地躺了整整五个小时，右侧颅骨破裂，但皮肤没有破，头上鼓起一个大包，一些碎骨深深地刺进了肉里，让这个孩子流了很多血。外科医生观察了破裂的颅骨，考虑到他长时间的无意识状态，预测他要么因此而死，要么活下来也会变得迟钝。然而，上帝保佑，这两个预言都没有成真。但这次事故和康复的经历，让他此后逐渐形成了忧郁和易怒的性格，而这种性格通常属于那些聪明和喜欢深度思考的人。他们天资聪颖，如闪电般敏锐。他们思想深邃，对俏皮话和虚伪之事不感兴趣。"

 维柯将历史视为知识的新观点是什么？

笛卡儿主义认为历史是一堆虚构和毫无联系的事实的大杂烩。与笛卡儿主义不同，维柯则认为历史学家能获得的确定性比科学家更高，因为历史学家研究的是人类创造的历史。

他并不认同雨果·格劳秀斯（Hugo Grotius）和托马斯·霍布斯及其他人的观点，后者从自然状态或其他方式出发，假定存在一个静态的、不变的人类本性。他对我们所说的"时代错误"持谨慎态度，也就是错误地假设过去和现在词语的意义相同，或者错误地认为人们总是以相同的方式思考。维柯认为，历史事件会改变人类的思想和观念。他指出，每一种理论都应该从它所研究的对象最初形成的地方出发，这样才能更准确地理解事物的本质和演变过程。在维柯看来，历史学家发现，过去人们的思想和感情的方法是破译他们的语言、神话和习俗。例如，他认为所谓的隐喻、神话和寓言，对过去的人们来说可能是字面意义上的真实存在。

 ### 维柯的历史循环论是什么？

维柯认为不同的社会都有占支配地位的文化模式。因此，在任何特定的时间和地点，法律、宗教、政治、艺术和习俗都倾向于相互匹配。例如，他勾勒出雅典法律和前苏格拉底及苏格拉底哲学间的联系。在他对历史循环的描述中，社会经历了从诞生到成熟，再到衰败的三个阶段。他把整个人类历史划分为神的时代、英雄时代和人的时代。维柯认为，人类首先经历了野蛮时期，那时人们生活在对自然现象的恐惧之中，人们进入了"众神时代"，对神灵的崇拜和敬畏成为社会的主导。随着氏族首领为了自保和扩张而建立联盟，社会进入了"英雄时代"。这一时期，贵族与平民之间的分化日益明显，平民为争取平等权利而斗争，最终推动了历史进入"人的时期"。然而，这个时期同样面临着腐朽、衰亡和重返野蛮状态的风险。维柯把此理论应用于罗马的历史，始于神话中的缔造者罗慕路斯（Romulus）和雷穆斯（Remus），亡于外族野蛮人的侵略。

 ### 维柯认为历史循环起源于什么？

维柯认为，上帝在他的"神圣天意"（divine providence）中规定了历史的循环，维柯认为这一观点可以与民众创造历史相容。这一观点深深影响了德国哲学家黑格尔"理性的狡猾"（the cunning of reason）这一概念，其大意是历史总是和人们设想的有所不同。

 ### 埃德蒙·伯克的政治背景和信仰是什么？

埃德蒙·伯克，从1765年至1794年在英国下议院担任议员。在他早期职业生涯中，他更倾向于文学而不是哲学，他提出了浪漫主义艺术观。作为一名政治家，他抵制基于理想和抽象观念的政治和社会变革，尽管他支持能恢复正当权利和惯例的政治变革。例如，他批判法国大革命提出的"自由、平等和博爱"的理念，却支持爱尔兰运动和美国独立战争。

 ### 埃德蒙·伯克的人生有哪些关键事件？

埃德蒙·伯克于1729年出生在爱尔兰都柏林。他早年就读于都柏林的三一学院，随后移居伦敦，希望研读法律，但他从未取得律师资格。他在年轻时写了《为自然社会辩护》（*A Vindication of Natural Society*）和《关于我们崇高与美观念之根源的哲学探讨》（*Philosophical Enquiry into Our Ideas on the Sublime and Beautiful*）两篇文章，均在1756年由一个叫罗伯特·达德利（Robert Dodley）的书商出版，该书商还委托伯克撰写了《英国史节本》（*Abridgement of the History of England*），遗憾的是该书一直没完成。1756年发表的《为自然社会辩护》是伯克刻意模仿托利党政治家博林布鲁克勋爵（Lord Bolingbroke）的文笔风格写的。与文明状态相比，博林布鲁克勋爵崇尚纯自然状态，并以十分夸张的方式称赞纯自然状态。尽管伯克对此持反对观点，但他模仿的博林布鲁克勋爵是那么的令人信服，以至于许多读者都以为是博林布鲁克写了此文。

英国政治家埃德蒙·伯克是哲学上的悲观主义者，他认为全民平等是无法实现的目标。（图片来源：艺术文献库）

伯克的艺术理论反对古典主义者的价值清晰观。他认为伟大的艺术是神秘而引人深思的，而崇高则激发恐惧。他写道："正是我们对事物的无知，才引起了我们所有的钦佩，并主要激发了我们的激情。"

 伯克的政治理论的主要观点是什么？

埃德蒙·伯克是悲观的基督徒，认为世上有真正的恶魔，不公是不可避免的。在伯克看来，人类社会最好的前景就是坚守那些经过数代考验，证明其稳定性的传统和习俗。他认为法国大革命已经演变为一场颠覆传统和正当权威的暴力叛乱，而非追求代议、宪法民主的改革运动，他批评大革命是企图切断复杂的人类社会关系的实验，也因此沦为一场大灾难。那些由抽象理想引发的变革尝试，导致了"那些注定要过辛劳生活的人抱有虚假的希望和虚浮的期望"。在1790年出版的《对法国大革命的反思》（*Reflections on the Revolution in France*）一书中，他将博爱称之为"伪善的胡扯"。

约瑟夫·德·迈斯特和埃德蒙·伯克的思想有何相似之处?

约瑟夫·德·迈斯特认为天主教会最终会战胜启蒙运动的客观科学思想。(图片来源:艺术文献库)

约瑟夫·德·迈斯特,是一位罗马天主教的政治理论家,他试图根据托马斯主义恢复传统社会。托马斯主义是中世纪意大利神学家和经院哲学家托马斯·阿奎那(Thomas Aquinas)的神学和哲学体系,是13世纪经院哲学的基础。迈斯特在其1796年的《论法国》(*Considerations on France*)一书中将法国大革命视为"撒旦式的"。然而,迈斯特在信仰上比伯克走得更远,他相信天主教教会将战胜启蒙哲学。在1810年的《论政治宪法的产生原则》(*Essay on the Generating Principle of Political Constitutions*)一文中,他描述了上帝和人类渴望的一种基本的秩序和纪律。

 约瑟夫·德·迈斯特有多重要?

哲学家和历史学家以赛亚·伯林(Isaiah Berlin)在《自由及其背叛》(*Freedom and Its Betrayal*)一文中,将迈斯特列为启蒙运动中人类自由的主要反对者之一。19世纪,法国文学批评家埃米尔·法盖(Emile Faguet)这样描述迈斯特:"一个狂热的绝对论者,一个激烈的神权主义者,一个决不妥协的正统王权拥护者,一个由教皇、国王和刽子手组成的三位一体的鼓吹者,他始终且处处捍卫最严苛、最狭隘、最顽固的教条主义,是一个来自中世纪的神秘人物,既是医术高明的医生,又是检察官,还是刽子手。"

 乔纳森·斯威夫特是怎么反对启蒙运动价值观念的?

乔纳森·斯威夫特被认为是一位虔诚的基督徒,不相信人性中存在理性,而认为一旦秩序被建立,就会开始瓦解。1709年在《对改进理性和革新习俗的建议》(*A Project*

for the Advancement of Reason and the Reformation of Manners）中，斯威夫特对人类的道德状况深感绝望，他乞求安妮女王实行道德改革以反对堕落和腐化。然而，最具讽刺意味的是，斯威夫特的道德改革的典型途径是通过讽刺和挖苦来实现的。他讽刺那些通过浅薄的小说和浮夸的小册子而赢得尊贵社会地位的人。因此，当他清醒地认识到他不能帮助爱尔兰贫苦人民获得人们的支持时，他和他的朋友成立了"斯克里布卢斯俱乐部"（Scribelous Club），以便参加反对"书呆子"的活动。

乔纳森·斯威夫特以其著名的讽刺小说《格列佛游记》闻名，他认为人类并不是非常理性的生物。（图片来源：iStock 图像）

斯威夫特最著名的讽刺作品是 1726 年的《格列佛游记》（Gulliver's Travels）。最著名的一个小册子叫《一个使爱尔兰的穷孩子不会成为他们父母、国家的负担并成为社会有用的人的温和建议》（A Modest Proposal for Preventing the Children of Poor People from Being a Burden to Their Parents or Country, and for Making Them Beneficial to the Public），他指出爱尔兰人民已经极度贫困，对残酷剥削爱尔兰人民的英国统治者提出了有力的控诉。在文中，他建议用贫苦人家的孩子替代英国乡绅地主餐桌上的传统鹅肉美食，极尽反讽之能事。

 ## 萨德侯爵是谁？

多纳西安·阿方斯·弗朗索瓦·德·萨德（Donatien Alphonse Francois de Sade）是一位法国贵族，以其令人震惊的色情作品而著称，包括《瑞斯丁娜，或喻美德的不幸》（Justine or The Misfortunes of Virtue）、《于丽埃特，或喻邪恶的喜乐》（Juliette or Vice Richly Rewarded）、《索多玛 120 天》（120 Days of Sodom）、《乱伦》（Incest）和《爱的罪行》（The Crimes of Love）。从没有哪个时代如此关注堕落和罪恶，萨德几乎是在疯人院和监狱中度过了长达 30 年的监禁生活，这都是因其惊世骇俗的作品。"萨德主义"就是以他的名字命名的。

萨德的创作有何学术价值？

萨德在1790年当选国民公会议员，并撰写政治短评，呼吁进行直接选举。西蒙·波伏娃（Simone de Beauvoir）及其他20世纪的存在主义者在萨德作品中解读出了一种激进的自由学说。他在西格蒙德·弗洛伊德(Sigmund Freud)之前就强调了性在人类生活中的重要性。在他的创作中也看到虚无主义的萌芽。20世纪的心理分析学家雅克·拉康（Jacques Lacan）认为萨德的伦理学与康德的绝对命令相辅相成。20世纪的女性主义者安德烈娅·德沃金（Andrea Dworkin）通过分析萨德的作品，说明了所有异性恋色情文学固有的本质，就是对女性的暴力、厌恶和歧视。

萨德侯爵城堡遗址。（图片来源：iStock图像）

 时至今日，人们还对萨德侯爵感兴趣吗？

答案是肯定的。萨德侯爵因其刺激而神秘的特点，已经成为电影主题的新宠。1969年电影《萨德侯爵》（De Sade）在德国拍摄，关于其导演真实身份的猜测一直持续至今。1996年，萨德侯爵再次出现在电影《黑暗王子》（Dark Prince）中，不过这部电影并未引起轰动。2000年拍摄的《鹅毛笔》（Quills），由杰弗里·拉什（Geoffrey Rush）饰演萨德侯爵，凯特·温丝莱特（Kate Winslet）饰演与萨德有染的少女玛德琳（Madeleine），华金·菲尼克斯（Joaquin Phoenix）饰演库尔米耶神父（Abbé du Coulmier），迈克尔·凯恩（Michael Caine）饰演罗耶·科拉德（Royer Collard）。

《鹅毛笔》的故事发生在拿破仑时期法国的一家疯人院，萨德侯爵因其在作品中直白地表达放荡、堕落的思想而被关押在那里。即使在被监禁期间，他仍笔耕不辍，常将手稿偷偷送出疯人院发表。拿破仑对其作品甚为震怒，派遣罗耶·科拉德医生来到疯人院对付和"治疗"萨德。这是一位以高压手段对付精神病人的"心理专家"，其本人也是伪善者，经常虐待自己的妻子。萨德遭遇迫害后，库尔米耶神父因表示出同情而被关押起来。

　　总体来说，《鹅毛笔》这部电影是一部精美的影片，它生动地展现了萨德侯爵一贯的尖刻机智，这种机智与他作品中的其他部分并存，否则的话，这些作品将只会被视为粗俗、色情内容。萨德侯爵在他的作品中不仅挑战了理性时代所倡导的乐观主义观念，还运用了那个时代所推崇的理性思维和批判精神作为他的创作工具或武器。

19 世纪哲学作为当代哲学的思想基础有哪些特点？

在某种意义上说，哲学在 19 世纪开始了近代化进程，19 世纪的各种哲学思想流派和分析方法至今仍被职业哲学家所实践。近代哲学一方面以经验主义为特点，另一方面又抗拒着经验主义。它涵盖了一系列的探究，这些探究至今仍然是当代思想家们所运用的经典基础，他们仍然在此基础上进行构建。近代哲学主要的奠基者出现于 19 世纪和 20 世纪早期，各路哲学家纷纷为哲学难题搭建舞台，各种哲学思潮涌现，如存在主义、现象学，即欧陆哲学；美国哲学及实用主义；英美分析哲学（其中包括现在所谓的科学哲学）；后现代主义、后结构主义、女性主义、种族和后殖民主义等新哲学。

近代哲学的显著特征就是其持续革新的思想意识及其在其他领域的延伸，诸如社会批判、政治学、自然科学、数学、逻辑学和文学，以及对人类主体作为哲学思想的生成者和主题的新理解。

19 世纪经验主义

 19 世纪发生的什么事情影响了经验主义？

19 世纪，经验主义作为全面的哲学方法论已逐步系统化，被广泛应用于自然科学、伦理学和政治学。这主要归功于两个意见相左的哲学家，即威廉·休厄尔（William Whewell）和约翰·斯图亚特·密尔，以及第三位，创建实证主义哲学思想流派的奥古斯特·孔德（Auguste Comte）。

　　在社会学的建立上，孔德的作用是不容忽视的，但是从方法论的角度，人们将孔德看作经验主义者。休厄尔主要关注科学及其大众化。密尔的贡献在于把经验科学的合理解释纳入哲学体系，因为相较于休厄尔，密尔的经验主义更易被经验哲学家所接受。密尔还将经验主义扩展到了伦理学、政治哲学和女性主义等领域。迄今为止，孔德是最极端的经验主义者。在 20 世纪，实证主义作为一种普遍的哲学方法而被重新审视。

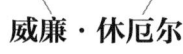

威廉·休厄尔

 威廉·休厄尔是谁？

　　威廉·休厄尔是一个十分博学的人，其对力学、矿物学、地质学、天文学、政治经济学、神学、教育学、法学、建筑学、伦理学、科学哲学，以及他命名的潮汐学都有突出贡献。他是英国科学促进协会（British Association for the Advancement of Science）的创始人和会长，也是英国皇家学会会员。休厄尔类比"艺术家"（artist）一词，创造了"科学工作者"（scientist）一词。同时，他也是 19 世纪英国教育界最有影响力的人物。

 休厄尔主要的生平事迹有哪些？

　　1794 年，休厄尔出生在英国兰开斯特。父亲是一位木匠，母亲则是一位诗人。早年在赫弗舍姆文法学校（Heversham Grammar School）就读，后获得奖学金进入剑桥大学三一学院。1820 年，年仅 26 岁的休厄尔被选为英国皇家学会会员。在被任命为英国国教牧师后（这一职位要求他必须成为大学教授），他于 1828 年至 1832 年间担任三一学院的矿物学教授。1838 年，他被聘为道德哲学教授。

　　休厄尔与科迪莉亚·马歇尔（Cordelia Marshall）结婚后，担任了两个学期的三一学院院长及剑桥大学副校长。科迪莉亚去世后，他与朋友的妹妹阿弗莱克夫人（Lady Affleck）再婚。在阿弗莱克夫人去世后，休厄尔在一次骑马事故中受伤，随后离世。休厄尔的著作直到 20 世纪中期才得到广泛关注，其经验主义和理论成就得到了前所未有的认可。

休厄尔的"知识的基本对立"是指什么？

休厄尔认为，"在每一次认知行为中，都存在着两个互相对立的元素，即我们所谓的观念与感知"。休厄尔继承了康德的观点，即科学知识并不是对客观事实的纯粹采集，而是需要在观念体系的基础上形成科学知识。然而，他并没有像康德那样将科学知识的可能性完全置于心灵之中。也就是说，与康德不同，休厄尔认为人类所认识的世界独立于人类心灵而存在。同时，他也没有像那些被称为"感觉主义学派"的经验主义者那样强调归纳和观察。

威廉·休厄尔是如何描述科学方法的？

在其1837年的著作《归纳科学史》（*History of the Inductive Sciences*）中，休厄尔阐述了作为科学方法论的三个过程：以孤立事实为"序曲"（prelude），然后朝着规律或普遍性的方向发展；在科学家们的"归纳时代"（inductive epoch）中通过"综合"（colligation）达到高潮，此时会形成一个理论；最后一个阶段是"后续"（sequel），在这一阶段中，理论得到完善并被应用于新的事实。

 ### 休厄尔所说的感觉主义学派指什么？

休厄尔所说的感觉主义学派，指的是那些把感觉视为人类全部知识的源泉，认为感性认识比理性认识更可靠的经验主义者。

 ### 休厄尔的主要思想是什么？

休厄尔提出了若干个"基本观念"（Fundamental Idea），如空间、时间、因果和相似性，正是这些基本观念使得我们能够进行"无意识推理"（unconscious inference），因此，我们可以从多种途径构建和关联我们的感觉，进而形成对物体的感知。他认为每门科学都有其独特的特定基本观念，使得其学科内容具有意义。例如，几何学的空间观念、力学的因果观念和化学的物质观念。某一科学的基本观念可被进一步描述为该科学的必要条件，如力的观念之于力学。

休厄尔在哪些方面与伊曼努尔·康德持不同观点？

与康德不同，休厄尔没有限制基本观念的范畴，他认为我们了解世界上的客观知识，是因为这些客观知识本身就存在着，与我们的基本观念无关。而康德则认为，我们无法了解事物本身的状态，只能通过我们的范畴来理解它们。休厄尔还指出，上帝是基本观念的创造者。正因为上帝创造了基本观念，这些观念才可以与现实相匹配。

英国科学促进协会是什么组织？

英国科学协会的目的是促进可持续发展，使科学和技术为公众所了解。然而，在该组织的网站上，他们认定1815年发明万花筒的大卫·布鲁斯特（David Brewster）为协会的主要创始人，而不是威廉·休厄尔。

该协会目前拥有约3 000名会员，主要关注科学的普及，并赞助了一项拥有约12 000名会员的青年科学家计划。自1932年以来，英国科学协会每年都会举办科学节，有众多科学家和科技爱好者参加。

 休厄尔的归纳理论是什么？

在休厄尔的《归纳科学的哲学》（*Philosophy of the Inductive Sciences*）一书中，他强调使用"发现者的归纳"（Discoverers' Induction）这一方法去构建普遍原则和因果规律。正是在这里，他描述了"综合"（colligation）作为弗朗西斯·培根（Francis Bacon）原则的"更新"（renovation）。

在综合中，心灵额外添加给事实一些可用来总结的概念。例如，休厄尔描述了天文学家约翰内斯·开普勒（Johannes Kepler）概括的火星轨道要点。休厄尔认为人们发现新的事物不是新认识的结果，而是将正确的概念应用于存在而产生的。因此，根据休厄尔的观点，开普勒将其椭圆概念应用在早已被丹麦天文学家第谷·布拉赫（Tycho Brahe）观测到的火星轨道上。

对于如何选择正确的概念去综合事实，休厄尔认为不能通过简单的观察和臆测实现，必须通过"心灵的特殊加工"，即"我们所推论的多于所看到的"。一旦理论建立，它就会延伸至我们所观察不到的世界，如光波、轨道形状和重力。换言之，休厄尔认为我们总会用心灵中的某些东西去研究经验，帮助我们阐释经验和经验之外的事物。

 休厄尔认为如何应用一致性、融贯性和预测性来检验理论？

科学理论必须经得起一致性、融贯性和预测性的检验。一致性指的是新事物证实理论。理论的融贯性指的是理论有解释新事实的能力，融贯性随时间推移而增强。预测性指的是能证明预测的准确。一旦经受住了这些检验，理论和科学原理就不可否定，否定它们就是自相矛盾的。

约翰·斯图亚特·密尔

 约翰·斯图亚特·密尔为什么是重要的人物？

约翰·斯图亚特·密尔至今仍受到广泛研究，这主要得益于他在伦理学领域的成就。他提出了功利主义，这是三大主要哲学道德体系之一，与美德伦理学和道义学并列。然而，他的政治影响更为重要。作为英国的改革论者，他也被视为经验主义科学哲学家。他对民主进步和科学哲学的贡献如此之大，以至于世人忽视了他在政治学和科学定义上的成就。

 约翰·斯图亚特·密尔有哪些成就？

密尔父亲的兴趣和人际关系为密尔的方向奠定了基础，但是密尔最后还是基于自身经历和妻子的影响而选择了自己的道路。密尔的父亲詹姆斯（James）是著名的哲学家和经济学家，也是东印度公司的官员。密尔也在东印度公司任职，直到 1856 年英国政府将东印度公司解散为止。在 19 世纪 30 年代，密尔曾任《威斯敏斯特评论》的主编，并在 1865 年至 1868 年期间担任议员。总的来说，密尔致力于促进英国民众以科学方式解决政治、社会和经济问题，他也十分关注艺术和生活本身传递出的人文关怀。

 密尔有哪些有影响力的著作？

在《逻辑体系》（*System of Logic*）一书中，密尔赋予形式逻辑以证明体系，说明事实的结论是如何被证实的。他也更新了弗朗西斯·培根的因果分析观点，并扩展了大卫·休谟的理论，即原因与结果并无逻辑联系，因果关系不过是各类事件的恒常连接。

在《政治经济学原理》（*Principles of Political Economy*）一书中，密尔论述了衡量人类价值与经济的差距，如环境保护和人口限制。他认为理想的经济体应该是由工人所有的合作社组成的。

密尔的《论自由》（*On Liberty*）是他最受争议的著作，因为它对社会舆论的平庸化影响给予了抨击。密尔认为，民主社会存在诸多惯例，这些惯例不允许其成员在生活方式上进行太多的个人尝试，也就是把某些人自以为正确的观念和行为准则强加给意见不同的人，从而迫使所有人被压入一个共同的、僵死的生活模式中。他同时代的保守者反对他所拥护的言论自由，即只要不涉及他人的利害关系，个人（成人）就有完全的行动自由，其他人和社会都不得干涉。

他在《功利主义》（*Utilitarianism*）一书中提出了最大多数人的最大幸福原则。

密尔的《妇女的屈从地位》（*the Subjection of Women*）一直被视为经典的女性主义著作。

他最后的主要作品《关于宗教的三篇论文》（*Three Essays on Religion*）表达了宗教的理性观点，既不是不可知论也不是无神论。密尔推断，上帝可能存在，但是从人类所遭受的种种苦难来看，上帝对人类并非那么仁慈。

约翰·斯图亚特·密尔是议员、政治理论家、经济学家和哲学家及功利主义者。（图片来源：艺术文献库）

 ### 密尔如何看待杰里米·边沁的"快乐原则"？

杰里米·边沁提出只有快乐本身是善。直到密尔伦理学著作发表，边沁的"快乐原则"才为人所周知。密尔认可了快乐的价值，但他对幸福更感兴趣。

密尔是如何阐述"高级乐趣"和"低级乐趣"的区别的?

密尔认为,简单的数量计算并不能用来衡量道德决策。他提出"低级乐趣"主要与即时的身体满足和愉悦有关,而"高级乐趣"是需要通过培养、欣赏和教育才能体会的,如那些在艺术、文学、诗歌和友谊中所发现的乐趣。这些是优于"低级乐趣"的"高级乐趣"。密尔经过体验证明,人们不仅会发现"高级乐趣"和"低级乐趣"的区别,而且由衷地偏好"高级乐趣"。

 ## 密尔是社会主义者还是资本主义者?

在将"功利原则"应用于政府和社会机构时,密尔认可自由市场的多产成果。但他认为生产资料公有制会消除极端贫困,使绝大多数人受益。他支持民主政府,但前提是公民要知情,并且它不是基于情绪的简单多数统治。

密尔的成长过程中有机会沉溺于快乐吗?

"快乐原则"当然没有被以与杰里米·边沁的表述相同的方式应用到密尔的年轻生活中,尽管它可能体现在密尔对功利主义的更细致入微的版本中,该版本区分了"高级乐趣"和"低级乐趣"。密尔的父亲詹姆斯在朋友边沁的帮助下,在家中教育年轻的密尔。年轻的密尔三岁时就开始学习希腊语,五岁时学拉丁语,十二岁时学逻辑学,十六岁时学经济学。他还深受通过进步的政治计划为最多数人谋福利的社会使命的熏陶。密尔在二十岁时精神崩溃。传记作家认为,他高度结构化且严谨的童年教育是其情感失衡的诱因。在对他的教育中忽视了人文因素,而且他与同龄人的社交互动也因其学业要求而受到限制。

随后,密尔开始攻读文学,以培养自己的人文情怀。他阅读了浪漫主义诗歌和约翰·沃尔夫冈·冯·歌德的作品,并开始重新思考边沁简单的快乐计算法。结果是密尔提出了著名的"高级乐趣"和"低级乐趣"之间的区别,并在《边沁》(*Bentham*)一文中对边沁进行了尖锐的批评,认为他麻木不仁且缺乏文化修养。该文最初发表于1838年的《伦敦与威斯敏斯特评论》(*London and Westminster Review*),并在1859年修订后收录在他自己的《论文与讨论》(*Dissertations and Discussion*)第一卷中。

为何密尔不信任"多数裁定原则"？

密尔在《论自由》中提出，整个社会都可能被大多数人的意见和喜好所统治。因此，言论自由至关重要。即使那些试图镇压言论自由的人是正确的，如果他们不愿意表达观点，其正确结论就很有可能被人当作迷信。因此，密尔认为言论自由在促进普遍理性的公共认识论或关于构成知识的共享理论方面具有效用。

他认为重要的是人们要基于已知的事物来建立标准，而不是仅仅基于意见。在密尔看来，倘若存在言论自由和公众异议，获胜方就必须为他们的观点提供理由。换言之，密尔认为言论自由有利于真理的出现，由于人类难免犯错，自由讨论才最有可能发现新真理，而对任何探究的封杀和排斥，都会对人类造成损失，因而都是不明智的。此外他还认为，只有通过争辩，才能让我们学会更好地表述和捍卫真理，并使真理保持旺盛的生命力。没有争辩，或者不允许争辩，只会让已经建立起来的真理变得不堪一击。

 ## 密尔的功利主义观点是什么？

密尔阐释了如何用"功利原则"来描述个人行为和集体价值。由于个体追求自己的幸福，社会福祉作为个人目标可能会得以实现。密尔描述的如公正等社会价值并不是仅仅作为抽象概念来造福社会的，而只有当个体在自己的生活中寻求它们时才会产生作用。

 ## 密尔对宗教信仰的最终评价是什么？

密尔总结道，考虑到这个世界的诸多邪恶，不可能存在一个既全能又爱人类的上帝。但是可能存在一个并不万能但很仁慈的神。总而言之，密尔认为，通过教育和社会制度的完善，人们可以掌控自己在人世间的幸福。另外，他还是看到了宗教对于一些人的效用，这些人以耶稣基督的教义为基础来塑造自己的道德观。

 ## 密尔在《妇女的屈从地位》中提出了什么进步思想？

密尔在《妇女的屈从地位》一书中开篇便指出，驳斥基于非理性立场的观点远远难于驳斥那些基于理性的观点。笛卡儿《沉思录》开篇也曾有相似叙述。那些持非理性观点的人不会被理性论证说服而改变他们的观点，反而只会为自己的观点寻找更"坚实"

的基础，甚至声称他们的观点是本能反应。

　　这就为密尔的观点搭建了平台，密尔指出，他写作时妇女的生存窘况是"强权即公理"的历史传统造成的，再加上男人"仅仅因为生为男性"而享有的权利。他将这种境况比喻为"奴隶式的生活"：女性完全依附于男人生活，被剥夺了教育和工作的权利；女性在婚姻中对自己的身体和子女没有控制权；女性缺乏公民权利，如选举权和财产权；妇女遭受家庭暴力和婚内强奸时缺少法律援助。

　　密尔也提出，为了使女性成为屈从于男人的理想附庸，她们被培养成如此性格：愚蠢、过分注重外貌、崇拜和依附男人。男人想当然地认为女人就该为人妻、为人母，正是这种想法把女人从教育和职业中驱逐出来。尽管婚姻看起来是一种契约关系，但妇女并没有任何真正的自由，因为她们无法自己维持生计。

　　为了驳斥那些持有"女性与男性本不该平等"观点的人，密尔指出，由于女性在婚姻中的境遇和缺乏教育而遭受如此压制，男性对她们的真实能力知之甚少。

 ### 密尔如何看待婚姻？

　　密尔认为人的美德在平等的友谊中发展得最好，这也是他对婚姻的理想，即"通过两种本性的真正丰富，各自获得对方的品味和能力"。作为一位功利主义者，密尔通过声称"这种平等的友谊理想将允许一半的人口为文明生活做出贡献，而这些贡献尚未实现"，来为婚姻中的这种友谊理想辩护。他认为妇女已经显示出独特的道德力量和无私情怀，因此，她们在公民生活和职业中的参与将推动文明价值观的进步。

 ### 密尔关于女性的观点有何重要影响？

　　密尔表达这些观点时，一些受过教育的男性对于妇女传统角色的感伤成了时髦。例如，在社会思想家和评论家约翰·拉斯金（John Ruskin）的作品《芝麻与百合》（*Sesame and Lilies*）一书和英国作家、评论家考文垂·帕特莫尔（Coventry Patmore）的诗歌《家中的天使》（*The Angel in the House*）中都可发现诸如此类的感伤。许多宗教权威和政治家都对密尔的观点表示震惊和愤怒。另一方面，当时在英国和美国已开始进行妇女参政运动，一些著名哲学家和知名人士的支持对这项事业的帮助极大。

　　然而，直到《妇女的屈从地位》出版约 50 年后，英美两国的妇女才获得选举权。尽管密尔所倡导的女权在今天看来是女性理所应当拥有的权利，但一些女性主义者认为，密尔未能解决家庭内部劳动分工的问题，因此他的女性解放观点并不全面。正如他假设的那样，即便是摆脱束缚，绝大多数妇女仍会选择成为妻子和母亲。虽然密尔强调女性的个人发展，但他更多是在她们的传统角色背景下，而不是作为人类自主性的背景下这样做的。

 ## 约翰·斯图亚特·密尔对逻辑和科学方法论有何看法？

首先，密尔认为演绎逻辑的证明并不依赖于直觉，而是依赖于内在的一致性。所有科学的基础假设或公理都基于经验。自然是统一的，并且具有相似的法则，这是通过对简单确定事实的概括，即归纳，得出的普遍科学公理。更具体的因果解释不过是总结必要条件和充分条件：当效应发生时，必要条件总是存在；当充分条件存在时，效应总是存在。例如，在大多数情况下，子弹击中大脑足以导致人死亡，但这并不是必要条件，因为人们还会因其他原因死亡。再如，氧气是引起火灾的必要条件，但它不是充分条件，因为导致火灾还需要摩擦和可燃物质，以及氧气。

密尔还认为算术和几的基本原则可以通过归纳来证明。他同意奥古斯特·孔德关于社会科学统一的观点，即一般科学的规律可以从具体科学的知识中被推导出来。例如，对个人行为的观察可以形成心理学，而对个体心理学的观察则可以形成社会学。值得注意的是，后来的数学和社会科学的许多理论工作都未能洞悉密尔思想的益处。

哈丽特·泰勒是谁？

哈丽特·泰勒（Harriet Taylor）是约翰·斯图亚特·密尔的妻子。密尔25岁时与她相识，当时他正处于精神失常的恢复阶段。哈丽特18岁起便与约翰·泰勒（John Taylor）结婚，并育有三个儿子。密尔和哈丽特·泰勒之间的关系被他们描述为柏拉图式的，直到约翰·泰勒去世，哈丽特结束了20年的婚姻关系，才最终和密尔成为夫妻。泰勒夫妇一度分居，哈丽特带着女儿与她同住，而泰勒则抚养他们的儿子。

一些女性主义作家认为，哈丽特实际上是密尔《妇女的屈从地位》和其他著作，如《论自由》的真正作者，密尔对她的贡献给予了高度评价。哈丽特的当代批评者称她为

"那个愚蠢的女人"，并说她之所以看起来像是密尔的合作者，只是因为她擅长重复他已经说过或写过的话。哈丽特以自己的名义发表的作品很少。她是肯辛顿学会的创始成员之一，该学会发布了第一份关于妇女权利的请愿书，她还为《每月记事》（*Monthly Repository*）这一期刊撰稿。密尔无疑对她极为忠诚，在她去世后，他写道："如果我能够向世界诠释她坟墓中埋藏的伟大思想和崇高情感的一半，那么我为她带来的益处，将远胜于我所能写出的任何东西，因为她无与伦比的智慧激发了我，帮助我完成了这些作品。"

奥古斯特·孔德

奥古斯特·孔德是谁？

奥古斯特·孔德是著名的社会学家，"社会学"一词就是他提出的。他开创了社会学这一学科，是西方第一位社会学家，被称为"社会学之父"。他创立的实证主义学说是西方哲学由近代转入现代的重要标志之一。

孔德曾在巴黎综合理工学院教授数学，他自己也是在那里接受的教育。尽管精神疾病——甚至严重到需要住院治疗——干扰了他的工作，但他的状况足够稳定，使他能够在婚姻期间完成他的主要著作，尽管这段婚姻以离婚告终。后来，他与一位他深爱的女士保持了一段柏拉图式的关系。在这位女士因病去世后，孔德系统地阐释了自己创建的一种全新的"人道教"（religion of humanity）。孔德在1830年至1832年间共出版了6卷《实证哲学教程》（*The Course in Positive Philosophy*）。

孔德的实证主义是什么？

孔德提倡使用数学作为决策方式，这种方式至今仍影响着统计学和商业模型。他认为知识来源于观察到的事实，并断言不可能知道任何无法观察到的实体对象的信息。

孔德说，科学的目标是预测，而解释和预测具有相同的结构。他的意思是，一个能够预测将会发生什么的理论也能够解释已经发生了什么。例如，假如理论认为摩擦、氧气和可燃物会引发火灾。由此我们可推断，划火柴会产生火焰，我们也可解释为何划火柴会产生火焰。孔德还认为，想象应控制在实证观察范围内。

孔德的社会学思想有哪些？

孔德认为，在整个世界发展中，科学经历了神学、形而上学、科学或实证三个阶段。神学阶段涵盖了宗教限制和对超自然现象的信仰。在形而上学阶段，超自然存在被抽象概念所取代。在科学阶段，人们会找到社会问题的解决之法。通过融合各阶段的原则，孔德提出了一套"百科全书阶梯式"的方法，根据这一法则，所有科学都可以按一种层次结构进行排序，其中社会学最为重要，因其涵盖了其他所有学科。孔德写道："如果每一个理论必须基于可观察到的事实，那么同样地，没有一些理论的指导，就不可能观察到事实。"因此，他提出了事实和理论相互联系的观点，这一观点至今仍适用。

奥古斯特·孔德始创"社会学"一词。（图片来源：艺术文献库）

孔德支持利他主义吗？

支持。实际上，孔德首创了"利他主义"（altruism）一词，意为帮助和服务他人的义务，即使这样做会损害自己的个人利益。

直 觉 主 义

19世纪的直觉主义是什么？

从某种程度上说，在所有哲学体系中都有直觉主义的一席之地：直觉是一种非推理性的直接知识，无法通过先前的论证来证明，也无法消除疑虑。密尔认为威廉·休厄尔的科学哲学就是基于直觉的，尽管在某些地方也有极强的推理性。然而，休厄尔确有一套明确的直觉主义道德理论。其他值得关注的 19 世纪直觉主义者，包括威廉·汉密尔顿（William Hamilton）、F. H. 布拉德利（F. H. Bradley）、亨利·西奇威克（Henry Sidgwick）和詹姆斯·马蒂诺（James Martineau），以及 19 世纪末 20 世纪初的亨利·柏格森（Henri Bergson）。

 ### 威廉·休厄尔的直觉主义道德哲学是什么？

休厄尔认为，良知使人们能够直接感知道德上的善恶。但是，他并没将良知描述为一种独立的道德能力，而是作为"理性在道德主体上的运用"。道德规则是理性的首要原则，可通过理性本身来发现。他认为这些规则是不言自明的必然真理。

 ### 苏格兰常识哲学是什么？

苏格兰常识哲学是一种由托马斯·里德提出的关于人类知识的现实主义观点，认为我们所认知的是世界中真实存在的实物，而不是大卫·休谟所声称的那样，是我们的观念。

约翰·斯图亚特·密尔是如何批判威廉·休厄尔道德直觉主义思想的？

密尔对休厄尔的道德直觉主义的批评在于，休厄尔认为道德无法进步，因为必然真理始终是真实的。密尔进一步声称，休厄尔的必然道德真理只会维持现状，并指责休厄尔保守地支持奴隶制、未经妇女同意的婚姻，以及对动物的残忍行为。然而，密尔忽略的是，正如科学中的基本观念一样，休厄尔认为我们无法探知所有相关的道德规则。因此，发现这些规则就是道德的进步。

 ### 威廉·汉密尔顿是谁？

威廉·汉密尔顿是苏格兰爱丁堡大学的一位教授。他在苏格兰常识学派中以其提出的"条件限制下的哲学"（philosophy of the conditioned）而闻名。他赞成伊曼纽尔·康德关于我们无法认识"物自体"（things-in-themselves）的观点，也支持托马斯·里德的自然主义。里德认为我们可直接认识现实世界的事物，而康德认为我们无法认识事物本身。两者观点互相矛盾，汉密尔顿认为可通过直觉将两者不可思议地结合起来。

约翰·斯图亚特·密尔在《威廉·汉密尔顿爵士哲学考察》（An Examination of Sir William Hamilton's Philosophy）一文中，有力地抨击了汉密尔顿提出的关于科学原则的看法，即科学原则在直觉上是有效的，而不是像密尔所认为的，因为人们能够提供因果关系的解释而有效。

 ## 威廉·汉密尔顿的"条件限制下的哲学"是什么？

汉密尔顿所谓的"有条件"（the conditioned）的事物指的是已被描述和分类的事物，而"无条件"（the unconditioned）的事物指的是尚未被描述和分类的事物。他的哲学是试图在有条件的事物和无条件的事物之间建立一种平衡。他曾写道："思想中可以想象的一切都存在于两个极端之间，作为互为矛盾的双方，必有一方是真实的。心灵的法则，即可以想象的事物在每一种关系中都受到不可想象的事物的限制，我称之为有条件的法则。"汉密尔顿持有神学信仰，认为无限是"不可认识和不可想象的"（incognizable and inconceivable）。

 ## 布拉德利是谁？

弗朗西斯·赫伯特·布拉德利是19世纪英国唯心主义的主要奠基者，也是有重要影响力的直觉主义者。在他的主要著作《伦理学研究》（Ethical Studies）中，他尝试解释道德如何成为个体意识和社会制度的组成部分。他提出，有些人认为道德是一种内在价值，这种价值根据他们的社会地位，在他们的行为中"自我实现"（self-realize）。好的自我只有在抑制坏的自我的情况下才能实现。因此，好的自我需要坏的自我，而道德永远也不可能完全实现，除非一个人通过皈依基督教而"死去"。

 ## 布拉德利是唯心主义者吗？

布拉德利是否是唯心主义者并不明确，但他确实认为我们对特定存在的直接经验就是我们所谓的实在。在他的第二本主要著作《逻辑原理》（The Principles of Logic）

中，布拉德利试图构建一种能解释其伦理观的形而上学体系。他认为思想是蕴含在判断中的，判断必须为真或假。观念是判断的内容，并表现实在。观念也代表事物的种类，每种事物的每一个成员都是一个特定的个体（从物体的意义上来说）。例如，你可以有你的宠物狗罗弗（Rover）的观念，这一观念仅代表罗弗，但你也有代表所有狗的观念。

然而，所有判断都是以假设为前提的，都声称"在客观实在中存在普遍联系"。例如，如果一个人作出"狗是人类的好伙伴"这样的判断，广而言之，这个人就认为所有的狗于他而言都是好伙伴，也就是说狗是人类的好伙伴。但是这只是一种假设，因为你可能会遇到不友善的狗，它不会成为你的好伙伴。

实在是现实世界的一切的总和。因此，如布拉德利所说，实在使现象成为一以贯之的"全体"（concrete whole）。我们通过已有经验面对客观实在。也就是说，判断是抽象的，然而实在是具体的。因此，思想永远不能完全表现实在。换言之，真实世界无法被我们完全描述和分类。

最后，在他的《现象与实在》（*Appearance and Reality*）一书中，布拉德利进一步解释了实在作为经验，是一个无所不包而又自我协调的整体。布拉德利认为，如"大""小""前"和"后"此类的关系都是表象，而非实在。关系是被思维抽象化了的直接经验，这种直接经验源于实在。简言之，由于实在是无所不包而又自我协调的整体，而思维的本性则在于分解，因此思维不能把握实在。既然如此，究竟怎样才能把握实在呢？布拉德利认为这有赖于直接经验，"直接经验就是实在"。总之，在布拉德利看来，终极的实在就是单一的、自我协调而又无所不包的经验整体。

 亨利·西奇威克是谁？

与其说亨利·西奇威克是一位直觉主义者，不如说他是第一个结合常识和直觉知识来评估当时相互矛盾的道德理论的近代道德理论家。作为剑桥大学教授，他积极筹建剑桥大学第一所女子学院——纽纳姆学院（Newnham College）。他的妻子是埃莉诺·米尔德里德（Eleanor Mildred），她的弟弟亚瑟（Arthur），后来成为英国首相。埃莉诺·米尔德里德在 1892 年当选为纽纳姆学院院长。西奇威克夫妇在许多改革和课题中有过合作，如对心灵学的调查研究。西奇威克主要著作有《伦理学方法》（*The Methods of Ethics*）和《伦理学史纲》（*Outlines of the History of Ethics*）。

从生活的角度来看，布拉德利是个什么样的人？

布拉德利于1870年成为牛津大学默顿学院的研究员，该职位是终身制，没有教学任务，但却不能结婚。布拉德利一生未婚，一直住在校园内，直到去世。1871年，他患上肾炎，此后格外注意自己的健康，虽然他参与了学院的管理，但他避免参加其他社交活动。例如，他拒绝了成为英国学会创始人的机会。

布拉德利讨厌猫，夜里，他会在学院院子里射杀它们。与他做了16年邻居的R. G. 科林伍德（R. G. Collingwood）曾写道："虽然我和他住的地方相距不过几百米，但我从未见过他。"

 ### 西奇威克对超自然现象有什么兴趣？

1892年，在亨利·西奇威克的帮助下，灵学研究社（Society for Psychical Research）得以成立，他的妻子埃莉诺也是一位积极的参与者。西奇威克夫妇认为研究社的工作会帮助人们证实宗教的一些主张，如来世。他们认为来世是有必要存在的，因为可作为现世积德向善的推动剂。然而，他们的研究并没有得出明确的结论，尽管埃莉诺声称西奇威克1900年去世后，还曾和她交流。

 ### 道德理论是什么？

道德理论指的是不同道德或伦理体系之间的理智评测和比较。例如，倘若我们比较结果论和人道论，那我们就是在进行道德理论研究。在某种程度上，任何为自己的道德体系辩护的人都在进行一定程度的道德理论研究。例如，杰米里·边沁认为天赋权利是"站在笔杆子顶上的不通谬论"（nonsense upon stilts），他想通过"快乐计算法"来取代关于权利的论述。还有伊曼努尔·康德在区分假言命令和定言命令时，都是在参与道德理论研究。

 ### 西奇威克对道德理论有哪些贡献？

首先，人们公认西奇威克对杰米里·边沁和约翰·斯图亚特·密尔的古典功利主义进行了最清晰的阐释，以至于他在一定程度上经常被视为功利主义者。其次，他对利己主义、功利主义和直觉主义的比较评价是最有启发性的（利己主义指的是只考虑自己利益，以自我为中心的道德体系）。

西奇威克调查了常识道德原则和这三个体系的主要观点，他总结说，这些观点没有一个是不证自明的，或根据直觉毫无疑问的。他认为当我们迷茫需要引导时，可利用功利主义，但功利主义的基本原则需要依赖直觉来使人接受。

利己主义看似是不证自明的，但其常常与功利主义冲突。西奇威克承认自己也不能解决这个矛盾。

 詹姆斯·马蒂诺是谁？

詹姆斯·马蒂诺是英国著名的宗教直觉主义者，19世纪英国最著名的宗教哲学家之一。他的主要著作有《伦理学类型》（*Types of Ethical Theory*）和《宗教研究》（*A Study of Religion*）。他最杰出的贡献是对伊曼纽尔·康德的形而上学进行了独特的宗教阐释。

 詹姆斯·马蒂诺是如何使伊曼努尔·康德的形而上学宗教化的？

马蒂诺依靠直觉理论断言，现象世界反映本体世界（我们无法感知的世界），本体世界的实物是有因果联系的。他认为这种实在是上帝意志的产物。关于伦理学，他主张我们是先有动机，然后才有行动。直觉告诉我们哪些是崇高的动机，而最崇高的动机就是敬畏。（他指的是，对敬畏的渴望激励着我们做出最好的行动。）

 亨利·柏格森是谁？

亨利·柏格森是法国哲学作家、法兰西学院哲学教授、1927年诺贝尔文学奖得主。他最著名的著作是《时间与自由意识》（*Time and Free Will*），在该书中他认为客观的可测的时间，可

亨利·柏格森最为著名的观点是他提出客观的可测时间不同于真实时间。（图片来源：美国国会图书馆）

067

被分为均等的部分，但是与我们直接体验到的真实时间并不相同。在《物质与记忆》（*Matter and Memory*）一书中，他提出一种身心理论，也就是他后来关于进化的研究。他认为物质和生命的进化应该被描述为一种"生命的冲力"（冲动的生命力），而不该是查尔斯·达尔文（Charles Darwin）的物竞天择说。在《形而上学导论》（*An Introduction to Metaphysics*）一书中，他进一步为其时间理论提供了论证和支持。在《创造进化论》（*Creative Evolution*）一书中，他认为应该用生命力来解释进化。在《道德与宗教的两个起源》（*The Two Sources of Morality and Religion*）一书中，他提出两种社会类型：一是自由并允许改革和创造的社会，二是固步自封、保守和压抑的社会。

亨利·柏格森是怎样看待笑和幽默感的？

柏格森在1900年写了一篇关于笑的分析文章，这表明他对幽默的概念非常感兴趣。他认为，幽默是生活中无法仅凭理性完全理解的部分。根据柏格森的说法，笑需要一种冷漠的状态，"因为笑最大的敌人就是情绪"。他接着表示，"幽默需要一种类似于心脏短暂麻痹的状态……它的吸引力在于纯粹而简单的智慧"。

要想显得幽默，某些事物必须显得僵硬，比如，扮鬼脸或机械般的走路姿势。我们的笑会打破我们对这种僵硬之处的感知。日常语言也证实了柏格森的这一观点，因为当我们觉得某件事很有趣时，会说"笑破肚皮"或"笑掉大牙"。柏格森表示，任何将我们的注意力从灵魂或道德领域转移到身体上的事物都可能是幽默的，比如，演讲者在演讲时打喷嚏的戏剧性时刻。柏格森认为，喜剧的整体目的是在机械时代重申生活的意义。

 柏格森是如何将真实时间与自由意志联系在一起的？

在柏格森看来，真实时间不能被看作空间中线性时间的点，就像科学的时钟时间那样。真实时间只能由直觉感知并存在记忆中，它是我们无意识的自由行为的基础。自由意志其实是无意识的自由行为，这些行为是无法预测的。直觉和分析平衡了这种区别。直觉可直接理解、认识持续时间，然而分析将持续时间分解为恒常概念。

数学哲学和逻辑哲学

 19 世纪，哲学家为什么开始对数学、几何学和逻辑学感兴趣？

事实上，哲学家们一直对这些学科感兴趣，但在 19 世纪，科学和技术的飞速发展给人们带来了比以往更多的创新，因此引起了哲学家更多的关注。世界的变革带来了高等教育的蓬勃发展，哲学家开始对科学和数学领域的新研究产生兴趣。自亚里士多德以来，逻辑学也成为哲学研究的主题，因此新的逻辑形式不仅引起了逻辑学家的关注，也激发了许多哲学家的兴趣。

 19 世纪，数学哲学和逻辑哲学有哪些发展和进步？

19 世纪，数学和逻辑哲学取得了长足的发展和进步，包括提出了逻辑概率论，发现了非欧几里得几何学，对科学第一原理的客观性和必然真实性提出了质疑，设计了新的逻辑符号，并提出了把数学归为逻辑学的可能性。

 皮埃尔-西蒙·拉普拉斯是谁？

皮埃尔-西蒙·拉普拉斯（Pierre-Simon Laplace）是法国著名数学家和天文学家，天体力学的集大成者，他还阐释了后来被奉为经典的概率论。他在法国巴黎多所学校任教，如军事学院（École Militaire）等。

 皮埃尔-西蒙·拉普拉斯的概率论是什么？

实际上，我们不知道是什么让我们形成了概率这一观念。因为我们认为世界在"凡事皆有因"的假设中，一切已被确定，每一事件的概率取决于我们所知道和所不知道的内容的组合。拉普拉斯的概率论指的是，假如我们没有理由地相信在一系列事件（设为 n个）中某一个会发生，那么每个事件发生的概率就是 1/n。例如，随意选择一周的任何一天，其为周二或周四的概率是 2/7。

皮埃尔-西蒙·拉普拉斯，法国著名数学家和天文学家，以其概率论著称。（图片来源：艺术文献库）

皮埃尔-西蒙·拉普拉斯最著名的学生是谁？

皮埃尔-西蒙·拉普拉斯最著名的学生是后来成为历史上最著名的法国独裁者的拿破仑·波拿巴（Napoleon Bonaparte）。事实上，拉普拉斯的《概率的分析理论》（*Analytic Theory of Probabilities*）正是献给拿破仑的。

非欧几里得几何是什么？

欧几里得几何（Euclidian geometry）依赖于一些公理，其中最重要的是关于平行线的性质。非欧几里得几何改变了欧几里得的公理。非欧几里得几何在物理学领域有广泛应用，尤其是阿尔伯特·爱因斯坦的相对论，使"第四维空间"（the fourth dimension）的概念成为可能。

卡尔·弗里德里希·高斯（Carl Friedrich Gauss）是第一个发现非欧几里得几何原理的德国数学家，但是因为他没有公开发表自己的想法，所以这一荣誉归于了独立开展研究的鲍耶·亚诺什（Bolyai Janos）和俄国的尼古拉·洛巴切夫斯基（Nikolai Lobachevsky）。他们推翻了欧几里得的一个无法证明的假设，即"过直线外一点，有且只有一条直线与已知直线平行"。在他们提出的体系中，一条线可以有不止一条平行线，而且三角形的内角和可能小于180°。

到19世纪中期，伯恩哈德·黎曼（Bernhard Riemann）明确提出另一种几何学的存在。在这种几何学中，直线总是会相交，因此没有平行线。此外，三角形的内角和可以大于180°。（在欧几里得几何学中，平行线永不相交，三角形的内角和总是180度。）黎曼还进一步区分了空间的无界性（作为其范围的一部分）和与同一空间的曲率相关的无限距离测量。黎曼回到高斯现已发表的作品中，并用三角学解释了由鲍耶和洛巴切夫斯基首次引入的"新距离"概念。最重要的是，"弧长"可以被理解为曲面上两点之间的最短距离，而不需要参考曲面本身嵌入其中的几何属性或适用几何。

1868年，意大利数学家欧金尼奥·贝尔特拉米（Eugenio Beltrami）在平面圆内论证了鲍耶的二维空间，证明了非欧几里得几何和欧几里得几何之间是相对相容的，从而消除了人们对非欧几里得几何有效性的怀疑。

卡尔·弗里德里希·高斯的个性有何独特之处？

高斯性格细致、保守，并不太喜欢教学或其他会打断他工作的活动。他既不与人合作，也不帮助年轻的数学家。他更不喜欢思考时被打断。据说，有一次他正全神贯注地解决一个问题时，有人告诉他，他的妻子病危了。他回答说："告诉她等我一下，我马上就完事了。"

 非欧几里得几何是如何影响其他领域的？

非欧几里得几何彻底改变了人们对空间和几何之间关系的认知。由此衍生的问题是空间本身是否是弯曲的。这使得整个几何学看起来都是假设性的，导致一些人质疑先验知识的可能性。也就是说，如果在欧几里得几何中空间不是必须的，而且存在其他未知的空间几何。那么，我们所说的"空间的先验知识"（a priori knowledge of space）又意味着什么呢？另外，空间曲率观点对爱因斯坦相对论的提出有一定作用。因此，非欧几里得几何影响了物理学和我们对宇宙的概念。

 "维恩图"是什么？

"维恩图"指的是英国哲学家和逻辑学家约翰·维恩（John Venn）发明的以他命名的逻辑符号系统，该系统由重叠的圆圈组成。"维恩图"可被用来检测和论证推理的有效性。"维恩图"可以展示集合及其相互之间的关系，这在逻辑理论中是很有用的。

 亨利·庞加莱是谁？

亨利·庞加莱（Henry Poincaré）是法国数学家、物理学家和科学哲学家。他对非欧几里得几何的发现极为关注，并建议修改伊曼纽尔·康德的主张，即我们拥有关于世界的综合先验知识（适用于现实且并非基于经验的绝对真实知识）。

他的建议就是著名的"约定主义"（conventionalism），意思是物理学家会保留欧几里得几何，因其为物理学提供了最简易的几何法则，因此保留欧几里得几何比较适合他们。这一提议在数学界并没有持续多久，因为爱因斯坦在他的广义相对论中证实了空间曲率遵循非欧几里得几何原理。然而，约定主义则因其更广泛的原则，即"科学中的真

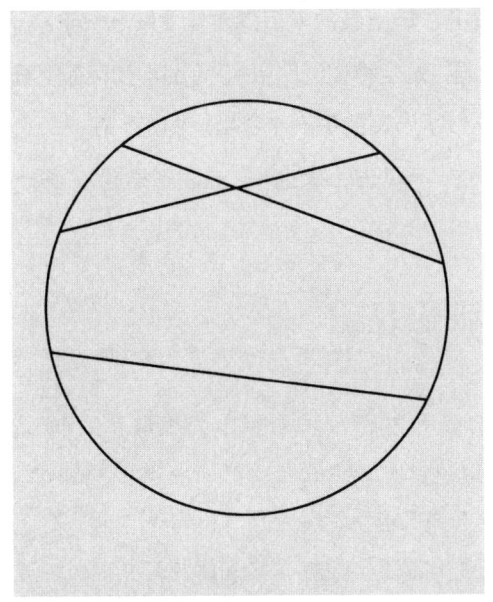

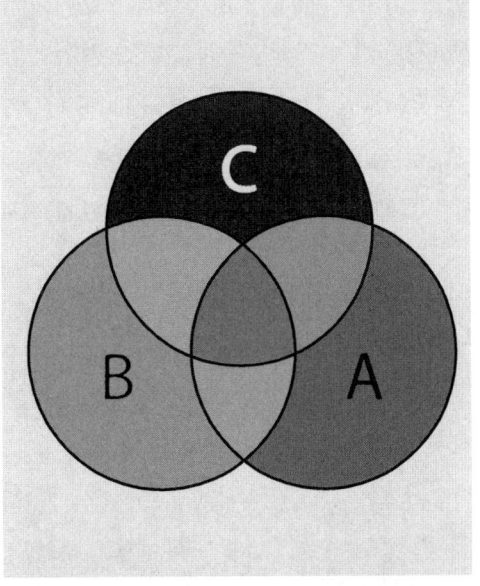

贝尔特拉米 n 维双曲几何模型：在这个模型中，点是由 n 维单位球（或是此视图的二维单位圆）表示，而线则由端点在边界球（此处为二维圆盘的圆周）上的弦或直线段表示。此图证明非欧里得几何可以在欧几里得几何空间的曲面（拟球曲面）上实现。

"维恩图"包含集合 A、集合 B 和集合 C。当 2 个或 2 个以上集合重叠时，就会出现几个交集。如图所示，图中重叠部分出现了 A、B、C 共同的交集，A 和 B 的交集，B 和 C 的交集，以及 A 和 C 的交集。

理取决于对特定规则的共识"，在 20 世纪作为科学的真理观被广泛接受。

 戈特洛布·弗雷格是谁？

　　戈特洛布·弗雷格（Gottlob Frege）是德国耶拿大学的数学教授。他认为伊曼纽尔·康德提出的"数学真理是先验的直觉和综合判断"这一说法是错误的。他的任务是证明数学概念是如何用逻辑学来单独定义的，这样数学定理就可以以逻辑真理的方式出现。倘若数学可以按此方式被归为逻辑学，那就证明了数学仅仅是真理的定义，并无经验内容，也与世界本身无关。因此，数学是先天演绎推理的学科，而不是康德所坚持的先验直觉和综合的判断。

 戈特洛布·弗雷格在逻辑哲学中的主要创新是什么？

　　弗雷格将谓语视为函数，主语视为参数。因此"苏格拉底会死"可转为"'死'的函数适用于'苏格拉底'这个参数"。他于 1879 年出版的《概念文字》(*Conceptual Notation*）中引入了一种简单的逻辑命题与量词，如全称量词"所有"（all）和存在量词"有"（there）。逻辑量化是一种符号系统，连接所涉及的每一个变量。例如，在"每个现在活着的人将来某一天都会死去"这个句子中，"现在活着的人"是逻辑命题，"每一个"是量词。弗雷格的这套方案现今仍被采用。

弗雷格对"含义"的精辟见解是什么？

弗雷格的语言理论主要体现在以下三篇论文中：《函数与概念》(*Function and Concept*)、《论概念与对象》(*On Concept and Object*)，以及《含义与指称》(*Sense and Reference*)。他指出，有些同一性陈述既真实又有信息量。例如，句子"金星是金星"并没有传递出任何信息，但句子"晨星是暮星"是有信息量的，两者指称相同，尽管它与"金星是金星"的意思相同，因为金星实际上就是晨星和暮星。

这怎么可能呢？弗雷格的解释是，"含义"和"指称"之间存在差异。在这个例子中，指称就是实际的天体金星。但含义是"晨星"这个术语如何指代这颗行星（即在日出前东方天空中明亮的物体）。因此，"晨星"并不代表金星本身，而是代表金星如何被呈现的含义。这就是为什么两个看似等价的句子实际上是不同的。这也解释了为什么说"金星是金星"或"晨星是晨星"没有信息量，但说"金星是晨星"却是有信息量的。

 戈特洛布·弗雷格是如何尝试将数学归于逻辑学的？

在他的《算术基础》(*The Foundations of Arithmetic*）中，弗雷格提出逻辑或思维法则，并不是思维方式的描述。他还指出一个词孤立地存在是没意义的，只有置于语境中才有意义。在他两卷本的《算术基本规律》(*Basic Laws of Arithmetic*）一书中，弗雷格通过证明每个谓词都确定了一个可以用逻辑来描述的类，来真正开始他的课题。例如，"红"是谓词，那么"红"则确定了一个红色事物的类。

 戈特洛布·弗雷格成功地将数学归于逻辑学了吗？

遗憾的是，答案是否定的。弗雷格在他的《算术基本规律》第二卷完稿付印时，收到了来自英国哲学家、历史学家和数学家伯特兰·罗素的一封信。在信中，罗素提出了他著名的悖论："如果一个集合的元素不属于自身的那些集合，且所有不属于自身的集合都属于这个集合，那么这个集合是否属于自身呢？"这一问题是内在连贯的，并包含矛盾，所以是没有答案的。

弗雷格不得不承认他的推理失去了基础："一个科学家所碰到的最倒霉的事，莫过于在他的工作即将完成时却发现所研究的工作的基础瓦解了。来自伯特兰·罗素先生的一封信在我的著作即将出版之时就将我置于此境地。"更加讽刺的是，罗素自己也开始了将数学纳入逻辑学的课题，但是也失败了。

德国唯心主义

德国唯心主义是什么？

德国唯心主义指的是 19 世纪发展起来的哲学观点，认为实在不是物理的，而是心理或精神的。其主要代表人物是格奥尔格·威廉·弗里德里希·黑格尔（Georg Wilhelm Friedrich），还有英国和美国的黑格尔派哲学家。

19 世纪德国唯心主义者与柏拉图和乔治·贝克莱有何不同？

19 世纪前，唯心主义倾向于以个别思想家提出一系列思想的形式出现，他们假定了不可见的实体的存在，并且认为相对物质世界的客观存在，还有范围更广的客观实在。除了罗马新柏拉图派哲学家柏罗丁（Plotinus）和其他的新柏拉图主义者，唯心主义在 19 世纪以前都仅限于提出实体存在于独立的世界中，与人类可感知的存在无关。

相反，19 世纪的唯心主义者提出了"观念的实体和结构"（ideal entities and structures），他们将"观念的实体"的功能描述为直接影响和感知世界及其事件。借用医学术语来描述，19 世纪前的唯心主义者像是哲学上的"解剖学家"，然而 19 世纪的唯心主义者更像是哲学上的"生理学家"。弗里德里希·黑格尔正如后者所描述的那样，是哲学上的"生理学家"，但是如果没有伊曼努尔·康德先前的研究和约翰·戈特利布·费希特（Johann Gottlieb Fichte）与弗里德里希·谢林（Friedrich Schelling）对康德理论的继承发展，黑格尔是无法构建自己的体系的。

约翰·戈特利布·费希特是谁?

约翰·戈特利布·费希特是德国哲学家,被认为是伊曼努尔·康德和弗里德里希·黑格尔之间的桥梁,也是 19 世纪德国唯心主义学派的奠基者。

 ## 约翰·戈特利布·费希特的职业生涯中有哪些亮点?

作为德国莱比锡大学的学生,费希特在校期间研习了巴鲁赫·德·斯宾诺莎的哲学。开始研究伊曼纽尔·康德的哲学后,他写了一篇研究康德批判哲学和神学领域之间联系的宗教长文《试评一切天启》(An Attempt at a Critique of All Revelation),试图证明道德应是宗教的一部分。这篇文章受到了康德观点的启发,体现了要理解道德就要先理解宗教的思想。

约翰·戈特利布·费希特是如何成名的?

费希特在柯尼斯堡遇到伊曼努尔·康德后不久,他的第一本书《试评一切天启》便出版了。这本书将宗教启示与康德的哲学联系起来。费希特在出版前并没有将这本书展示给康德看,而且费希特的名字也没有出现在作者一栏,因此人们误以为这本书是康德写的。康德大度地澄清了这一误解,并对费希特给予了高度评价,费希特因此在哲学界声名鹊起。赞誉之声不绝于耳。一位读者写道:"这是最令人震惊和惊讶的消息,除了康德,没有人能写出这本书。哲学的天空中出现了第三个太阳(另外两个是康德和勒内·笛卡尔),这个惊人消息让我陷入了混乱。"

 ## 约翰·戈特利布·费希特的职业生涯中有哪些重要事件?

1794 年,费希特成为耶拿大学哲学教授,主持康德哲学讲座,并完善了康德的哲学体系。在此期间,他发展了康德哲学的义务论,批评学生们的酗酒、放荡和斗殴行为。1795 年,他担任《哲学杂志》(Philosophiches Journal) 责任编辑时,收到朋友的一篇"宗教怀疑论"的来稿,虽然费希特不赞同作者的观点,但由于他坚持出版自由,还是将此文发表,并在序言中指出"上帝是宇宙的道德秩序"。这篇文章的无神论观点给他带来了一片怨声，后来被别有用心的人利用，攻击费希特是无神论者，因此萨克森州政府和其他州政府查禁了《哲学杂志》，将费希特驱逐出耶拿。

离开耶拿后，费希特给校方写信为自己辩护，并以辞职威胁。耶拿大学将其威胁理解为请辞，于是立即接受了。1810 年 3 月，他成为柏林大学首位哲学教授。

费希特的哲学体系在 1794 年的《全部知识学的基础》(*Foundation of the Science of Knowledge*)中首次被提出。1796 年他撰写了《自然法权基础》(*Foundations of Natural Right*)，论述自己的自然法则观点。1808 年，在法国占领柏林期间，他做了一系列"对德意志民族的演讲"。在这些演讲中，费希特支持反抗法国独裁者波拿巴·拿破仑，倡导共同利益。

 约翰·戈特利布·费希特的哲学中重要的新颖观点有哪些?

费希特反对他称之为"教条主义"的思想，即存在一个独立于人类及其价值观之外的外部世界的观念。他认为无神论、唯物主义和决定论都是相信客观实在的结果，这是有损于道德的。即便是康德的哲学体系也存在教条主义的影子，如康德认为"物自体"是不可知的。费希特以唯心主义作为这些教条主义问题的解决方法，即"心灵创造一切"。

 约翰·戈特利布·费希特的唯心主义和自由是如何联系到一起的?

费希特认为自发性是可以通过反思我们自己作为积极的存在和行为而被意识到的。这就使最高实在成为一种"先验自我"(transcendental ego)。在康德之后，费希特进一步解释在人思考时意识到的自我背后，存在一个未被察觉的自我。费希特认为成熟是实现自我自由的必要条件。那些尚未成熟的人将会依靠教条主义。

 约翰·戈特利布·费希特的政治哲学是什么?

在《自然法权基础》中，他支持个人主义，但其观点随着时间推移而发生了改变。在其《对德意志民族的演讲》(*Addresses to the German Nation*)的系列演讲稿中，他提倡关心公共利益，谴责自私行为。他认为利己主义确实是站不住脚的，但是德意志民族因为固有的民族性格和优越的语言，会上升到更高的层次。

弗里德里希·谢林

 弗里德里希·谢林是谁？

在弗里德里希·威廉·约瑟夫·谢林所处的时代，浪漫主义文学和艺术盛行，这对谢林的哲学产生了深远的影响。他早年就读于德国图宾根神学院，该学院是符腾堡州新教教会神学院。谢林于 1792 年从图宾根神学院哲学院毕业。毕业后，他参与了莱比锡大学的几项研究课题，在此期间，他做了几年贵族青年的私人教师。在他 23 岁时，他成为耶拿大学史无前例的最年轻的编外教授。他相继在维尔茨堡大学、埃尔朗根大学、慕尼黑大学和柏林大学任教，在柏林大学时，人们希望他能够反对黑格尔学派。他哲学上的首要动因是以美学形式出现的，并以其在 1800 年《先验唯心论体系》（*System of Transcendental Idealism*）中阐述的"自然哲学"（natural philosophy）而著称。

 弗里德里希·谢林的主要论点是什么？

谢林认为整个自然，包括物质和精神，均是朝着意识发展的心灵。但是意识，或人类自我，才是自然的创造者。生命是无法由机械论和惰性论来解释的。

谢林使一种建立在"磁力"基础上的炼金术思想重新盛行起来，"磁力"被认为是特殊存在的一般形式，其要么呈现出轻盈、动态或阳刚的特性，要么呈现出沉重、静态或阴柔的特性。用通俗的语言来说（尽管关于此类信念也无通俗的语言可形容），炼金术士认为所有存在之物都是由某种磁性物质组成的，可以表现为轻盈（或阳刚）的实体，也可以表现为重而密集（或阴柔）的实体。

他认为，客观存在的实在在一种自发的自由行为中与"绝对"（Absolute）分离，这种行为创造了时间本身，以及我们所认识的世界。换言之，在"绝对"中发生了一种自发的自由爆发，导致了我们感知的实在与"绝对"的分离。另一结果就是时间现象，这也就是说，"绝对"是存在于时间之外的。

谢林在科学界及艺术界有一批浪漫主义的追随者，因为在 19 世纪，浪漫主义用半神秘的方式解释世界。譬如，洛伦兹·奥肯（Lorenz Oken）认为，在谢林看来，自然是无意识的心灵，生命的全部起源于"远古黏土"（primeval slime）。奥肯的思想和谢林的思想之间的联系并不清晰，但却显示出异想天开的思想，足可鼓舞他人。

 弗里德里希·谢林的文化美学观是什么？

谢林认为历史就如一幕戏剧，当"绝对"揭开面纱之时，真相自然就会揭晓。上帝是一位艺术家，宇宙是他的艺术作品。宗教的主要价值在于美，而不在于道德。

弗里德里希·谢林与奥古斯特·威廉海姆·冯·施莱格尔的妻子的风流韵事背后有怎样的故事？

谢林在耶拿任教时，与德国诗人奥古斯特·威廉·冯·施莱格尔（August Wilhelm von Schlegel）关系密切，后者深受其他德国浪漫主义者的推崇。谢林还与卡洛琳（Karoline）关系亲密，卡洛琳后来成为施格莱尔的妻子。谢林与施莱格尔家的女儿奥古斯特（Auguste）曾讨论过婚嫁之事。然而，奥古斯特在1800年因痢疾去世，当时谢林监督了她的治疗。起初，谢林受到了责难，但后来的传记作者为他洗清了罪名，因为奥古斯特的死在当时很可能是医学上的必然。

随后，谢林和卡洛琳意识到了彼此之间的爱意，无奈，施莱格尔搬了出去，离开了耶拿，前往柏林。后来，另一位著名文学人物约翰·沃尔夫冈·冯·歌德居中调停，帮忙促成了施莱格尔和卡洛琳离婚，谢林和卡洛琳才得以成婚。二人婚后为了躲避流言蜚语，随即离开了耶拿。

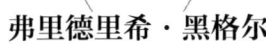

弗里德里希·黑格尔

 弗里德里希·黑格尔是谁？

从学术影响和能力来看，格奥尔格·威廉·弗里德里希·黑格尔或许是 19 世纪最辉煌灿烂的思想家。他是一位可以用逻辑综合和逻辑分析来思考整个世界的哲学家。他最为人所知的是他的唯心主义理论，即"绝对"观念，"绝对"是一种非宗教的、新柏拉图主义的、后启蒙时代的"一"，它可在黑格尔著作里描述普通人的寻常现实中被观察到，但却是以黑格尔自己的逻辑推演抑或是领悟出来的。

弗里德里希·黑格尔最突出的成就是什么？

黑格尔是家中长子，父亲是维滕贝格公国的下层官员，母亲在他 11 岁时就不幸去世了。他早年就读于图宾根大学附属神学院。在图宾根大学，黑格尔的同窗之中人才济济，有伟大的德国浪漫主义诗人约翰·克里斯蒂安·弗里德里希·荷尔德林（Johann Christian Friedrich Holderlin）和后来成为他的同事和学术"敌人"的哲学家弗里德里希·谢林。二人争论的焦点在于理性的重要性，黑格尔十分重视理性并引以为傲，而谢林却对此并无兴趣。黑格尔毕业之后，第一份工作是在伯尔尼一个贵族家中担任家庭教师，随后前往法兰克福。父亲的去世给他留下不菲的遗产，使他可以专心于自己的学术工作，以期获得大学教师职位。黑格尔早期的兴趣在于协调理性的流动概念和非制度化的基督教。

1805 年，在谢林的帮助下，黑格尔得以进入耶拿大学，执教 7 年，终获耶拿大学教授职位。在此期间，正如他在早期文章中所表达的，黑格尔对启蒙运动倡导的自由心存疑虑。他钟情于古希腊的生活方式和思想，而且认为启蒙权利会导致新形式的压迫。对此担心的一个诱因可能和他在法国大革命时期的经历有关。从更深层次的哲学层面来看，他认为人类最崇高的事业需要社会和政府来发展。这一观点与将政府看成是自然人权敌人的个人权利学说相抵触。

在耶拿期间，黑格尔与谢林共同创办《哲学评论杂志》（*Critical Journal of Philosophy*）。该杂志致力于以戈特利布·费希特和谢林自己的观点研讨伊曼纽尔·康德的先验唯心主义的重要地位。1806 年 10 月，在拿破仑·波拿巴胜利后，

弗里德里希·黑格尔是一位哲学家，他能够像亚里士多德一样全面地思考整个世界。（图片来源：美联社）

耶拿大学被迫关闭，黑格尔随即离开耶拿，在巴伐利亚主编了一份支持拿破仑的报纸，并于 1808 年在纽伦堡的一个中学担任校长。

1807 年，黑格尔的重要著作《精神现象学》（*Phenomenology of Spirit*）出版，随后出版的《逻辑学》（*Science of Logic*）使其获得了海德堡大学教授职位。1818 年，他开始了一生最后一次任职，即柏林大学教授，教授历史哲学、哲学史、美学和宗教哲学。他死后，学生们将他在柏林大学的讲稿整理并出版。他的《法哲学原理》（*Elements of the philosophy of right*）在 1821 年出版。

 ## 弗里德里希·黑格尔的主要思想是什么？

黑格尔的哲学体系很难描述，因为其体系的各个部分都是互相关联的，因此想描述某一方面必然会涉及其他方面，正所谓"牵一发而动全身"。对于解释者来说，可谓无从下手。在黑格尔的研究进程中，其阐述的顺序并不是最佳指南，因为他为了让整个研究进程有意义，思想体系的结构是被预设的。换言之，在黑格尔撰写哲学体系的不同部分时，整个体系已经在黑格尔思想中。尽管如此，还是可以确定几个重要的元素作为黑格尔的前提：

● 人类有历史，自然无历史。

● 所有人都不属于同一事实范畴。

● 人类思想发展进步。

● 哲学应对宗教进行理性描述。

● 法国大革命后，社会稳定成为可能。

● 在和谐统一的社会中，个人自治成为可能。

● 事物的本质是一个体系，知识体系反映该体系。

 ## 黑格尔体系是什么？

在黑格尔看来，知识始于逻辑，其主题是纯粹的存在。尽管历史上逻辑总是"居中调停"，所以我们无法看到或体验到逻辑的纯粹形式，而必须从事物之间的关系中推断出它。过往的哲学表现的是意识的不同形式，这些意识逐渐向着绝对知识或哲学科学的方向进步。意识的进步是因为不同形式的意识是充满矛盾的，它们内在的矛盾通过新形式的出现而得到解决。这种意识之间的辩证逻辑并非是它们之间的对话，而是意识成为意识的内部发展。黑格尔能够记录意识的这种发展，从而接近绝对知识，在他的哲学研究中，绝对知识是被预设的。

获得绝对知识后会发生什么？

弗里德里希·黑格尔哲学的目的在于将伊曼努尔·康德的先验范畴体系和亚里士多德关于现实世界的逻辑连接在一起。黑格尔将存在、本质和观念三个方面作为其论述的思想过程，每一方面又分为三个部分。每一自然范畴内的矛盾解决都会涉及可解决矛盾的范畴。

在黑格尔看来，自然本身以逻辑的方式发展，带来了前所未有的抽象过程，这种抽象是以自然知识形式出现的。黑格尔并没在普通意义上对"物自体"和我们对事物的感知作出明确区分。对黑格尔而言，自然发展的复杂性和人类知识的发展是一致的。

黑格尔的体系是完全抽象的吗？

理解黑格尔的哲学体系需要很强的抽象思维能力，但体系本身是黑格尔以平实的文字描述呈现的。范畴最初就体现在物质世界中，并由其表现。空间表达了存在的低级范畴，然而生物体表达的是观念、意志和生命的高级范畴。因此，思想体系的发展在现实世界中是明显的，除了绝对存在，因为绝对存在是最终实现和规定一切存在的源泉。

人类心灵是如何与黑格尔唯心主义相符的？

在黑格尔看来，人类的灵魂，或心灵，或精神，是由来自实在的同一范畴组成的。这些范畴，如同观念，在个体生命和人类的整体中随着时间的推移而发展。精神有三个阶段，第二阶段高于第一阶段，第三阶段高于第二阶段。第一阶段是主观精神，人类意识的活动，属于人类学和心理学研究的内容；第二阶段是客观精神，人把自己的思想和意识外化，体现为社会的道德、法律和政治，属于法哲学内容；第三阶段是"绝对精神"（Absolute Spirit），绝对精神先是表现为艺术，其次表现为宗教，最后表现为哲学。随着精神对自身的理解，它表现为自由和自我意识。精神对非精神既肯定又否定，既扬弃又保存。

黑格尔是政治上的激进分子还是浪漫主义者?

弗里德里希·黑格尔在成熟时期的作品中,并不是一个激进主义者。但青年时期,他可能是。18岁时,他开始在图宾根大学神学院学习,但他对课程和布道感到厌烦,更喜欢阅读亚里士多德、斯宾诺莎、伏尔泰和卢梭的作品。即便如此,他仍是一名好学生,20岁时就获得了博士学位,三年后获得了神学证书。与同龄人一起徒步旅行、喝啤酒和狂欢时,同伴们称他为"老伙计"。他们都被法国大革命所鼓舞。1792年,黑格尔在一个专门研究柏拉图、康德和雅可比(F. H. Jacobi)的学生俱乐部里被称为"最热衷于自由和平等的演说家"。

黑格尔的室友是诗人克里斯蒂安·弗里德里希·荷尔德林和哲学家弗里德里希·谢林。从荷尔德林那里,他学会并更加热爱古希腊语。他们都反对图宾根的政府和教会对人的抑制。据说,1792年7月14日,黑格尔、荷尔德林和谢林在图宾根神学院附近的一块草地上种了一棵自由之树,尽管并非所有传记作家都认为这真的发生过。

黑格尔绝非浪漫主义哲学家,但他的生活中确实存在一些浪漫之事。当他完成《精神现象学》时,克里斯蒂娜·伯克哈德(Christina Burkhard)却告诉他,她怀上了他们的孩子。1807年2月,他们的私生子路德维希(Ludwig)出生了。1807年10月18日,拿破仑·波拿巴占领了耶拿,而就在那一天,黑格尔完成了该书的手稿。1811年,41岁的黑格尔与20岁的玛丽·冯·图赫(Marie von Tucher)结婚。虽然玛丽的贵族家庭对这门婚事并不热衷,但一位政府官员朋友还是出面干预促成了此事。在求爱期间,黑格尔给她写了一首浪漫的诗(被大多数人描述为陈词滥调);他称娶她为"升入永恒幸福的阶梯"。

 弗里德里希·黑格尔认为精神的最高形式是什么?

在黑格尔所处的时代,他认为现代国家是绝对精神的缩影。这种国家形式是可以塑造其成员和允许其成员拥有个人自由的。

 左翼和右翼黑格尔哲学家是些什么人?

1843年,黑格尔死后,人们对其思想的主动关注逐渐减少。尽管如此,其在20世纪的影响还在延续。黑格尔的思想立即被"右翼黑格尔派"和"左翼黑格尔派"所解读。右翼黑格尔派认为普鲁士王国代表了哲学和基督教的最后统一；左翼黑格尔派，如路德维希·安德列斯·费尔巴哈（Ludwig Andreas von Feuerbach）和卡尔·马克思（Karl Marx）则认为，黑格尔建立的辩证逻辑是革命性的未来。

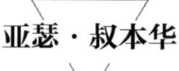

亚瑟·叔本华

亚瑟·叔本华是谁？

亚瑟·叔本华（Arthur Schopenhauer）受到了其他德国唯心主义者的很大影响，但他鄙视他们，认为他们是乐观的傻瓜。与弗里德里希·黑格尔和其他左翼或右翼黑格尔派不同，叔本华对构成并运作世界的观念持悲观态度。

亚瑟·叔本华一生中有哪些突出亮点？

叔本华在德国接受教育，童年时期游历了法国、荷兰、瑞士、奥地利和英格兰。他父亲去世后（传记作家认为叔本华的父亲死于自杀），母亲约翰娜·特罗西纳（Johanna Troisner）带着他搬到了德国魏玛，在魏玛，叔本华的母亲成为一位著名的小说家。经母亲介绍，叔本华认识了约翰·沃尔夫冈·冯·歌德、奥古斯特·威廉海姆·施莱格尔和格林兄弟（Brothers Grimm）。

叔本华先在哥廷根大学攻读医学，后来转变了兴趣，开始在柏林学习哲学，并在耶拿大学获得了博士学位。此后，他居住在法兰克福。他的博士论文《论充足理由律的四重根》（*On the Fourfold Root of the Principle of Sufficient Reason*）形成了他的哲学基础，随后在其作重要的著作《作为意志和表象的世界》（*The World as Will and Representation*）中，他将其哲学基础进行了系统论述。

叔本华的主要思想是什么？

叔本华基于超群的灵感对伊曼努尔·康德的形而上观点进行了独创性的阐释。他曾写道："我自身思想的最好发展都应归功于康德作品、印度圣典及柏拉图著作对我的影响。"在论文中，他提出，康德的现象世界或经验世界，也就是被他称之为"表象的世界"（the world of representation），遵循了"充足理由律"（principle of sufficient reason）。关于这一点，他这样陈述："每一可能之物都存在于和其他物之间的关系中，既限定又被限定。"也就是说，万事皆有因果，因果关系是必要的，即无逻辑矛盾，这些关系就不能被否认。

康德的本体世界或"物自体"，在叔本华看来是可知的。本体世界通过我们的内在现实，即我们的意志，变得可知。意志独立于时间、空间，所有理性、知识都从属于它。根据康德的观点，因为数学和算术是心灵的影射，故可以使我们体验现象，叔本华认为本体世界不存在数字，它是"一"。这一观点如果成立，那么其在经验范畴并无推论，因为这一观点试图描述的是经验的深层内涵。

 ### 亚瑟·叔本华认为我们如何才能最有效地认识本体意志？

我们可以通过审美体验，尤其是对自然和音乐的审美体验，去认识本体世界。叔本华修改了伊曼努尔·康德的"崇高"概念，形成了自己的自然鉴赏理论。叔本华认为，在美的体验中，内心会感到平静，而在崇高的体验中则需要积极地参与，如观察暴风雨。因此，在注视这种崇高客体时，观察者因为这种自由的刺激而使自己脱离了自身意志。音乐是绝对本体意志的纯粹表现。聆听音乐时，音乐表达一般意志，绕过我们的个人意志，我们变成了普遍主体。音乐同时具备超越时间和超越空间的本质，它更接近意志本身。对叔本华来说，音乐和表象世界几乎是并列的存在。

相较其他德国唯心主义者，如弗里德里希·黑格尔，亚瑟·叔本华因其更具悲观主义色彩的思想而著称。（图片来源：iStock图像）

但这种美都只能使人们从意志那里得到暂时的解脱。

 ### 叔本华的"WELT"是什么意思？

叔本华认为意志的普遍存在是苦难永无止境的原因，他甚至为此创造了一个缩写词

"WELT"（世界）。WELT 这个词的字母分别代表 Weh（悲伤）、Elend（悲惨）、Leid（痛苦）和 Tod（死亡）。叔本华认为，唯一摆脱这种困境的方式只有放弃意志，笃信佛教的真谛：众生皆苦；有求则苦，无欲则刚；有求皆苦，无求乃乐；清心寡欲，静心修身。

叔本华是个怎样的人？

叔本华固执、孤僻、歧视女性——简而言之，他不是很有"人缘"。在柏林大学期间，他称约翰·费希特为"江湖骗子"。他后来写道：

在我看来，费希特、谢林和黑格尔并不是哲学家，因为他们缺乏哲学家所需的首要条件，即严肃和诚实的探究精神。他们不过是纯粹的诡辩家，而非真正意义上的哲学家。他们追求的不是真理，而是现实世界的利益和功名。

这就是叔本华对这些人的看法。在二十多岁的时候，叔本华爱上了魏玛公爵（Duke of Weimar）的情妇，却遭到了无情的拒绝。叔本华和他的母亲（一位成功的小说家）因他对待客人的方式而争吵，此后他再也没有见过母亲。关于女性，他通常会说：

由于她们自己孩子气、轻浮、目光短浅，她们天生就适合担任我们童年早期的护士和教师；简而言之，她们一生都是个大孩子……一个身材矮小、肩膀狭窄、臀部宽阔、腿短的人种……她们对任何事物都没有适当的了解；她们也没有天赋。

据说叔本华还虐待过不止一名女佣。在晚年，他独自生活，只有一只卷毛狗陪伴着他。

 叔本华的道德体系是什么？

叔本华认为，我们不可有害人之心，而应有助人之心。在表象层面，难的是我们与自己的个人意志直接接触。在本体领域，只存在唯一意志，我们都是其从属部分，因此害人即害己。

亚瑟·叔本华有什么影响？

叔本华的哲学思想对弗里德里希·尼采（Friedrich Nietsche）产生了极大影响；叔本华的无意识意志理论为西格蒙德·弗洛伊德心理学的形成提供了必要条件。叔本华对文学也有深远影响，他也是第一个真正意义上吸收东方思想的西方哲学家。

伯纳德·鲍桑葵

 伯纳德·鲍桑葵是谁？

伯纳德·鲍桑葵（Bernard Bosanquet）是英国新黑格尔主义的代表人物，执教于牛津大学大学学院和圣安德鲁斯大学。他承袭了法国胡格诺贵族祖先的名字。1880 年，鲍桑葵的父亲去世，他因此得到一笔能够赖以为生的遗产。所以第二年他就辞去教职，离开牛津前往伦敦。到伦敦不久后，鲍桑葵便积极投身于社会工作。1911 年和 1912 年，鲍桑葵在爱丁堡大学担任"吉福德讲座"（Gifford Lecturer）的讲座教授。为此准备的《个性与价值的原理》（*The Principle of Individuality and Value*）和《个体的价值和命运》（*The Value and Destiny of the Individual*）两份讲稿被认为是他的形而上学思想的最深刻也是最有系统的阐述。鲍桑葵以自己的逻辑学说体系解释了绝对存在；他提倡社会价值，反对个人主义。同时，他也是其所处时代及以后时代的英国美学核心人物。

 伯纳德·鲍桑葵的唯心主义学说是什么？

鲍桑葵承认自己的学说在很大程度上受益于弗里德里希·黑格尔的"绝对"概念，他对自己对黑格尔哲学所作的贡献也甚为谦虚。在鲍桑葵看来，当人们对同一事实持不同意见时，矛盾就会发生。真理是由减少这样的矛盾和吸收更广泛的思维形象而获得的。人类经验的总和包含所有这类真理，也就是"绝对真理"（The Absolute）。由此可看出，鲍桑葵对黑格尔进行了经验主义阐释——这一观点本身就是一个矛盾！

鲍桑葵也认为绝对真理包括所有相互矛盾的需求，并满足这些需求。任何事物的价值在于其满足需求的能力，故绝对真理是所有价值的标准。我们可以放弃特定形式的需求，转而向绝对真理臣服，就可实现所有的需求。这种臣服就是宗教意识。

伯纳德·鲍桑葵在社会哲学方面的主要观点是什么?

鲍桑葵认为,人类在社会内才能实现自己的个人目标。个人和集体都渴望在相互冲突的需求中寻求和谐。在社会层面,人们曾经的冲突、欲望得以调和,形成普遍意志。在普遍意志的规范下产生自由。普遍意志是现代国家的基础,其目标是实现所有公民的最高自由。

 伯纳德·鲍桑葵的美学理论是什么?

伯纳德·鲍桑葵在他的《美学史》(*A History of Aesthetic*)一书中,阐释了美的历史发展。在古代世界,美是模仿;而在黑格尔的客观唯心主义哲学下,美是存在本身。继承伊曼努尔·康德的观点,鲍桑葵认为我们之所以觉得某些事物是美的,是因为它们以可感知的形式体现了理性的结构和组织性质。

唯物主义、马克思主义和无政府主义

 现代唯物主义、马克思主义和无政府主义的起源是什么?

在思想上,唯物主义、马克思主义和无政府主义都是对黑格尔哲学的反应。随着社会政治运动的发展，它们代表了法国大革命的自然历史进程，是对欧洲工业革命的反应，也是对苏联保守主义的反抗。

 ## 唯物主义是什么？

从广义的哲学角度来说，唯物主义是一种学说，主张只有物质是真实的。从马克思主义政治角度来说，唯物主义这种学说认为，经济状况及其发展决定了历史进程。

 ## 马克思主义是什么？

马克思主义是卡尔·马克思提出的一种学说。马克思主义认为人类社会被划分为不同的社会阶级，各阶级之间的物质和经济斗争是历史发展进程中最重要的事件。

 ## 无政府主义是什么？

无政府主义是一种政治学说，主张应该在没有强大的政治机构的前提下满足人类的快乐和幸福。无政府主义者推崇权力分散。他们认为权力应该被分为小的单位，并由人民所掌控。

卡尔·马克思认为不同经济阶层之间不断的斗争是人类历史上有重要意义的事件。（图片来源：iStock 图像）

路德维希·安德列斯·冯·费尔巴哈

 ## 路德维希·安德列斯·冯·费尔巴哈是谁？

路德维希·安德列斯·冯·费尔巴哈批评德国的唯心主义，认为它是神学的一种形式，或者说是对宗教的合理化。他批判了弗里德里希·黑格尔所提出的实体与绝对精神之间的关系理论。黑格尔认为实体是绝对精神的影响和表现，而费尔巴哈认为绝对精神是实体的影响和表现。费尔巴哈的主要著作是《黑格尔哲学批判》（*Toward a Critique of Hegel's Philosophy*）、《基督教的本质》（*The Essence of Christianity*）、《未来哲学原理》(*Principles of the Philosophy of the Future*)及《宗教的本质》(*The Essence of Religion*)。他曾经与卡尔·马克思合作，并在 19 世纪 40 年代末的革命时期积极活动，但是后来淡出了人们的视线，去世时一贫如洗。

 路德维希·费尔巴哈是哪种唯物主义者？

费尔巴哈是历史唯物主义者。他试图解释黑格尔的假说——"真理、事实和感性是同一的"。但是费尔巴哈认为，弗里德里希·黑格尔通过将理性和意识置于绝对精神中，使人的本质与自身相疏离。费尔巴哈宣称"有情感的人才是真实的、真正的人"，思想是人的产物，反过来说是不正确的。上帝或者绝对精神只是人类自己本性的投影。从费尔巴哈的角度来说，哲学著作应该以人为本，人既不是纯粹物质的，也不是只以精神存在的。

 费尔巴哈的观点是如何被人们所接受的？

在费尔巴哈出版了批评基督教的著作后，德国埃尔兰根大学就将他从教师的岗位上开除了。费尔巴哈曾经在该大学获得了哲学博士学位，但在出版了唯物主义的著作后，就不能保住大学教师的工作了。他对于弗里德里希·黑格尔的后续批评不能够使他脱离困境。

路德维希·费尔巴哈对"人"有怎样的观点？

在《未来哲学原理》中，费尔巴哈写下了许多素食主义者为之振奋的口号："人是他所吃的东西"(Der Mensch ist, was er isst)。然而，他对此的完整思考并不仅仅局限于饮食。他在 1850 年写下的前文句子是这样的：

饮食学说具有重要的伦理和政治意义。食物变成血液，血液变成心脏和大脑，成为思想和意识的物质基础。人类的饮食是人类文化和思想的基础。

你想使一个国家变得更好吗？那就不要一味宣扬反对罪恶，而是给人民提供更好的食物。

费尔巴哈在思考"人类饮食"如何变成人类思想时遇到了困难。他的解决方案是将"宗教的本质转化为人的本质",但是马克思批评了费尔巴哈的这一观点,他认为费尔巴哈将抽象概念置于个体中,马克思更倾向于将个体理解为社会和经济关系的纽带和链条。

 路德维希·费尔巴哈对其他人有什么样的影响?

费尔巴哈直接影响了卡尔·马克思和其他许多人。他提出的"存在着的实体"观点早于存在主义。他提出的研究宗教的方法,使人们从社会学、历史学和其他非宗教角度研究宗教成为可能。

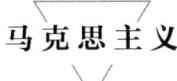

马克思主义

 卡尔·马克思是谁?

卡尔·马克思是德国革命者、科学社会主义创始人、经济学家、哲学家,他通常被认为是共产主义和社会主义政治运动和思想体系的创始人。他还被誉为"现代劳工运动背后的推动力"。人们认为马克思早期的著作是乌托邦式的,且在他生前并未发表。虽然马克思与弗里德里希·恩格斯(Friedrich Engels)合著的《共产党宣言》(*The Communist Manifesto*)更有现实意义,也更容易被读者理解,但是马克思的巨著仍然是《资本论》(*Das Kapital*)。

在马克思与恩格斯合著《共产党宣言》时,工业化国家的工人并没有最低工资法、医疗保险、退休金计划、工作场所安全法规、禁止童工的法律,也没有规定的工作时长或工作周时长。工人的子女也没有获得广泛且强制性的公共教育。虽然这些福利在工业化国家并不普遍存在,但它们现在通常被视为基本的人类权益。

 弗里德里希·恩格斯是谁?

弗里德里希·恩格斯与卡尔·马克思共同建立了马克思主义。除了《共产党宣言》,

他们还合著了《神圣家族》（*The Holy Family*）、《德意志意识形态》（*The German Ideology*）。恩格斯的著作《英国工人阶级状况》（*The Condition of the Working Class in England*）描述了当时工人阶级的苦难生活。恩格斯还发表了《社会主义：乌托邦与科学》（*Socialism: Utopian and Scientific*）和《反杜林论》（*Anti-Düring*）。在《自然辩证法》（*dialectics of Nature*）一书里，恩格斯将历史唯物主义与自然科学相结合，并且认为自然和人类思想之间有普遍的规律。

恩格斯最大的贡献是用更易理解和更加普遍的形式和术语对马克思的思想进行了阐述。恩格斯的父亲拥有一家纺织厂。年少时的恩格斯在位于英国曼彻斯特的他父亲的纺织厂工作，最后，这家工厂归恩格斯所有。恩格斯在马克思的一生中为他提供了经济支持，并在马克思去世后继续资助他的孩子。马克思去世后，恩格斯还编辑校对了《资本论》。

 ### 卡尔·马克思和弗里德里希·恩格斯的哲学思想是什么？

马克思和恩格斯认为人类为了生存必须工作，历史是一个黑格尔式的辩证过程。在此过程中，人类社会形成了不同的劳动力分工，发展到 19 世纪时形成了资产阶级和工人阶级。资产阶级拥有社会资产，他们控制政府并剥削工人阶级。工人阶级则为资本家提供劳动力。在资本主义这种经济体系中，资本家通过扩大生产和市场来增加利润。资本家的利润是通过从他们赚取的钱中减去材料和设备成本（或资本），以及付给工人的工资来获得的。

在生产体系内部，因为工人受到雇主的剥削，所以劳动力，即工人阶级付出的劳动，就形成了剩余价值。工人得到的薪水只能维持回到家里吃饭、睡觉、解决家务杂事和休息的生活。这些活动帮助工人阶级"再生产"他们的劳动力，以便他们可以继续为资本家服务。也就是说，工人阶级生活的各方面都被雇主"压榨"，以

弗里德里希·恩格斯与卡尔·马克思一起建立了共产主义的最终目标。（图片来源：艺术文献库）

便雇主们可以追求最高利润。因此，工人，特别是 19 世纪工业社会的广大劳动人民，生活极为贫苦。

工人阶级和资产阶级有他们自己的意识形态，未经改造的则是资产阶级的意识形态。也就是说，资产阶级以某种方式看待世界，以证明他们的地位是合理的。例如，他们认为所有拥有大量财富的人都是通过艰苦的劳动赚得的财富。而政治上占统治地位的阶级应该是经济上支配主要生产资料的阶级。一般而言，任何社会阶级的意识形态都是由该阶级在社会中对生产资料的支配程度决定的。

工人和其他阶层的人们需要意识到，工人与其劳动是被分开考虑的两个因素。劳动只是一种商品，雇主从中获得利润。短期的解决办法是让工人们团结起来，向雇主要求更高的薪水和改善工作条件。而长期的解决办法则是一个历史过程，即资本主义因为其内部矛盾而自我毁灭。处于工人阶级的人们真正成为社会的主人，去追求自我实现的意义，而不是仅仅为了生存每天劳苦奔波。

卡尔·马克思本人生活极为贫困吗？

是的。由于马克思的革命性著作，布鲁塞尔和巴黎将他驱逐。马克思和他的家人在伦敦找到了避难所。1850 年，他们因未付房租而被赶出切尔西的两居室公寓。他们在苏活区找到了一个更便宜的住处，并在那里住了六年。为了资助马克思，弗里德里希·恩格斯返回德国为他的父亲工作。两人保持着密切的联系，在接下来的 20 年里，他们每隔一天就给对方写一封信。在此期间，马克思通过阅读《经济学人》（The Economist）杂志以往的期刊和论文，试图理解资本主义。

马克思夫妇的第五个孩子弗兰齐斯卡（Franziska）在他们的苏活公寓出生，但她一岁时就夭折了。埃莉诺（Eleanor）于 1855 年出生，但是同年埃德加（Edgar）就成为马克思夫妇去世的第三个孩子。这个家庭物资极度匮乏，马克思曾经一连数日都不能离开房间，因为他的妻子珍妮（Jenny）不得不典当他的裤子以购买食物。但每逢周日，他们全家都会去汉普特斯西斯公园野餐。

马克思开始为《纽约每日论坛报》（New York Daily Tribune）撰写文章，他也因此有了收入。珍妮的母亲给她留下了一小笔遗产后，他们才得以搬到肯特镇。1856 年，珍妮生了一个死胎，之后她感染了水痘。虽然她幸存了下来，但疾病使她失聪，脸上也留下了严重的疤痕。马克思也生病了，他写信给恩格斯说："这种糟糕的生活不值得活下去。"但1863年他爆发疖子时，他安慰自己说："这是一种真正的无产阶级疾病。"

无 政 府 主 义

无政府主义是什么？

无政府主义是一种以自由和平等为目标的学说和政治运动。任何形式的统治、权威和服从都被认为是不公平的，应该以武力形式将其推翻。国家政府、所有支持国家政府的机构及所有国家政府支持的机构都是不被接受的。政府应该以小的、自治的团体重组。团体中的成员朝共同的目标努力，共同谋生。英国记者和政治哲学家威廉·戈德温在18世纪开创了现代无政府主义。19世纪，皮埃尔-约瑟夫·蒲鲁东（Pierre-Joseph Proudhon）、米哈伊尔·亚历山德罗维奇·巴枯宁（Mikhail Alexandrovich Bakunin）和彼得·阿列克塞耶维奇·克鲁泡特金（Pyotr Alexeyevich Kropotkin）是无政府主义的领军人物。

皮埃尔-约瑟夫·蒲鲁东是谁？

皮埃尔-约瑟夫·蒲鲁东是法国社会理论家，他创造了"无政府主义"一词。在他的著作《什么是财产》（*What Is Property*）中，他宣称"财产就是偷窃"。

皮埃尔-约瑟夫·蒲鲁东的思想有什么新颖之处？

让-雅克·卢梭所说的"财产的私有"，与蒲鲁东所说的"财产就是偷窃"有相似之处。但是蒲鲁东的创新之处在于他认为是资产拥有者剥夺了工人的大部分劳动成果。因为工人有权利支配自己的劳动成果及劳动本身，那么私有财产集中于个人或者少数人手中的这种状况就应该被限制。这需要在经济体制上进行改革，创建能够为穷人提供无息贷款的银行。国家政府应该被解散，取而代之的是世界范围的集体联合。

1948 年，一幅法国的漫画讽刺了皮埃尔–约瑟夫·蒲鲁东对于穷人的看法。漫画描述了蒲鲁东问家里的仆人为什么开着门，他的仆人回答道："既然没有财产这回事了，开着门有什么关系呢？"（图片来源：艺术文献库）

皮埃尔-约瑟夫·蒲鲁东永久的影响是什么？

尽管皮埃尔-约瑟夫·蒲鲁东与其他 19 世纪的无政府主义者的思想在第一次世界大战后被人们所忽略，但是蒲鲁东的一些社会观点对于当代经济组织仍然具有一定的影响。例如，大型企业工人的管理方式、合作式住房单元，以及食物的生产与购买项目等。

 ### 皮埃尔-约瑟夫·蒲鲁东为什么反对女权？

蒲鲁东认为，如果给予女性选举权并使女性获得与男子平等的法律地位，那么长久来看，婚姻制度将随着时间的推移而衰落，因为女性在经济上将不再依靠男性。蒲鲁东认为男性和女性独立的状态会造成更多人堕落。

 ### 皮埃尔-约瑟夫·蒲鲁东与卡尔·马克思是朋友吗？

两个人的友谊是短暂的。蒲鲁东出版了《什么是财产》之后，马克思曾给他写信，两人成为朋友，当时马克思正过着流亡生活。但是在蒲鲁东出版了《贫困的哲学》（The Philosophy of Poverty）一书后，马克思随即出版了《哲学的贫困》（The Poverty of Philosophy）一书作为回应。两人的争论使得马克思主义国际工人协会开除了蒲鲁东这位无政府主义者。蒲鲁东还与米哈伊尔·亚历山德罗维奇·巴枯宁的追随者有过争论。蒲鲁东认为在和平的革命之后，可以开展工人合作社，农民也可以拥有土地和工厂，而巴枯宁的追随者反对他的观点。

 ### 米哈伊尔·巴枯宁是谁？

米哈伊尔·巴枯宁是一位俄国无政府主义者和革命家。他于 1840 年至 1849 年和 1861 年至 1871 年在欧洲积极活动。1850 年至 1860 年间，他被关押在欧洲和俄国的监狱里。他曾一度流亡到西伯利亚。人们认为他的观点是自相矛盾的，因为他既相信拥有"自由本能"（instinct for freedom）的群众将带领大家走向革命，又相信革命是受过教育的精英计划的结果。

在第一阶段，在自由主义者计划用政治团体的方式缓和工人的要求时，巴枯宁批评了自由主义者的方法。他也谴责了教会和国家政府。第二阶段，他攻击了科学至上主义

（科学至上主义认为科学方法优于公共政策），提倡"反抗科学的生活"。总体上说，巴枯宁和他的追随者反对马克思主义的发展。

彼得·克鲁泡特金是谁?

彼得·克鲁泡特金也许是最温和的马克思主义者和无政府主义者。他主要通过研究地质学和查尔斯·达尔文的进化论来为无政府共产主义提供科学根据。他是俄国王子，是留里克（Rurik）王室的后裔。据说留里克是俄国的创始人。（一些人说留里克并不是真实的历史人物，即使他真的是历史人物，人们也很难证明他的后裔是谁。）克鲁泡特金在1911年出版的第11版的《大不列颠百科全书》（Encyclopedia Britannica）里将"无政府主义"这一词条加了进去。这一版本的《大不列颠百科全书》主要是由19世纪各个领域的专家编写的，现在仍然受到高度关注。

彼得·克鲁泡特金是一位俄国王子，他对共产主义的看法受到了科学和进化论思想的影响。（图片来源：艺术文献库）

米哈伊尔·亚历山德罗维奇·巴枯宁与卡尔·马克思相处融洽吗?

巴枯宁和马克思是势不两立的敌人。马克思曾发起运动将巴枯宁逐出国际工人协会。马克思和巴枯宁之间动荡的关系是西方社会主义历史中众所周知的一部分。作为国际工人协会的共同成员，马克思称巴枯宁为"一个毫无理论知识的人"。巴枯宁说马克思"从头到脚都是个独裁主义者……他缺乏自由的本能"。

彼得·克鲁泡特金是如何形成自己的生活哲学的?

克鲁泡特金的父亲是一位将军,克鲁泡特金在佩齐军团里接受教育,他成为沙皇亚历山大二世的随从。克鲁泡特金获得了阿穆尔哥萨克骑兵团的委任,前往西伯利亚,在那里调查刑罚制度。他所看到的现象使他反对强制独裁政府的存在。

在克鲁泡特金二十多岁时,他带领远征队来到西伯利亚未被允许进入的地区。这次远征使人们发现了冰河、东亚沙漠和山脉构造。

他阅读皮埃尔–约瑟夫·蒲鲁东的著作,这些著作促使他辞去了沙皇任命的要职。当时他正努力反对沙皇处死试图逃跑的波兰囚犯。在完成了去芬兰探索冰碛脊(esker)之后,在1872年,他得到了俄国地质学协会秘书一职。但是他却去了瑞士,与流亡的激进分子会面。

在克鲁泡特金与巴枯宁的追随者(一些钟表匠)交流后,他决定成为一名无政府主义者(钟表匠是尽职尽责的工匠,他们并不是工业革命的一部分,但是他们以组织严密的公社形式协作,这使克鲁泡特金很受鼓舞)。他回到俄国后加入了地下组织,1874年,他被关押在圣彼得堡。他逃了出来并去了欧洲,1879年他在欧洲创办了杂志《反抗者》(Le Révolté),并且参加了1881年举办的伦敦国际无政府主义者大会。1882年,他在法国里昂成为国际工人协会成员,他被判以5年监禁,但是公众的呼声让他被提前释放。在此之后,他去了英国并生活在那里,直到1917年俄国革命之后才回到俄国。

在英国生活的期间,克鲁泡特金的主要工作就是做一名学者,管理科学期刊并让出版商印刷他的著作。他重要的著作有《一个革命者的回忆录》(Memoirs of a Revolutionist)、《互助论:进化的一种因素》(Mutual Aid: A Factor in Evolution)、《现代科学和无政府主义》(Modern Science and Anarchism)。克鲁泡特金于1921年在俄国去世,他最后的一部著作《伦理学》(Ethics)出版于1924年。他活着的最后几年一直处于失望当中,因为俄国革命后的局势违背了他的无政府主义理想。他公开抨击十月革命后布尔什维克的恐怖统治。

彼得·克鲁泡特金的无政府社会主义是怎样的学说?

克鲁泡特金提议从消费者的需求出发。他设想了一个自由分配的仓库,而不是皮埃尔–约瑟夫·蒲鲁东提出的集体主义生产合作社。其主要的凝聚力将基于社会关系，而不是生产目标。在《夺取面包》（*The Conquest of Bread*）一书中，克鲁泡特金试图阐明其体系的细节，该体系基于托马斯·莫尔在1516年作品《乌托邦》中提出的想法，并由弗朗索瓦·迪马特雷（François Dumartheray）直接向克鲁泡特金介绍，后者曾与克鲁泡特金一起创办《反抗者》杂志。

 彼得·克鲁泡特金如何看待达尔文主义在社会中的作用？

克鲁泡特金认为，在群居生活里（无论是动物界还是人类世界），竞争并不是好的生存策略。在他的著作《互助论：进化的一种因素》里，他写道：

> 在动物世界里，我们看到了绝大多数动物都过着群居生活，它们发现结群是生存斗争中的最佳武器。当然，从达尔文广义的理解上来说，动物的生存不仅仅意味着动物能够生存下来，而且意味着动物能够克服所有对该物种不利的自然因素。从整个物种的生存和进化来说，单个动物的力量是微不足道的，动物之间的互助能让彼此得到最大限度的发展。因此，互助的方式是多样的、有利的，并且使物种有可能在未来发展下去。在这种情况下获得相互保护、实现长寿和积累经验的可能性，向更高的智力发展及延续群居的习惯，这些因素确保了该物种的生存、壮大及进化。而相反的是，不喜好群居生活的物种注定要消亡。

然而，克鲁泡特金确实认为革命是人类进化的一部分，而无政府主义则是对现代压迫性机构所扭曲的状态的一种回归。因为人生来是社会化的，因此政府的存在是没有必要的。

心理学和社会理论

 19世纪的心理学和社会理论有什么哲学意义？

19世纪为心理学和社会学发展成为独立于哲学的学科奠定了基础。它们之所以分离，是因为研究主题和方法论上的差异。从方法论的角度，威廉·狄尔泰（Wilhelm Dilthey）最好地阐述了他那个时代的观点，他认为历史学、心理学、语言学和哲学等人文科学的特点需要被人们理解，而自然科学需要人们去寻求原因。

然而，在 20 世纪，寻求原因的定量方法论和实验成为心理学和社会学非常重要的部分。量化和因果解释也成为经济学的特点之一。直到 20 世纪，经济学才从政治哲学、社会学和哲学领域中独立出来。但是在 19 世纪，心理学和社会学从认知论、伦理学、政治哲学和革命批判领域独立出来，这是一个重大的成就。

弗朗茨·布伦塔诺

弗朗茨·布伦塔诺是谁？

弗朗茨·布伦塔诺（Franz Brentano）在德国维茨堡和奥地利维也纳大学教书。他影响了奥地利哲学家亚历克修斯·迈农（Alexius Meinong）、现象学的奠基人埃德蒙德·胡塞尔（Edmund Husserl）和心理分析之父西格蒙德·弗洛伊德。1864 年，弗朗茨·布伦塔诺被任命为罗马天主教会神父，但是在他参加了关于"罗马教皇永无谬误论"的争论之后，他放弃了神职工作，也辞去了维也纳大学的教授职位。放弃神职工作后便可以结婚，但却不能重新从事神职工作。老年的弗朗茨·布伦塔诺双目失明，但他仍坚持写作，几乎涵盖了哲学的所有分支领域，直至去世。布伦塔诺的著作有《从经验的观点看心理学》（*Psychology from an Empirical Point of View*）、《我们对是非认识的起源》（*Our Knowledge of the Origin of Right and Wrong*）。

弗朗茨·布伦塔诺关于正确和错误的心理学理论是什么？

布伦塔诺认为，判断有正确与错误之分，爱与恨也同样如此。如果一件事物是好的，那么就不可能错误地爱上它。爱与恨的正确性是客观的，其错误性也是如此。布伦塔诺是直觉主义者，他认为我们能够立即、直接地意识到情感和对象之间是否"契合"。

弗朗茨·布伦塔诺在经验心理学方面的主要贡献是什么？

布伦塔诺对人类长久以来最大的贡献是他强调了意识状态和态度的"意向性"。他指出思想、信念、希望、欲望和喜好等 [伯特兰·罗素用术语"命题性态度"（propositional attitudes）表达这些情感] 是有特定对象的。例如，如果你正在想一个苹果，那么你的意向对象就是你想着的这个苹果。如果你想要一辆新车，那么你想要的这辆车就是你作为欲望对象的意向对象。

由于物理状态并不具备这种意向性，因此意向性是区分心理与物理的基础。布伦塔诺区分了三种不同种类的意图：观念、判断、爱和恨的现象。其中，爱和恨的现象被称为情感和意志，与道德有直接的联系。

尽管布伦塔诺学说的早期版本——"内在意向性"——认为意向的对象在某种程度上真实地存在于心灵中，然而，他后来又解释说，尽管意识总是有一个心理对象，但该对象不必真实地存在。也就是说，人们能设想一些本来不存在的东西。客观存在的思想对象与其他存在的事物有"严格的联系"，而那些完全不存在的思想对象则缺少与存在的事物之间的"严格的联系"。

亚历克修斯·迈农

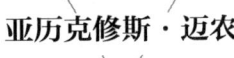

 亚历克修斯·迈农是谁？

亚历克修斯·迈农出生于奥地利的伦贝格，在弗朗茨·布伦塔诺门下学习哲学。布伦塔诺让他阅读大卫·休谟的著作。

他阅读后开始撰写自己的两部著作。第一部关于抽象概念，第二部则关于联系。这两部著作的名字都是《休谟研究》（Hume-Studien），分别出版于 1877 年和 1882 年。与布伦塔诺相同，迈农也被人们认为是一名分析现象学家。与所谓的大陆传统中的现象学家不同，迈农应用了严格的逻辑进行内省。他在奥地利的格拉茨建立了心理学协会，他同时担任教授。迈农以其目标理论和价值理论闻名于世，他重要的著作有《假设论》（On Assumptions）。

亚历克修斯·迈农提出了什么心理学理论?

迈农将人的心理体验分为行动、内容和对象。他将布伦塔诺的意向性理论进行了发展，并解释了为什么所有的心理状态都以某一对象为目的。心理行为，或者叫"行动因素"，是主体指向对象的方式。具体的内容，或者叫"内容因素"，则是该情况下的焦点。例如，想一个苹果与渴望得到一个苹果是不同的行为。想一个苹果与想一辆汽车在内容上是不同的，两种想法的转变就是焦点的改变。

迈农的对象理论超越了传统的存在论，因为对意向对象（根据弗朗茨·布伦塔诺的理论）来说，并非所有对象都必须存在。事实上，迈农强调了在形而上学历史中对存在的偏见，他称之为"对现实的偏见"。每个对象都具有特质，是通过该对象的核心特征体现出来的。因为真正地拥有这些特质，即便是对于原本不存在的物体的陈述也可以是正确的，因为物体的状况与它们的存在是相互独立的。比如，一个粉色的独角兽确实是粉色的，尽管独角兽并不真实存在。

 亚历克修斯·迈农是非常认真地提出"不存在的对象"的观点吗?

答案是肯定的，亚历克修斯·迈农关于"不存在的对象"的观点在很大程度上影响了他的名誉。伯特兰·罗素曾经在他著名的文章《论指称》（On Denoting）里嘲笑过迈农的这个观点。尽管如此，其他 20 世纪的哲学家，例如特伦斯·帕森斯（Terence Parsons）和罗德里克·奇泽姆（Roderick Chisholm）就为迈农的"存在论的一致性"和"谈论不存在对象的有效性"进行了辩护。迈农认为"不存在的对象"包括可能存在的对象和不可能存在的对象。他认为存在是物体的一种特性，就像气味或者形状一样。因此，虚构的对象缺少该特性，而迈农在自己头脑中形成了这种特性。

 亚历克修斯·迈农的价值理论是什么?

在辨别价值时，我们的情感和愿望有感知的能力。这并不意味着我们的情感和愿望能够"思考"，而是由情感和愿望告诉我们关于世界的一些事情，这些事情比我们的意识发展得快。对象——我们意向里的事物——将它们自身的价值特征呈现出来。例如，苹果的味道引导我们去吃掉它——苹果具有可食用的价值。日落呈现出美丽的景色，日落的这种美丽的价值特征并没有因为光的折射或者空气中的污染而削减。有些价值是普遍存在的，例如优秀、美丽、愉快、悦人、不同类型的义务（我们常说的责任）。迈农区分了与善的概念相关的"尊严的"（dignitatives）和与义务概念相关的"义务性的"（disideratives）。

西格蒙德·弗洛伊德

心理学和哲学有怎样的关联？

19世纪，哲学和心理学之间还没有明确的区分。直到20世纪早期，心理学才作为一门独立的科学存在。心理学领域中早期的重要历史人物，如西格蒙德·弗洛伊德，引起了哲学家的关注，因为早期的心理学家关于人类思想的观点在某种程度上改变了人性的观点，这使得哲学家不得不重视。

西格蒙德·弗洛伊德是谁？

西格蒙德·弗洛伊德是心理分析理论和临床实践的奠基人。他认为童年的早期经历会对人们个性和性格的形成有着终身的影响。儿童教育的重要性早在柏拉图时期就被强调，但是弗洛伊德是第一个强调童年情感经历的人。弗洛伊德还提出"自我理解并不是立即、自动地发生的，自我理解需要特殊的反省"。这一观点被人们广泛地认可。古希腊的一句著名的格言是"认识你自己"，弗洛伊德在心理学领域特别的贡献是他提出了人需要了解不同层面的自我。

西格蒙德·弗洛伊德是心理分析和临床实践之父。（图片来源：艺术文献库）

弗洛伊德的主要著作有《梦的解析》（*The Interpretation of Dreams*）、《性学三论》（*Three Essays on the Theory of Sexuality*）、《文明及其不满》（*Civilization and Its Discontents*）。弗洛伊德也特别地将自己的理论应用在对于日常生活健康的人的研究上，与此相关的

著作为《日常生活中的心理病理学》(*Psychopathology of Everyday Life*)。

 西格蒙德·弗洛伊德的生活有哪些因素促使其从事心理学的研究?

弗洛伊德出生在德国弗赖贝格,却在奥地利的维也纳长大。他在维也纳大学学习医学,主修神经学。1886 年,弗洛伊德与马莎·伯莱斯 (Martha Bernays) 结婚。他们育有 6 个孩子,其中最小的女儿安娜 (Anna) 后来也成为著名的心理分析学者。最小的儿子恩斯特 (Ernst) 所生的儿子卢西恩·弗洛伊德 (Lucien Freud) 是 20 世纪著名的肖像画家。弗洛伊德的传记作者们认为他的家庭生活幸福而稳定。当人们对他令人震惊的、新颖的心理学理论展开争论时,他的家人一直给予他支持。

弗洛伊德的导师 J. M. 夏科 (J. M. Charcot) 和约瑟夫·布洛伊尔 (Josef Breuer) 研究癔症患者,弗洛伊德开始对这种神经紊乱的心理方面感兴趣,因为癔症患者在没有发病时就会出现身体病症。弗洛伊德和夏科发表了他们的临床研究结论,谈话可以改变患者的想法,可以作为一种治疗方法。该结论发表在《癔症研究》(*Studies in Hysteria*)。弗洛伊德还从性的角度去解析癔症的病因,布洛伊尔因此与他渐行渐远。

 西格蒙德·弗洛伊德是如何解释癔症的?

最初,弗洛伊德和他的导师布洛伊尔提出了假设,认为癔症患者在记忆深处埋藏了痛苦。治疗的方法就是让癔症患者回忆起这些痛苦的经历并释放与这些经历相关的情感和影响。弗洛伊德认为,这些癔症患者压抑的根源是男性亲属的性骚扰。当他意识到如果癔症的唯一原因是被压抑的记忆,那么通过呈现出癔症的症状还不能解决问题是没有理由的。因此,他对这种"诱惑理论"(seduction theory)进行了修改。通过研究弗朗茨·布伦塔诺和亚历克修斯·迈农的著作,他形成了自己的理论。他认为白日梦会展现出人们被压抑的愿望,这将是解决问题的关键。他对于白日梦的研究帮助他形成了"俄狄浦斯情结理论"(Freud's oedipal theory)。

 西格蒙德·弗洛伊德的俄狄浦斯情结理论是什么?

俄狄浦斯情结理论,又称"恋母情结理论",基于弗洛伊德的本能理论,即人类精神中存在着固有持久的性欲望,以及控制性欲望的力量。性欲望和控制力在生命早期和中期表现为"力比多"(libido)与"自我"(ego)的对立,即自我保存;而在生命末期则表现为"爱洛斯"（Eros，渴望生命）与"塔纳托斯"（Thanatos，渴望死亡）的对立。（有趣的是，弗洛伊德认为渴望死亡是人类对所有生命渴望回归无机状态的一种表达）。

恋母情结是指孩子依恋母亲并把母亲视为一生中照顾他们的人。男孩惧怕父亲，害怕父亲会以阉割的方式惩罚他们。而女孩将最初的恋母情结转变为对父亲的依恋，即"恋父情结"。这种情感是在无意中形成的，是一种较为被动的本能，是孩子在成长过程中被区分为男女的主要特征。

因为人们倾向于将压抑的情感释放出来，所以弗洛伊德将"快乐原则"视为重要的解释方法。他应用这一原则解释了无意识内容的出现，如何解释幽默及日常生活中记忆和功能的衰退。在心理分析过程中，梦境和自由的联想能被用来探索人的无意识的冲突，特别是恋母情结幻想。

弗洛伊德将孩子对于母亲的依恋称为"俄狄浦斯情结"，即"恋母情结"。弗洛伊德是以虚构的人物"俄狄浦斯"命名的这种情感。俄狄浦斯是古希腊悲剧家索福克勒斯创造出的悲剧人物，俄狄浦斯无意中爱上了自己的母亲。（图片来源：艺术文献库）

 弗洛伊德分析自己吗？

是的，他分析自己。一些例子可以证明他分析自己并追求完全的自我披露。他曾经在给一位朋友的信中提到过自己的俄狄浦斯情结：

我发现在我自己的例子中也是如此，我爱上了我的母亲并且妒忌我的父亲。我现在认为恋母情结是发生在儿童期早期的普遍现象，即使不像癔症的孩子表现出来得那么早。

弗洛伊德还愿意分析文学作品里的人物和作家，因此他也分析了莎士比亚（Shakespeare）的哈姆雷特（Hamlet）：

在我头脑中迅速闪现的想法可能也深藏在哈姆雷特心底。我认为莎士比亚并不是有意这样安排的，但是我相信，一定是某一个真实发生的事件促使这位诗人将其以作品的形式呈现出来。莎士比亚的无意识可以理解他所创造人物的无意识。

弗洛伊德还将自己失忆、失语和梦境收集起来作为分析的材料。在 1936 年发表的文章《阿克波利斯上的记忆障碍》（*A Disturbance of Memory on the Acropolis*）中，他解释了 1904 年他去希腊雅典卫城时怀疑和心神不安的原因：

在这漫长之旅到达终点时，我除了满足感之外还有一丝内疚：一些事情是错误的，从远古时代就被禁止。这与孩子对父亲的批评有关，这种对父亲的低估取代了童年时期对父亲的高估。看起来人们成功的本质是要超过自己的父亲，尽管超过父亲仍然是被禁止的。

弗洛伊德的父亲没有钱去希腊旅游，也没有接受足够多的教育，对雅典卫城不感兴趣。

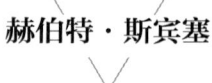

赫伯特·斯宾塞

赫伯特·斯宾塞是谁？

赫伯特·斯宾塞（Herbert Spencer）是一位哲学家、社会改革家，曾担任杂志《经济学人》（*The Economist*）副主编。他还为《威斯敏斯特评论》撰写文章，当时该杂志的编辑为乔治·艾略特。斯宾塞是一名无神论者，没有经过任何人文科学训练，他认为只有科学才能创造出有用的知识。在他的道德规范里，他将杰里米·边沁的功利主义与约翰·斯图亚特·密尔的"快乐是真正的目标"的观点相结合，斯宾塞认为快乐和痛苦是幸福和不幸的证据。

赫伯特·斯宾塞是一名无神论者，他相信科学才是展现真知的唯一方法。（图片来源：艺术文献库）

斯宾塞因为在查尔斯·达尔文发表《物种起源》（*On the Origin of the Species by Means of Natural Selection*）之前就提出了进化论观点而闻名。斯宾塞主要的著作是他在19世纪50年代开展重要项目期间出版的《合成哲学系统》（*System of Synthetic Philosophy*）和1884年出版的《人与国家》（*The Man versus the State*）。

赫伯特·斯宾塞是怎样的人?

斯宾塞小时候身体不好，从他的父亲和叔叔那里接受家庭教育。他的叔叔是一位不信奉国教的严格的牧师。有一次，在社交活动中，有人问斯宾塞的叔叔为什么他的侄子不跳舞。他回答道："没有斯宾塞会跳舞。"

玛丽·安·埃文斯（Mary Ann Evans）是一名小说家，她的笔名乔治·艾略特更为人所知，她与斯宾塞有着深厚的友谊。尽管斯宾塞不喜欢公共场所和娱乐活动，但他还是带她去餐馆和歌剧院。传记作家认为，如果斯宾塞求婚，艾略特一定会嫁给他，但他从未这样做。她说："这位哲学家的生活，就像伟大的哲学家康德一样，为叙述者提供的素材很少。"

《新哲学体系的第一原理》（*First Principles of a New System of Philosophy*）出版后，斯宾塞得了失眠症，并服用鸦片进行自我治疗。他变得非常孤僻，有时会戴上耳塞，这样他就不必听别人说话。尽管他提倡公共事业，如他支持公制，并反对布尔战争，但他晚年几乎不与人接触。

赫伯特·斯宾塞对进化论持有怎样的观点?

斯宾塞认为,变化是根据进化法则发生的,这一法则决定了从简单性到同质性、一致性、复杂性、异质性,再到多样性的进步。在每个阶段,所有正在变化的部分也都是整体的一部分。斯宾塞从物理、生物、心理和社会科学领域引用了事实证据。他指出,社会本身从原始同质形式发展为复杂的高级形式,其中变化的不同部分有着不同的功能。

斯宾塞认为变化遵循着自身的内部规则,他认为社会进步不是外部作用的结果,如社会福利或者贸易规章。在教育方面,他认为应该教授孩子们技能,以便使他们能够更好地与他人竞争。斯宾塞的观点被社会达尔文主义者所支持,他们认为"适者生存"这一原则同样适用于社会。一般情况下,他们反对社会改革,而特别支持资本主义竞争。

社会学和哲学

 社会学与哲学有怎样的关联?

社会和政治哲学家讨论社会问题并且批评文化,社会学是为他们所探讨的问题提供事实信息的学科。

 埃米尔·涂尔干是谁?

埃米尔·涂尔干(Emil Durkheim)在法国波尔多和巴黎的大学教书。他被公认为法国社会学学术领域的奠基人。他的目标是将社会学发展为有自己主题的进步的科学。他在社会学领域最大的贡献是坚持了自己的主张,即社会不能被简化为构成社会的人类单独的个体。他的重要著作有《社会分工论》(*The Division of Labor in Society*)、《社会学方法的规则》(*The Rules of Sociological Method*)、《自杀论》(*Suicide*)及《宗教生活的基本形式》(*The Elementary Forms of Religious Life*)。

 涂尔干的主要观点是什么?

涂尔干认为,"部落"或者无组织的团体是最简单的社会形式。他分析了现存的部落社会如何从他们最近的部落过去发展到简单的社会组织形式。社会复杂性是一个进化的过程。涂尔干指出了社会存在的问题，例如个人主义、旧有团结形式的解体等问题，加剧了他所生活的社会的复杂性。因为现代社会以社会分工为基础，那么解决这些问题的最好方法就是形成不同的职业和贸易组织。涂尔干认为，社会规范和传统塑造了人类生活，而宗教是一种尊敬社会规范和传统的方式。

 ### 涂尔干对自杀研究有怎样的贡献？

首先，涂尔干对自杀进行了如下定义："自杀一词适用于所有直接或间接由受害者本人进行的正面或负面行为所导致的死亡，而受害人本身知道他的行为会造成死亡这一结局。"第二，他系统地分析了现代社会的死亡率，并将他的数据分为四种主要类型：利己型自杀、利他型自杀、失范型自杀和宿命型自杀。利己型自杀是因缺少社会关系造成的。利他型自杀是因为过多地卷入到了社会关系中。失范型自杀源于现代社会生活的复杂和长期的危险，特别是经济损失。宿命型自杀发生在生活条件特别困难的情况下，如奴隶制度。

 ### 格奥尔格·齐美尔是谁？

格奥尔格·齐美尔（Georg Simmel）是一位哲学家和早期的社会学家。他出生在德国柏林，一生中的大部分时间都是在柏林度过的。齐美尔的著作涉及广泛的主题，包括道德规范、哲学、历史、教育、宗教、艺术和金钱。他的写作风格是对事物进行非密切的分析，即写作较为离题。不过当时的德国哲学确实都有这样的特点。

作为一名生活哲学家，齐美尔将生活视为超越生活本身的事物——换句话说，生活超越了人体生物组织及其进展——因为生活是有生产力的，特别是在文化创造力方面。也许齐美尔最有特色的著作是《金钱的哲学》（*Philosophy of Money*），几乎没有几个哲学家直接地阐述这一主题，无论是当时还是现在。他还撰写时尚方面的文章和著作。

 ### 格奥尔格·齐美尔对时尚和金钱的观点是什么？

齐美尔将个体的个人自我与社会自我进行了区分，社会自我是在复杂的社会中生存的必要条件。从社会自我的角度来说，时尚和金钱有一定的象征意义。齐美尔认为时尚仅限于城市里的生活，他曾写道："城市生活加强了社会关系的多样性，增加了社会流动性，使社会较低阶层的个体意识到上层社会的风格和时尚。"

他对金钱有相似的观点，认为金钱具有交换的客观形式和价值。金钱可以区分社会中较低阶层和统治阶层。与此同时，金钱使社会内部存在更多的自由。齐美尔还意识到使用金钱的缺点，金钱给社会较低阶层带来了困苦和危险。

 ### 玛丽-路易斯·恩肯多夫是谁？

玛丽-路易斯·恩肯多夫（Marie-Luise Enckendorf）是格奥尔格·齐美尔的妻子格特鲁德·基内尔（Gertrud Kinel）的笔名。她使用这个笔名出版了自己的哲学著作。齐美尔夫妇为知识分子创办了一个沙龙，他们却享受着保守的、中产阶级的家庭生活。齐美尔夫妇有一个儿子。

 ### 马克斯·韦伯是谁？

尽管传记作者们认为马克斯·韦伯（Max Weber）患有"神经疾病"，这限制了他的职业生涯。即便如此，马克斯·韦伯仍然在德国弗赖堡、海德堡和慕尼黑的大学里拥有一席之地。他主要的研究领域是了解西部大开发时期现代生活的支配特点。他最知名的著作是《新教伦理与资本主义精神》（*The Protestant Ethic and the Spirit of Capitalism*）。

有趣的是，马克斯·韦伯将经济学观点与宗教思想相结合。（图片来源：艺术文献库）

是的。韦伯的父亲是享乐主义者且头脑简单，他的母亲则很有修养，他在姨妈和姨父的家中接受了智力和道德教育。19世纪80年代，当他开始研究东易北河的农业工人时，他一年写了900页书稿，同时还在柏林大学担任讲师，并且有一份全职的法律工作。他的生活很有规律，将每天的时间划分为小时来安排工作和生活。1893年，他与玛丽安娜·施尼特格尔（Marianne Schnitger）结婚。玛丽安娜是他父亲这一方亲戚家的表妹。这段婚姻基于亲密的智识伴侣关系，但从未有过性行为。直到韦伯四十多岁时，他才在一段婚外情中实现了这一点。

马克斯·韦伯如何将新教与资本主义联系在一起？

韦伯观察到资本主义需要投资，而投资额远远超过了资本主义存在所需要的钱数。他认为这种积累是新教教堂所鼓励的禁欲主义的一种形式——限定劳动的价格，减少享受劳动成果的乐趣。韦伯注意到，在非资本主义社会中，其他宗教占据主导地位。

韦伯将这种使资本主义成为可能的精神过程叫作"理性化"（rationalization），他分析了"理性化"在高效的、基于规章制度的西方政府及经济事件中存在的原因。他认为自由的政治体系对于国家来说（特别是德国）是一种优势——有助于国家在国际竞争中取胜。但是他也认为，伴随着科学的世界观，人们忽视了风俗，这必将导致"世界的祛魅"（disenchantment of the world）。

韦伯认为，要对官僚机构理性化进行修正，有可能的方法是大众民主主义。实施大众民主主义必将产生卓越的领导人。

第 3 章
大陆哲学

 大陆哲学是什么?

存在主义、现象学、批判理论和结构主义都是现在被称作大陆哲学的代表。存在主义是一种世界哲学观,由某一人提出观点后,该观点可以应用在所有人身上。现象学是对个体认知和理解过程更为抽象和系统的发展(存在主义者比现象学主义者更具文学性)。批判理论是马克思主义理论方法论在 20 世纪的发展。结构主义是将许多欧洲大陆传统应用于社会批评中,从而对社会结构进行分析。

存在主义、现象学、批判理论和结构主义的共同特点是它们最初的基本观点都来自欧洲思想家。但是大陆哲学这个名称并不是指它与地理有关。人们经常把大陆哲学与英美分析哲学相对比,自 20 世纪 30 年代哲学成为高等教育的专业以来,英美分析哲学一直在美国大学和学院的哲学系中占主导地位。需要注意的是,适用于美国纯理论哲学系的内容不一定适用于美国的英语系、法语系和德语系。这些语言院系在 20 世纪之后才将大陆哲学引入课程中。并且美国的职业哲学家对大陆哲学呈现出冷漠的态度,他们对于 20 世纪 50 年代后出现的美国哲学(也称作实用主义)也同样冷漠。

存 在 主 义

 存在主义是什么?

存在主义这种哲学体系始于人类个体在世界中存在这一具体的事实。人类在日常生活中的共性成为知识和现实本质的基础。存在主义从第一人称,即"我"的角度关注人的经历。

存在主义和现象学在历史上有什么关联?

存在主义和现象学都从第一人称的角度,观察人类实在的事实("实在"这一哲学术语指绝对存在而非偶然存在的事物)。作为不同的思想传统,这两者都起源于 19 世纪。存在主义的先驱是费奥多尔·米哈伊洛维奇·陀思妥耶夫斯基(Fyodor Mikhailovich Dostoyevsky)、索伦·克尔恺郭尔(Søren Kierkegaard)及弗里德里希·尼采。现象学始于弗朗茨·布伦塔诺。严格地说,存在主义比现象学出现得早,尽管一些 20 世纪的存在主义者试图以同时代的现象学家的工作为基础,而不是参照 19 世纪存在主义者先驱的哲学思想。

<h2 style="text-align:center">索伦·克尔恺郭尔</h2>

 索伦·克尔恺郭尔是谁?

索伦·克尔恺郭尔是一位丹麦基督教存在主义者,他赞美宗教信仰,认为宗教信仰是个体从所有合理和理性的事物中进行的个体和情感的"飞跃"。他的作品源于他的内心和自身生活中的情感境遇。

 索伦·克尔恺郭尔生活中的情感状况是怎样的?

克尔恺郭尔的父亲迈克尔(Michael)是一个非常忧郁的人,他的第二任妻子曾经是他家的女佣。迈克尔认为他生活在上帝的愤怒中,因为他的 5 个孩子都先他而去,所以他认为这是上帝对他的惩罚。克尔恺郭尔的父亲认为自己的罪行是让妻子未婚先孕,而且他 10 岁时做过牧羊人,在恶劣的天气下,他曾经诅咒过上帝。他后来成为一个羊毛批发商才富裕起来了。

克尔恺郭尔小时候体弱多病,但他却可以讽刺嘲笑比他更大的孩子,把他们气哭。在丹麦哥本哈根大学,他觉得黑格尔哲学不适合他,因为黑格尔哲学没有强调事实。他说:"事实,对我来说是正确的,事实可以让我找到生存和死亡的理由。"路德教也不能让他感兴趣,在一段时间之内他沉溺于昂贵的食物和饮料,穿时髦的衣服,因为他认为及时行乐才是最重要的。但是他父亲的忧郁性格一直困扰着他,因此,他也成为

丹麦基督教存在主义者索伦·克尔恺郭尔将他的哲学建立在宗教信仰之上。（图片来源：艺术文献库）

一个忧郁的人。

1841 年，克尔恺郭尔与雷吉娜·奥尔森（Rigene Olsen）订婚时想要成为一名牧师。三年前，两人相识时雷吉娜才 14 岁，他们彼此深爱着对方。但是克尔恺郭尔取消了婚约，雷吉娜后来嫁给了她的老师弗雷德里克·施莱格尔（Frederick Schlegel，他后来成为丹麦西印度群岛的官员）。克尔恺郭尔的生活道路逐渐清晰，他决定不和雷吉娜结婚的那一刻，也决定了不当路德教会的牧师。

克尔恺郭尔认为哲学不是建立制度也不是分析，哲学是对个人存在的表达。他并不尊敬教授，因为他认为这些教授们并不能理解他的主观想法。

克尔恺郭尔最重要的著作都写于 19 世纪 40 年代:《或此或彼: 一个生命的残片》（Either/Or:A Fragment of Life）、《恐惧的概念》（The Concept of Dread）、《哲学片段》（Philosophical Fragments）、《最后的非科学性的附言》（Concluding Unscientific Postscript）、《致死的疾病》（The Sickness unto Death）。他自传性的著作和日志在很大程度上体现出了他个人的思想和情感。虽然如此，他本意上并不想透露他自己的生活。因为他曾经写道:

> 我死后，没有人会在我的作品中发现我对生活的态度（这是我的安慰）；没有人能找到任何词语解释世界中什么琐事对我来说是极其重要的，而当我解开事物神秘的假象时，什么事情都不再重要了。

当克尔恺郭尔处于弥留之际时，他拒绝了牧师的圣礼，他说道:"牧师是皇室官员，皇室官员与基督教没有任何关系。"他的墓志铭按照他的要求写着:"那个人（That individual）。"

 索伦·克尔恺郭尔认为他的人生重要的使命是什么?

克尔恺郭尔认为他的重要使命是将"基督教引入基督教世界"。对于他来说，基督教是一种存在方式。他认为只有人类生存在世界上，他们有着"内在真实性"，与拥有"外在真实性"的上帝形成对比。对上帝的信仰是人关于上帝的问题的内在飞跃性的回答。

首先，克尔恺郭尔没有认真对待弗里德里希·黑格尔声称自己写出了万物系统的说法。克尔恺郭尔认为，只有上帝才能将万物视为一个系统，任何自身不完整的人类思想家都无法拥有这样的视角。他还反对黑格尔所建立的传统，即把智力怀疑作为哲学的起点。克尔恺郭尔认为哲学的起点是惊奇。此外，他认为真正的怀疑无法用智力解决，而是需要意志的行动。最后，克尔恺郭尔认为上帝或绝对真理不能立刻到来，因为上帝是最终的"他者"，可以挑战理性的理解力。

克尔恺郭尔对黑格尔的最大抱怨是，黑格尔就像是一个建造了一座宫殿却在外面简陋的茅屋里生活的人。他指的是，黑格尔在构建他庞大而复杂的系统时，忽略了自己作为真实的个体存在的事实。

 ## 索伦·克尔恺郭尔急需解决的问题是什么?

对于克尔恺郭尔来说，最大的问题是上帝是否存在，人是否有来生。他认为这个问题不能通过事实和智力推理来解答。这虽然是一个理性问题，却是一个没有答案的问题。唯一可接受的答案是人自身信仰的真实飞跃。并且，一些事实使得上帝及人的来生存在的可能性变得非常荒谬，这种荒谬本身就是对信念的考验。事物越荒谬，相信这些事物所需要的信念就越强。克尔恺郭尔认为坚定的信仰是成为基督徒的关键。最后，克尔恺郭尔引用了亚伯拉罕（Abraham）和艾萨克（Isaac）的《圣经》故事。上帝命令亚伯拉罕将艾萨克带到山顶，然后献祭艾萨克。这种行为在现实生活里是病态的，但是克尔恺郭尔认为，这一行为在宗教领域里就是信仰飞跃的典型事例。

 ## 索伦·克尔恺郭尔的"人生道路三阶段"是什么?

克尔恺郭尔宣称，信仰需要在自我发展的三个"人生道路阶段"中作出选择。每个阶段都是对人生的不同看法。首先，存在于当下的审美生活使人的欲望得到满足，在其精致的形式中，致力于艺术鉴赏。这种生活中缺乏承诺。承诺在第二阶段的道德生活中出现，人在第二阶段里寻求统一的自我。第三个阶段是宗教生活。

克尔恺郭尔被"诅咒"了吗?

克尔恺郭尔不断地完善被"诅咒"的一生。这不仅仅是关于雷吉娜·奥尔森的问题——在解除婚约后,他余生都因失去她而痛苦不堪。还有1845年至1846年的"海盗报事件"(Corsair Affair),在受到一篇不利的评论后,他在《文学警察行动的辩证结果》(*Dialectical Result of a Literary Police Action*)中写道:

> 对于像《海盗报》这样的报纸,到目前为止三教九流的人都阅读过,该报的特点是忽视和蔑视读者,从不解答读者的疑问。写作的目的是表达文学和道德规范——该报却扭曲了这一目的——该报竭尽全力地赞扬某人使得某人名垂千古,却用同样的气力将这个人贬低得一文不值……我请求《海盗报》在赞扬我之后对我进行嘲讽和贬低。

他的确遭到了虐待,《海盗报》尖锐地讽刺和嘲笑了他所有的个人弱点和缺陷——他身材矮小、瘦弱,天生驼背——他形容自己害怕与所有人接触,"甚至是屠夫"。这不是自怜的妄想症,克尔恺郭尔确实经历了现代名人可能会经历的,无论他出现在哥本哈根的什么地方,大家都知道他是被八卦小报嘲讽的名人。这对他来说是一场灾难,因为与各行各业的人交谈和散步一直是他主要的消遣方式。被《海盗报》嘲讽后,他就再也不能悠闲地散步或者交谈了。

 索伦·克尔恺郭尔是否认为只有一种宗教生活?

不是。克尔恺郭尔区分了两种宗教生活。第一,个体和上帝有一定的关联,用他对上帝的理解方式来解释罪行。第二,存在"伦理的终极悬置"(teleological suspension of the ethical),正如亚伯拉罕和艾萨克的《圣经》故事所描述的那样。这个著名的伦理故事的含义是真正的宗教要比社会所接受的善良、仁慈更重要和更深刻。

费奥多尔·米哈伊洛维奇·陀思妥耶夫斯基

 为什么存在主义哲学家认为陀思妥耶夫斯基和他们是一派的？

人们认为伟大的俄国小说家费奥多尔·米哈伊洛维奇·陀思妥耶夫斯基为存在主义的现代哲学传统带来了灵感，因为他深刻地理解人类处境的艰难，也揭示了自己和他的小说人物所遭遇的普遍问题。弗里德里希·尼采认为陀思妥耶夫斯基是"唯一能教授他一些东西的心理学家"。他赞扬了陀思妥耶夫斯基的著作《地下室手记》（*Notes from the Underground*），因为该著作是"血液里呼喊出的真相"。

俄国陀思妥耶夫斯基通过《卡拉马佐夫兄弟》和《罪与罚》这类小说表达了他的信仰，他认为人类生存状况是极度困难的。（图片来源：iStock 图像）

确实，在《地下室手记》一书中，陀思妥耶夫斯基描写了一个自我贬低的叙述者，他是存在主义者的代表。这位叙述者的第一句话是"我是一个病人"，而他接下来的反思、咆哮和沉思清楚地表明，这里的疾病主要是灵魂的疾病。这种疾病的症状之一是对理性的厌恶。

尽管人们都知道陀思妥耶夫斯基有着非常简单纯粹的宗教信仰，但他无论是在小说作品，如《罪与罚》（*Crime and Punishment*）中，还是在自己的生活中，都没有轻易地得出这一观点。在他的著作《卡拉马佐夫兄弟》（*The Brothers Karamazov*）中，伊凡（Ivan）是一个无神论者，而他的兄弟阿廖沙（Alyosha）刻苦学习，想成为一名修道士。在这本小说著名的"询问者"对话一章中，伊万向阿廖沙追问他的信仰，深入核心问题，他质问阿廖沙善良的上帝如何允许无知的孩子受苦。伊凡叙述了这样一个故事：上帝让一群狗撕咬这个孩子，因为这个孩子向其中的一只狗扔了一块石头。据说，陀思妥耶夫斯基以自己的好朋友弗拉基米尔·谢尔盖耶维奇·索罗维约夫（Vladimir Sergeyevich Solovyov）为原型，创造了阿廖沙这一人物。

 陀思妥耶夫斯基生活的哪些方面影响了他，使他对研究人类困境有浓厚的兴趣？

陀思妥耶夫斯基的父亲是有暴力倾向的酒鬼，同时也是莫斯科马林斯基医院（Mariinsky Hospital，专为穷人设立的医院）的医生。陀思妥耶夫斯基从 9 岁起就得了癫痫。当他还是个孩子时，他常违反父母的命令在马林斯基医院里玩耍。他了解病人的痛苦并且被病人们所讲的故事所吸引。他的第一本书《穷人》（*Poor Folk*）揭示了穷人的个体人性，在当时，穷人经常被受过教育的识字阶层所忽略和抛弃。

1849 年，陀思妥耶夫斯基因为参加知识分子组织的名为"彼得拉舍夫斯基社团"（Petrashevsky Circle）的自由团体而被捕，他被判处死刑。尽管俄国沙皇尼古拉斯二世（Nicholas II）并没有对他实施真正的刑罚，但是站在寒风里数小时等待行刑队到来的这种经历使陀思妥耶夫斯基非常恐惧。之后他流亡到西伯利亚，开始了四年的苦役生活。对这一时期的生活他曾经写道："夏天，无法忍受的闷热；冬天，无法忍受的寒冷。地板都是腐烂的，上面的污垢有一英寸厚；人都会滑倒……我们就像装在桶里面的鲱鱼挤在一起……跳蚤、虱子和黑色的蟑螂成群。"

当陀思妥耶夫斯基的哥哥和妻子在同一年去世后，他陷入了极度的消沉中，成为一个赌徒。在 1866 年撰写《罪与罚》期间，因为他非常贫困，因此写作处于匆忙中。1867 年，在他以口述的形式撰写《赌徒》（*Gambler*）一书时，他聘请了一位 20 岁的速记员，他和这位速记员结了婚，生活的道路逐渐平坦起来。该著作的主人公是一位上了年纪的女赌徒，她自我毁灭式的赌博方式让人们觉得这个主人公就是陀思妥耶夫斯基对自己的描述。

陀思妥耶夫斯基多年以来一直生活在美丽的城市斯塔拉亚，直至肺气肿和癫痫发作导致肺出血死亡。4 万人参加了他的葬礼。

弗里德里希 · 尼采

 ### 弗里德里希 · 尼采是谁?

弗里德里希·尼采是一位才华横溢的哲学界叛逆者,他那极具破坏性的直接批评写作风格本身就足以使他成为存在主义者的代表。不过,更重要的是,他从一位抗议者的角度发展了对资产阶级文化、基督教、经验主义推理和利他主义道德的批判。这位抗议者比当时那些推崇既定价值观的人更加伟大、聪明、有创造力,而且对后来的读者来说,他更"前卫"。当陀思妥耶夫斯基和其他人批评现代性,希望回归更保守的宗教价值观时,尼采则"向前看",寄望于未来几代人会利用科学作为一种艺术,来超越西方历史的沉闷。

 ### 弗里德里希 · 尼采的生活是如何预示他的哲学观的?

尼采一生最大的讽刺是他的生活与他著作中主人公的生活截然不同,既没有他

弗里德里希·尼采比他同时代的人更具前瞻性,他抛弃了许多当时的价值观。(图片来源: 大图片文献库)

所羡慕的贵族先辈,他所预测的知识和勇气的新时代也没有到来。他童年时期生活在普鲁士,过着被家人保护的相对封闭的生活。尼采的祖父和父亲都是路德教会的牧师。尼采的父亲在尼采4岁时死于医生所诊断的脑软化症。尼采的母亲弗兰齐斯卡(Franziska)是一位路德教会牧师的女儿。尼采出生时她才18岁。尼采一直认为自己的祖先是波兰贵族,可是与他的想法截然相反,他的祖先中的许多人都是屠夫。

尼采6岁时,他的弟弟夭折了。他和母亲、姐姐搬到了瑙姆堡生活。尼采生活在

一个由母亲、姐姐、奶奶和两个未婚的姑姑组成的大家庭里。传记作者指出，这种全女性的家庭环境对尼采成年以后的心理健康产生了负面的影响。他们认为这种环境是尼采一些作品中对女性怀有敌意的原因。例如，在《查拉图斯特拉如是说》（*Thus Spoke Zarathustra*）这本书中，他写道："你接近女人时，一定要记得拿鞭子。"

在寄宿学校，尼采得了偏头疼。他受到约翰·荷尔德林诗歌的鼓舞。但是约翰·荷尔德林后来成为精神病患者，所以尼采的老师认为这种影响不是"健康"的。

尼采在德国波恩大学学习神学和古典哲学，在德国莱比锡大学学习语言学。他从1867年至1868年在军队中短暂服役，但是后来在骑马时，他上马时摔在马鞍上使他的胸部受伤，他不得不离开了军队。年仅24岁时，他的老师认为他前途无量，他被任命为瑞士巴塞尔大学的古典语言学副教授。尼采搬到了巴塞尔，成为瑞士居民，并在1869年成为一名全职的教授。

1870年，他向学校请假，作为一名医疗兵参加了普法战争。他回到巴塞尔时，得了痢疾和白喉。1873年，尼采获得博士学位，1879年因健康问题向学校请辞，离开了他的学术职位。在此之后的9年时间里，他继续写作和旅行。

尼采的主要著作有哪些？

尼采的主要著作有10本，这10本书被全世界人们视为重大的贡献。他最著名的著作包括《悲剧的诞生》（*The Birth of Tragedy*）、《快乐的科学》（*The Gay Science*）、《查拉图斯特拉如是说》（*Thus Spoke Zarathustra*，共4部）、《善恶的彼岸》（*Beyond Good and Evil*）、《道德的谱系》（*On the Genealogy of Morals*）、《反基督》（*The Anti-Christ*）及《瞧，这个人》（*Ecce Homo or Behold the Man*）。尼采将《瞧，这个人》这本书献给了伏尔泰，并且在这本书中写了自己喜欢的文章《为什么我写了如此好的著作》（*Why I Write Such Good Books*）。

尼采"残疾"的状况如何？

这个问题一直存在争议。有证据表明，尼采在莱比锡治疗过梅毒，但他对诊断结果一无所知。据信，他去世时处于梅毒第三期。因为他过着禁欲主义者的生活，因此没有人知道尼采何时感染上了这种疾病，也许是他在学生时代只去了一两次妓院染上的疾病。

尼采一生健康状况不佳。他的视力很弱，胃肠经常疼痛，他通过散步和服用大量药物来缓解痛苦。1889年1月，尼采在意大利都灵的一条街上崩溃了，他双臂环抱住一匹被虐打的马。在接下来的几天里，他向朋友们写了一些精神错乱的信，声称自己"长期以来被德国医生钉在十字架上"，并命令德国皇帝向罗马报告，以便把他枪杀。他的朋友们把他从意大利带回了德国，他的母亲把他送到了耶拿的诊所。然而，治疗并没有成功，他的母亲就把他带回了家。

1893年，他的妹妹伊丽莎白（Elisabeth）从巴拉圭返回德国，她的丈夫在巴拉圭自杀了。她接管了尼采手稿的编辑和出版工作，并将他与朋友隔绝开来。1897年，他们的母亲去世后，伊丽莎白把尼采带到了魏玛，在那里她允许人们拜访尼采。尼采不善言辞，但她还是让他穿戴整齐，以便她可以将尼采展示出来。那时，尼采已经非常有名了。

 ## 弗里德里希·尼采所说的"悲剧的诞生"指的是什么？

尼采受到亚瑟·叔本华的影响，叔本华认为潜伏在日常事实下的真正的世界是人的意愿，人们在音乐中能最好地感觉到意愿。根据尼采所述，悲剧作为一种艺术形式，是古希腊人在苏格拉底之前为了应对生活中混乱和悲伤的本质，以及生命本身的混乱和悲伤而发明的。悲剧是理性的、美丽的戏剧结构，是由理智之神阿波罗创造的。这种悲剧结构可以让观众参与到潜在的、狂热的混乱事实中。这种潜在的混乱，以及将所有事情融入痛苦的、可以表达出来的沉醉状态就是希腊生活中被尼采称作"狄俄尼索斯"（Dionysian）元素的艺术形式。因此，阿波罗理智元素允许狄俄尼索斯混乱元素出现在悲剧的戏剧形式中，而参与其中的观众也在悲剧中有所呈现。尼采所著的《悲剧的诞生》也是尼采的博士论文，在书中，他引用了伟大的悲剧作家索福克勒斯的话：

有一个古老的故事，国王弥达斯（Midas）在森林里追赶酒神狄俄尼索斯的伙伴——聪明的森林之神西勒努斯（Silenus）。他追赶了很久也没有将西勒努斯抓住。当西勒努斯最后落到他手里后，国王弥达斯问他什么是人们想得到的最好的事物。半人半神的西勒努斯被捆绑着不能动弹，他一个字也没有回答。直到最后，在国王的逼迫下，他发出一声刺耳的笑声，并说道："哦，可怜的短命鬼，不幸和机遇的孩子，你为什么要强迫我告诉你最不想听到的事情呢？人们想得到的最好的事物并不是你能得到的：不要出生于这个世界上，不要生存在这个世界上，做一个一无所有的人。但是对你来说，第二件好事情就是——你会很快死亡。"

 ### 弗里德里希·尼采的"快乐的科学"体现了什么观点？

尼采的一些格言体现出，尼采将哲学视为生命的欢庆，这与他所批评的 19 世纪 70 年代德国知识分子的僵化和令人沮丧的做法形成鲜明对比。他将自己的科学理想与宇宙哲学，和新柏拉图主义的学说结合在一起。柏拉图学说认为生命是一种循环，尼采将其称为"永恒轮回"（eternal recurrence）。每个人的生命都会无数次地重复，而值得一过的生活的检验是，在任何时刻，一个人都能意愿那个时刻在某种未来的生活中无限次地重现，并且带着喜悦去做这件事。

尼采称赞了"精神高涨的、活跃的、被世界认可的人类的想法，人类不仅妥协并学着接受过去和现在的一些情况，还希望过去和现在所拥有的事物都能永远重复"。尽管他认为我们将永久地循环下去，一次又一次地对发生的事情作出选择，也拥有无限的机会（从形式上说，尼采的这种观点再次展现了著作《悲剧的诞生》的观点。高尚的精神和理智的力量可以断言最坏的事情已经发生、能够发生或者即将发生）。

 ### 在《查拉图斯特拉如是说》这部著作里，查拉图斯特拉说了什么？

在《查拉图斯特拉如是说》这部著作里，尼采创造了与他同样享有盛名的主人公。这位主人公以波斯琐罗亚斯德教创始人——先知查拉图斯特拉的名字命名。查拉图斯特拉的目标以一系列格言的形式呈现出来，是为"超人"（Overman）的出现做好准备。当基督教的上帝死去和真正的人类英雄不存在时，"超人"就会填补这个空缺。人类的生活将像艺术家创造他们的作品一样被创造出来。

弗里德里希·尼采所创造的"超人"有什么特点?

尼采将"超人"设定为一种新型人类，"超人"在基督教里不是现存的宗教人物。与理想的基督徒不同，"超人"对自己的力量不会觉得谦恭和羞耻。他将完全地热爱地球上的生活，没有必要相信天堂的存在。

 ## 弗里德里希·尼采对宗教有怎样的看法?

在《善恶的彼岸》《道德的谱系》《反基督》三本著作中，尼采将基督教描述为"弱者对强者怀有怨恨的病态道德规范"。他认为在基督教出现之前，"金发碧眼的怪物"使用暴力奴役弱者，成为他们的主人。这些古代的统治阶级很自然地、残酷地对待弱者。他们把被统治的奴隶看作"低贱的

先知查拉图斯特拉，创立了波斯琐罗亚斯德教。他激发了尼采关于"超人"的概念。（图片来源：艺术文献库）

人"。统治阶级的人们骄傲、有勇气、尊重传统，并对彼此忠诚。这些特点组成了统治阶级的价值观。旧贵族的价值体系被牧师阶级的密谋摧毁了，这些牧师否认自己是统治阶级，他们将他们的残忍转移到内心，鼓励被压迫阶级将伤害他们的事物视为精神的邪恶——罪恶。

因此，尼采认为基督教是一种奴隶道德规范，崇拜死去的上帝，抛弃尘世间的生命而期待天堂的快乐，这些都证明了基督教的无用。尼采认为对于那些没有力量的人们来说，基督教是没有意义的宗教。基督教就是为奴隶准备的带有奴隶道德的奴隶宗教。尼采也警告了统治阶级：

　　人不得不检验自己来确定自己是否注定独立并处于支配地位——并且应该在正确的时间做这件事。人不能躲避这种检验，尽管这样的检验也许是一个人玩的最危险的游戏，也许这个游戏没有任何观众或者裁判，只有我们自己。

尼采的思想是否可以被解读为提倡压迫？

确实，有些人这样解读尼采，因为他确实赞美强者战胜弱者。当纳粹在德国掌权时，尼采的妹妹试图通过向纳粹展示尼采的作品来从中受益。纳粹将尼采的哲学视为适合第三帝国的哲学。这损害了尼采的名声，直到20世纪60年代，瓦尔特·考夫曼（Walter Kaufmann）在翻译和编辑尼采的作品时，重新解释了尼采的思想。考夫曼认为尼采是一位崇尚个人自由的哲学家。现在大多数喜欢尼采的哲学家都认为，尼采认为每个人都有成为强者的自由，并从统治自己的"兽群"（herd）中脱离出来。

弗里德里希·尼采所说的"权力"是什么？

在著作《权力意志》（*Will to Power*）中，尼采更关心个人的强大和力量，而不是个体对他人的控制。尼采认为世界处在不断变化中，人们享受生存的唯一方式不是对于理想和不变的实体的了解，而是要不断增强自己的力量。对于个体来说，生存意志等同于权力意志，因为生存是持续不断的奋斗。"超人"所带来的价值观的转化代表了崭新的、成功的生活形式下权力意志的未来阶段。

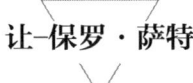

让-保罗·萨特

让-保罗·萨特是谁？

让-保罗·夏尔·艾马尔·萨特（Jean-Paul Charles Aymard Sartre）是20世纪存在主义哲学家的代表。他的思想在流行文化中为存在主义赋予了独特的黑暗魅力，这种魅力与无神论、虚无主义紧密相连，描绘了那些热衷于吸烟、品饮苦艾酒、频繁出入咖啡馆的法国知识分子形象，他们热衷于争论各种思想，并实践着"自由恋爱"的理念。萨特本人叼着烟斗，个子矮小，身体健壮，眼睛近视并且斜视。他参加了法国的反纳粹活动，而后信仰马克思主义并反对越南战争，这些做法使他为同时代的人所熟识。1964年，萨特拒绝接受诺贝尔文学奖，因为他认为是他在政治上反对资产阶级军国主义文化才得到了这个奖项。

萨特主要的存在主义哲学观作品包括了许多戏剧和论文：小说《恶心》（Nausea）；哲学作品《自我的超越》（The Transcendence of the Ego）、《存在与虚无》（Being and Nothingness）。他的马克思主义哲学观体现在未完成的三卷本著作《辩证理性批判》（The Critique of Dialectical Reason）中。

让-保罗·萨特是 20 世纪存在主义哲学家的代表。（图片来源：艺术文献库）

 让-保罗·萨特的存在主义是怎样的？

萨特是一个无神论者，他理论的前提是人类独自生存在世界上，世界上没有更强的力量存在。人类的本性不是固定的，因为人是自然观念的发明者，也就能够认为"人创造了自己"。这种创造自己的能力与责任感结合在一起，就会造成一定的痛苦。因为人必须决定自己的本性。人类总是处在苦难程度不断变化的环境下无法逃离。

当然，一个人的生活中也存在着其他人，他们也有着同样的自由，这使得合作和持久的人际关系变得极其困难。人永远不能真正地看清别人的本性，因为其他人也处在同样的状况下。这种关系网效应经常让人们心中产生这样的想法——"他人即地狱"。萨特对于亲密关系的观点是悲观的，渴望得到的人总是躲避你，不想成为被渴望的目标。被渴望的人也不能完全变成一个目标，因为这个人有自己的自由。

为了真诚，接受一个人的自由和所处的状况（或者说是"真实性"）是有必要的。不真诚的人或者否认了自己的自由和责任，或者否认了他们生活状况的真实性。一切都是被选择的，甚至包括将人推向极端或疯狂的情绪。即使是最艰难的情况，即使是一个人没有选择，也不否定一个人的自由。因为是人定义了什么样的状况是艰难的状况。例如，即使有人拿枪指着你的头，你仍然有选择生存或者死亡的自由。

 让-保罗·萨特自由理论的基础是什么？

让-保罗·萨特认为在人类意识结构中，自由是与生俱来的。意识就是自由的体现。

意识没有优先动机，因为意识是自发形成的。意识本身并没有意义，意识是对其他事物产生的反应，意识是自由的。因此，意识的本质并不是一个事物。萨特将意识称为"自为"（for-itself），而其他的事物是"自在"（in-itself）。乍一看，他将人类宇宙分为"自为"和"自在"，与勒内·笛卡儿的精神与物质实体理论相似，但萨特超越了笛卡儿"精神实体"（mental substance）方面的观点。

对于萨特来说，正如他的著作《恶心》里的主人公在一项研究中发现的那样，即使是某人过去的功劳或者性格特征都存在着"自在"的状态。例如，不诚实这种形态体现在某人假装完成自己的职责（而实际并没有完成这一职责），因为他就是以不诚实的方式被抚养长大的。或者一个人如果懒惰，他就不可能完成自律性较强的工作。人们的生活背景、弱点或者优势都在激发人们行动的过程中起到了一定的作用。

让-保罗·萨特是犹太人吗？

萨特去世后，他忠实的追随者对他是否是犹太人展开了激烈的争论。他们的争执不是哲学问题，因为他们争论的目的是为了找出谁能继承萨特的遗产并在他去世后代表他发言。贝尼·利维（Benny Levy）做了几年萨特的秘书，他在《期待现在：1980年访谈录》（*Hope Now: The 1980 Interviews*）中转录了40小时的录音对话，在记录中萨特表达了期待弥赛亚（犹太人盼望的复国救主）的到来。

 ## 让-保罗·萨特是怎样的马克思主义者？

在《辩证理性批判》一书的引言中，萨特宣称自己的存在主义哲学观点在历史进程中只是对马克思主义的一个补充。但是在他解释自己的意思时，他说马克思主义成功地解放了被压迫阶级，使得他所描述的自由为每个人所获得。换句话说，他将马克思主义的目标视为对他所描述的自由的实现。

在某一方面，这与他所描述的全人类的自由相矛盾。但是在另一方面，萨特认为被压迫的阶级以自身的自由为基础，有能力团结起来进行合作以实现集体解放。因此，尽管他拥护马克思主义，但并不赞同马克思主义决定论的前提，即个人的意识是其所属社会阶层的政治和经济因素的结果。

西蒙娜·德·波伏娃是谁?

西蒙娜·德·波伏娃是当代著名的哲学家,她在西方掀起了女性主义第二浪潮。她8岁时开始写作,是一位小说家和政治作家。她协助她一生的伴侣让-保罗·萨特创办了《世界报》(*Le Monde*)。她的主要著作包括小说《女宾》(*She Came to Stay*)、《他人的血》(*The Blood of Others*)、《名士风流》(*The Mandarins*),以及哲学著作《模棱两可的伦理学》(*The Ethics of Ambiguity*)、《第二性》(*The Second Sex*)和《老年》(*Old Age*)。她还撰写了回忆录式的自传体作品,如《一个规矩女孩的回忆》(*Memoirs of a Dutiful Daughter*)。波伏娃在《再见:告别萨特》(*Adieu: A Farewell to Sartre*)一书中冷酷地描写了萨特生命将要终结时的生活。

波伏娃曾经与一位年轻的犹太裔阿尔及利亚学生阿莱特·埃尔坎(Arlette Elkaim)进行过激烈的争吵。埃尔坎18岁时与萨特有过接触。萨特喜欢与她探讨哲学并在她的公寓里写作,他为此摒弃了在咖啡馆里写作的习惯。之后,萨特收养了她,并在法国南部为她买了房子。这所房子成为他们暑假的度假屋。

波伏娃自己也收养了一个女儿,她的名字叫作西尔维·勒邦·德·波伏娃(Sylvie Le Bon de Beauvoir)。波伏娃与西尔维是同性恋关系,尽管西尔维后来将其描述为"柏拉图"式的关系。西尔维在《面对面》(*Tête-à-Tête*)中描写过波伏娃和萨特的生活。

自从波伏娃和萨特在信件中讨论女继承人的事情,波伏娃和萨特各自收养的女儿便开始争吵。2005年,当时两个女儿都已经六十多岁了,她们不断争夺波伏

人们认为西蒙娜·德·波伏娃推动了第二波女权运动。(图片来源:美联社)

和萨特的著作权。由于萨特和波伏娃之间通过信件讨论彼此，他们的文学继承人之间的争端之复杂程度可想而知。到2005年，西尔维是一位退休的哲学老师，而阿莱特被描述为过着"极度隐居的生活"。从她们所居住的地点来看，多年来她们两人都住在巴黎的公寓中，并且住得很近。

波伏娃一生对酒非常钟爱（她喜欢酒的"味道"），她晚年时酗酒尤为严重。她还对安非他明（缓解忧郁、疲劳的药）上瘾。波伏娃于1986年去世，她被埋葬在萨特的坟墓里，留给后人的将永远是两个人在一起的情景。

 ### 西蒙娜·德·波伏娃的《模棱两可的伦理学》指的是什么？

第二次世界大战后，波伏娃表示自己对政治非常失望，她描述了群众行动的重要性，阐述了政党领导人与其追随者及同事之间的关系。她引用了让-保罗·萨特的存在主义政治哲学观，批评"严肃的精神"，谴责那些自由的个体对自己的政治行动不负责任的做法。尽管萨特从未写过有关道德规范主题的著作，但波伏娃认为伦理立场和决断源自令人信服的激情和环境。对波伏娃的著作《模棱两可的伦理学》最好的解释，并不是说伦理学自身是含糊其辞的，而是从一个存在主义者的视角来看，道德和伦理是有些模棱两可的。

 ### 作为女性主义者，西蒙娜·德·波伏娃有怎样的影响力？

在女性尚未在公共生活中获得认可声音的时代——法国女性在1944年才获得投票权——及她们追求职业机会受限的背景下，波伏娃对西方社会中女性的地位做了全面的记录和分析，她关注的重点是女性生活的不同阶段。她认为，与男性不同，女性"由生物学决定了命运"。总的说来，她并不十分同情处于社会底层的女性，因为男性更期待占据领导地位，发挥积极的作用，而女性则太容易接受自己所处的被动的二等角色。

波伏娃并没有明确指出女性如何实现她们的人类自由并超越她们作为人的对象化状态或"他者"地位，这种状态不仅由男性所客观化，而且女性似乎也乐于自我客观化。然而，波伏娃在社会和政治活动，以及智力生活领域开创了一个趋势，承认并试图解决女性作为"第二性"（the second sex）的问题。

其他存在主义者

 宗教存在主义者和人文存在主义者有哪些贡献？

宗教存在主义者将萨特的自由主义观点与犹太—基督教传统相融合。人文存在主义者将存在主义抽象的内容融入文学中，使这些内容向哲学的不同方向发展。

 宗教存在主义者有哪些观点？

马丁·布伯（Martin Buber）将存在主义与犹太教相结合，强调了虽然基督徒指引自己与上帝沟通，但是犹太人与上帝之间的关系是由团体中的成员决定的。马丁·布伯是耶路撒冷希伯来大学的教授，1938年离开维也纳后，他努力调和犹太人与阿拉伯人的关系。

布伯批评了将知识的主客观形式作为人类和宗教关系的主要模式这一做法。相反，他提倡一种"我—你"的关系，这种关系承认他人的主体性。他的主要著作是《我和你》（*I and Thou*）。

卡尔·雅斯贝斯（Karl Jaspers）认为哲学应该帮助人们通过自我发现之旅，基于对自己生命的理解，朝着存在或真实的自我性的目标前进。尽管雅斯贝斯不是一个传统的神学者，但他仍然强调了个人的精神向往。他的主要著作有《哲学》（*Philosophy*）、《历史的起源和目标》（*On the Origin and Goal of History*）和《智慧之路》（*Way to Wisdom*）。

加布里埃尔·马赛尔（Gabriel Marcel）既是一位哲学家也是一位剧作家。他从社区和个人关系的角度探讨了人类的存在。他强调"我们存在"（we are），而不是"我存在"（I am），并借鉴了索伦·克尔恺郭尔和布伯的观点。在哲学领域，马赛尔是一位柏格森直觉主义者，他更多地通过直接的洞察来形成自己的观点，而不是通过论证来得出这些观点。他的主要著作有《存在的奥秘》（*Mystery of Being*）和《人与社会》（*Man against Mass Society*）。1961年和1962年，他在美国哈佛大学进行的以威廉·詹姆斯（William James）为主题的演讲稿得以出版，书名为《人类尊严的存在主义背景》（*The Existential Background of Human Dignity*）。

西蒙娜·薇依（Simone Weil）出生于巴黎的犹太家庭，她最初将信仰转变为左翼工会组织主义。左翼工会组织是马克思主义政治运动组织，其目标是让工会控制工业和政府。西蒙娜·薇依后来的宗教信仰结合了新柏拉图主义、基督教和犹太神秘主义。在西班牙内战期间，她是由民主选举产生的政府的激进主义分子。第二次世界大战期间参加了法国抵抗运动。她批评了一些人把马克思主义当作宗教信仰，也谴责了资本主义丧失人性的本质。她认为社会改良有意义的任务是满足最基本的人类需要。她的主要著作《庄重与优美》（*Gravity and Grace*）和《压迫与自由》（*Oppression and Liberty*）是在她去世后出版的。

 ## 人文存在主义者有哪些观点？

汉斯·约纳斯（Hans Jonas）同时受到现象学与存在主义的影响，他早期的一些著作直接体现了他对环境的关注和对自然的想法。在著作《责任命令》（*The Imperative of Responsibility*）中，他阐述了人类对地球有道德责任，他还在书中表达了自己对于技术入侵的反对态度。在著作《生命现象》（*The Phenomenon of Life*）中，他反对标准的生物学探讨方法，该方法将生命体客观化，仅通过化学或者机械遗传力量解释生命体的行为。约纳斯积极的观点是他认为所有的生命形式，即使是单细胞生物，都会有某种意识去努力保持自己的物质性并对周围的世界产生感知。（细胞的意识并不意味着细胞有智力，而是生命体以一种增强生命的方式对外界作出的反应。）

伊曼努尔·列维纳斯（Emmanuel Levinas）是来自立陶宛的法国犹太哲学家。一些哲学家认为事物不同于精神，事物是在人的头脑中呈现出来的"精神内容"。列维纳斯批评了这种哲学传统，他认为要想理解人的意识只能通过人与人之间面对面的交流。这种交流既是独特的也是难以描述的，具有不可估量的重要性。列维纳斯的主要著作是《整体与无限》（*Totality and Infinity*）、《另类存在或者超越本质》（*Otherwise than Being or beyond Essence*）、《差异与超越》（*Difference and Transcendence*）和《我们之间》（*Between Us*）。

阿尔贝·加缪（Albert Camus）与索伦·克尔恺郭尔相同，他也想探讨一个核心问题。这个问题就是："为什么人不应该自杀？"这个问题源于他对人类生存状况的荒诞感受，以及上帝的缺席和对意义永远受挫的追寻。加缪是让-保罗·萨特的朋友，但是加缪在《反抗者》（*The Rebel*）一文中支持革命斗争，这使得两个人的关系疏远了。他的小说

《鼠疫》(*The Plague*)戏剧性地展现了人类生活中存在的死亡。在他的非小说散文《西西弗斯的神话》(*The Myth of Sisyphus*)中，加缪声称，通过证实和反抗荒谬的事情，人们可以找到存在的意义，就像"想象西西弗斯是幸福的"。宙斯对西西弗斯的惩罚是要将巨型岩石推上山顶，而当西西弗斯将岩石推向山顶后，石头会再次滚落到山脚，他再次将石头推上山顶，周而复始。西西弗斯的罪行是将死神囚禁起来并且他本人也从死亡中逃离。加缪在1957年被授予诺贝尔文学奖。他死于车祸，这使得一些人怀疑他可能是自杀。

保罗·利科(Paul Ricoeur)的著作涉及多个主题，包括存在主义、现象学、伦理学、心理学和语言理论等。他所有的著作都与哲学历史上的重要人物进行了对话。《自由与自然》(*Freedom and Nature*)被认为是对萨特自由理论的反驳。利科认为，意愿总是包含着非自愿的成分，它作为一种内在的阻力发挥作用。自愿的部分包括动机、决定和同意，每一个都有自己的非自愿时刻。非自愿的时刻包括出生、死亡、已经形成的性格、身体和无意识。(首先，人们不清楚萨特是否认为自由是意志的行为，因为自由出现在所有意识中。其次，萨特也许认为我们所接受或者认可的偶然事物需要人们对其意义作出自由的选择。)

阿尔贝·加缪是一位有才华的作家，著有《反抗者》。加缪努力探究在没有上帝的世界里人类生活的意义。(图片来源：艺术文献库)

现　象　学

埃德蒙德·胡塞尔

 埃德蒙德·胡塞尔是谁？

埃德蒙德·胡塞尔被认为是将现象学发展为系统的哲学方法的奠基人。他也在逻辑和数学领域创造了重要的新观点。将逻辑学和数学与经验主义心理学的"思维规则"区分开。胡塞尔主要的著作有《逻辑研究》（*Logical Investigations*）、《现象学观念》（*The Idea of Phenomenology*）和《纯粹现象学和现象学哲学的观念》（*Ideas Pertaining to a Pure Phenomenology and to a Phenomenological Philosophy*）。

 埃德蒙德·胡塞尔生活和职业生涯中有哪些重要事件？

胡塞尔出生在摩拉维亚的普里斯尼茨的一个犹太家庭。第一次世界大战后，该地区成为捷克斯洛伐克的一部分，现在属于捷克共和国。胡塞尔在德国莱比锡和柏林学习了数学，于1883年在维也纳取得了博士学位，博士论文讨论的是"微积分的变分理论"。在接下来的两年时间里，他与弗朗茨·布伦塔诺一起学习心理学和哲学。之后他为了获得教师资格（为在大学教书做好准备）来到哈雷大学，师从布伦塔诺的一个学生。他撰写了《论数的概念》（*On the Concept of Number*），并在四年后的1891年修订为《算术哲学》（*Philosophy of Arithmetic*）。

1886年，胡塞尔开始信仰基督教，将自己的名字改为"埃德蒙德·古斯塔夫·阿尔布雷希特·胡塞尔"（Edmund Gustav Albrecht Husserl）。1887年，他与马尔维娜·魏因施奈德（Malvine Steinschneider）结婚。他的妻子在婚后成为他工作和理想的重要信息来源，并成为他学院的同事。他们生养了一个女儿和两个儿子。1901年，胡塞尔来到德国哥廷根大学任教。1906年他被提升为正教授。1907年，他前往意大利拜访布伦塔诺。

当时胡塞尔与威廉·狄尔泰及其他重要的数学家、哲学家保持通信联系，他们谈论彼此的著作。德国心理学家、哲学家卡尔·雅斯贝斯于1913年拜访过胡塞尔。同年，《纯粹现象学和现象学哲学的观念》出版。1915年，胡塞尔的儿子沃尔夫冈（Wolfgang）在第一次世界大战中受伤，之后得以康复。在去看望他期间，胡塞尔患上了尼古丁中毒症。

1916年，胡塞尔被任命为德国弗赖堡大学的教授。同年，沃尔夫冈阵亡。在接下来的两年里，伊迪丝·斯坦（Edith Stein）和哲学家马丁·海德格尔（Martin Heidegger）成为他的助手。海德格尔在胡塞尔的帮助下获得讲师职位，并于1919年被评为副教授。1917年，他的儿子格哈德（Gerhard）受伤了，但他康复了。在接下来的10年间，胡塞尔与海德格尔一直保持联系，相互交换观点和手稿。

因为胡塞尔是犹太人，1933 年德国政府禁止他使用弗赖堡大学的图书馆，也不允许他接触德国的其他学术机构。在公众抗议后，德国政府一周后颁布法令取消了禁令。几个月后，胡塞尔辞职了。他离开学术界不仅仅是因为在弗赖堡的犹太人面临的窘迫生活，对于当时德国所有犹太人来说，他们还面临着越来越多的危险。之后，胡塞尔收到了南加利福尼亚大学哲学院的邀请，但是他拒绝了。因为该学院没有邀请他的助手尤金·芬克（Eugen Fink）。1937 年，胡塞尔被禁止参加巴黎哲学家会议。1938 年，胡塞尔去世。在葬礼上，尤金·芬克高度赞扬了胡塞尔。10 年里，芬克一直是胡塞尔的研究助手。在芬克自己的著作中，最终从胡塞尔的哲学视角转向了海德格尔的哲学视角。

胡塞尔在一生中只出版了 6 部著作，但是他保留了大量的论文和手稿。为了防止纳粹毁掉这些论文和手稿，比利时哲学家赫尔曼·利奥·冯·布雷达（Herman Leo Van Breda）将它们带出了德国。第二次世界大战后，这些材料成为比利时鲁汶（Louvain）的胡塞尔档案馆的一部分。

 ## 伊迪丝·斯坦是谁?

伊迪丝·斯坦于 1998 年被罗马教皇约翰·保罗二世册封为圣徒特雷莎·贝妮迪克塔（Saint Theresa Benedicta）。她出生在中欧西里西亚的一户严守教规的犹太家庭，当时该地区属于德意志帝国。1932 年，她向教皇庇护十一世公开指责纳粹政体。她于 1922 年改信天主教，并于 1934 年加入赤足加尔默罗会。在一次荷兰人对犹太人皈依者的报复行动中，加尔默罗会将斯坦送到了一个安全的地方，之后她和姐姐罗莎（Rosa）被关到奥斯威辛集中营，并于 1942 年在该集中营里的毒气室中身亡。

斯坦是埃德蒙德·胡塞尔的学生，先后在德国哥廷根大学和弗赖堡大学学习。在弗赖堡大学学习期间成为胡塞尔的助教。她的博士论文为《论移情问题》（*On the Problem of Empathy*）。她与马丁·海德格尔一起工作，整理胡塞尔的手稿并准备将其出版，此后成为弗赖堡大学的一名教员。作为一名犹太女性，她被禁止在弗赖堡大学及其他德国大学进行深入的研究工作。她放弃了胡塞尔助教的工作，开始在天主教女子学校教书，学习了托马斯·阿奎那的哲学和天主教哲学。她一度成为芒斯特省教育学院的讲师，但是 1933 年反犹太人的法律出台后，她不得不放弃了讲师工作。同年，她以前的同事，马丁·海德格尔成为弗赖堡大学的校长。

伊迪丝·斯坦所创造的奇迹——为一个服用过量扑热息痛（acetaminophen）的孩

子祈祷，并且这个孩子生存了下来——但是也有一些犹太组织宣称这并不能清楚地表明斯坦是真正的殉道者。她给人们留下了许多作品，其中一些在20世纪80年代至90年代之间被翻译为英语。她的作品包括《犹太家庭的生活：未完成的自传》（*Life in a Jewish Family: Her Unfinished Autobiographical Account*）、《论移情问题》、《女性散文》（*Essays on Women*）、《隐藏的生活》（*The Hidden Life*）。斯坦还著有《知识与信念》（*Knowledge and Faith*）、《有限及永恒的存在：增加存在意识的尝试》（*Finite and Eternal Being: An Attempt to an Ascent to the Meaning of Being*）、《心理哲学和人文哲学》（*Philosophy of Psychology and the Humanities*）、《信中的自画像》（*Self-Portrait in Letters*），这些著作目前还没有被翻译成英语，也没有被出版。

伊迪丝·斯坦是埃德蒙德·胡塞尔的学生。她曾经为服用过量扑热息痛的孩子祈祷，在这个孩子生存下来后，伊迪丝·斯坦被人们封为圣徒。（图片来源：美联社）

埃德蒙德·胡塞尔的"意向性理论"指的是什么？

胡塞尔认为，意向对象是意识的一种特征，它们与数学符号一样具有客观性。这种客观性不仅适用于数学符号，也适用于其他各种对象，包括感知对象和"范畴对象"，如因果关系、事态和关系。当我们描述一个物体时，我们对该物体有理性的直觉，或者说我们的意向是"圆满的"（fulfilled），尽管有的时候我们不知道我们对于该物体的直觉是"空洞的"（empty）。

最初，胡塞尔认为我们意识中的物体并不是康德所说的"物自体"，但是他后来又声称在"现象的多重性"（manifold of appearances）下，"物自体"是可以呈现在人们意识中的，也就是说，"物自体"是可以被人们所了解的。这种观点被批评为唯心主义，因为对于胡塞尔来说，所有的"物体"（objects）都是意识里的物体。后来胡塞尔阐明了意识中形成的"物自体"只是意识中的完整物体，而非真正完整的实体，胡塞尔通过对"物自体"的重新解释确立了自己在哲学领域的地位。

大体来说，胡塞尔认为我们所知的任何事物，即使是我们所确认的事物，也是头脑中的观念（例如，在我写这段文字时，我的猫正躺在我的电脑上。这是一个事实。正如我主观地意识到这只猫的同时，它也是我头脑中存在的事物）。

埃德蒙德·胡塞尔如何将数学、逻辑与心理学分开？

首先，胡塞尔区分了作为我们面前实际物体计数结果的数字和作为符号的数字。显然，数学的大部分内容都是处理作为符号的数字。胡塞尔认为，符号数字、命题和普遍概念，不能简化为心理状态，正如心理主义所主张的那样。作为意识的意向对象，在弗兰茨·布伦塔诺的意向性意义上，这些逻辑和数学实体是客观的。

埃德蒙德·胡塞尔的现象学方法是什么？

胡塞尔认为，哲学家的任务是通过对意识中的意向对象进行经验性的"还原"（reduction），来描述心灵中的内容，而不必对心灵内容的现实性作出承诺。也就是说，胡塞尔认为我们应该描述对我们来说似乎是这样的东西，而不必承诺它就是这样。例如，我的猫正躺在我的电脑上，但是胡塞尔坚持认为是"我形成了猫躺在我电脑上这一印象或者这一表象"。

这是一种特殊的视角，与普通人和科学家对待现实世界中存在的实际事物的自然态度截然不同。对于胡塞尔来说，梦想或者幻想是意识的内容，而意识的内容与现实世界里存在的真实物体没有哲学上的区别。然而，胡塞尔确实提出了不同类型的还原，最显著的是"悬置"（epoche），即将意识对象的真理和现实性悬置起来。这种对真理或现实的悬置与不对真理或现实作出承诺是完全相同的。胡塞尔会希望我描述电脑上的猫，以及我对它的感知，但不要断言猫真的坐在我的电脑上。

同样具有影响力的是胡塞尔的本质还原，它以意识行为本身为研究对象，以及本质直观，它关注意识对象的本质。因此，对感知的分析（这是意识所做的事情）将是本质还原的一个例子，而对被感知内容的分析将是本质直观的一个例子。这一区别在让-保罗·萨特的哲学中产生了深远的影响，他将意识与我们所能感知或者意识到的物体区分开来。

 埃德蒙·胡塞尔如何区分两种不同的自我?

首先，胡塞尔解释说，有一种"心理学上的自我"（psychological ego）或"自我"（self），拥有或做出意识的意向性行为。心理学上的自我是存在于这个世界中的，因为人们可以意识到它作为一个自我。但还有一种先验自我，对于先验自我而言，存在一个世界，并且它关注真理——先验自我意向这个世界。先验自我使得心理学上的自我得以存在，并决定它将如何运作。

马丁·海德格尔

 马丁·海德格尔是谁?

马丁·海德格尔是现象学存在主义者，他是将存在主义与现象学结合起来的第一人。之后他发现自己真正关注的是存在论。他被视为西方哲学界的巨擘之一。在整个20世纪，与其他思想家相比，海德格尔对欧洲哲学的影响更为直接和持久。

海德格尔著有多部哲学历史领域的书籍，发展了自己的现象学分析理论。他主要的著作包括博士论文《心理学主义的判断学说》（*The Doctrine of Judgement in Psychologism*），他为了在欧洲获得博士学位而写的两篇论文《司各脱的重要性和范畴学说》（*The Doctrine of Categories and Signification in Duns Scotus*）和著名的《存在与时间》（*Being*

马丁·海德格尔是一位现象学存在主义者，他将存在主义与现象学结合在一起。（图片来源：美联社）

and Time)（第一篇使他获得了学者身份，而第二篇使他获得了大学任教资格）。其他著作还有《形而上学导论》(Introduction to Metaphysics)、《什么是思考》(What Is Called Thinking)、《哲学是什么》(What Is Philosophy)、《通向语言的道路》(On the Way to Language)、《尼采》(Nietzsche)、《现象学和神学》(Phenomenology and Theology)。部分海德格尔授课的手稿出版于 1975 年（他完整的著作超过 100 册）。海德格尔还以关于艺术和诗歌的文章、他的论文《技术的追问》(The Question Concerning Technology) 而闻名。

 ## 海德格尔的"存在论"是什么观点？

"存在论"这一术语指的是对存在的普遍性研究。这一研究与所有的思想者和理论家有关。比如说，经验主义者存在论的观点是他们相信一些实体是客观存在的。海德格尔认为存在论是哲学的第一个也是最后一个问题，是对存在的研究。存在是指存在本身，包括所有存在的东西，特别是人类意识。对于人类意识来说，存在首先是其自身存在的条件。

读者可能会对此产生困惑，君特·格拉斯（Gunter Grass）在其 1963 年出版的小说《狗年月》(Dog Years) 中，对海德格尔的术语进行了滑稽的解释，他用文字描述了一只狗在纳粹年代流浪。而更学术化的解释体现在阿多诺·特奥多尔（Theodor Adorno）的著作《真实的术语》(The Jargon of Authenticity) 中。

 ## 马丁·海德格尔是如何使海德格尔派学者感到尴尬的？

当纳粹掌权后，海德格尔的政治信仰和行为引发了很多争议。下文有记载的一些事实会证明这一点。

1933 年至 1945 年间，海德格尔缴纳会费，成为国家社会主义德国工人党（NSDAP），即纳粹党的成员。1933 年 5 月，在希特勒掌权 3 个月后，海德格尔被任命为弗赖堡大学校长，在就职演说中，他号召学生和全体教职员服务于新政体，他说道，"我们的人民正朝着未来的历史前进"，"保存的力量，以最深刻的方式，根植于土壤和血液中"。1933 年 6 月，他告诉海德尔堡的学生联盟，"大学必须统一到人民共同体中，必须与国家结合在一起"。1933 年 8 月，他制定规章，大学校长不再由全体教职员选举产生，而由纳粹教育部长任命。1933 年 10 月，他自己被任命为教育部长。1933 年 11 月，他根据纳粹的法律对弗赖堡的学生进行种族主义清除，对北欧学生提供财政援助，犹太人和马克思主义者不是被援助的对象。

海德格尔还秘密地向纳粹政府提交了一份名单，名单上涉及的教授是犹太人或者在政治上可疑。海德格尔对他们进行了公然的谴责。其中包括1953年获得诺贝尔化学奖的赫尔曼·施陶丁格（Hermann Staudinger）和在德国哥廷根大学教书的实用主义哲学家爱德华·鲍姆加腾（Eduard Baumgarten）。海德格尔将学生领袖、天主教知识分子麦克斯·缪勒（Max Müller）开除，并且阻止他获得讲师职位。尽管海德格尔以前的老师埃德蒙德·胡塞尔已改信路德教，海德格尔还是禁止他使用弗赖堡大学图书馆，因为胡塞尔是犹太人〔2004年由大卫·巴瑞森（David Barrison）和丹尼尔·罗斯（Daniel Ross）导演的电影《伊斯特河》（The Ister），对海德格尔和胡塞尔之间的关系进行了分析〕。

尽管海德格尔在1934年辞去了校长一职，但第二年他又提到了"德国国家社会主义（纳粹主义）的内在事实和伟大"。至少到19世纪60年代，海德格尔与柏林的种族卫生学院院长尤金·费雪（Eugen Fisher）一直保持着友好的关系。尤金·费雪雇用了声名狼藉的医生约瑟夫·门格勒（Joseph Mengele）作为研究员。第二次世界大战后，海德格尔从未批判过纳粹主义。1949年，他做了一个关于科技的演讲，当他提到农业装置时说道："农业是机械化的食品产业——从本质上来说，与毒气室和集中营制造尸体是一样的，与乡下人被封锁和饿死是一样的，与制造氢弹是一样的。"

海德格尔将被谋杀的犹太人与农业产品相比较，这种言论激怒了许多人。在海德格尔去世前的最后一次采访中，他描述了人们思想的主要任务是与技术建立令人满意的关系。他说德国国家社会主义（纳粹主义）有这样的目标，但是"那些人的思想太过局限，无法与今天真正发生的事情，以及过去三个世纪一直在进行的事情建立明确的关系"。换句话说，海德格尔对纳粹最大的失望是他们没有解决技术问题！

马丁·海德格尔提出的哲学观点应该归功于伊曼纽尔·康德吗？

是的，海德格尔的许多观点是基于康德的理论的，尤其是在他对空间和时间的现象学分析中。和伊曼努尔·康德一样，海德格尔认为空间和时间是"在"（in）主体之内的，是经验的必要前提条件。但与康德不同，海德格尔并不认为空间和时间是心灵中必要的范畴；相反，它们是人的存在本体论结构，在人的具体存在方式中显现出来。

 马丁·海德格尔有哪些重要的生活事实？

1889 年，海德格尔出生在德国梅斯基尔希的黑森林地区，他与这个地区一生都保持着密切的联系。1906 年，他进入了弗赖堡的一所高级中学，在那里他阅读了弗朗茨·布伦塔诺的著作《基于亚里士多德理论对存在的多种解释》(*On the Manifold Meaning of Being According to Aristotle*)。他想成为一名耶稣会的牧师，但是遭到了拒绝。所以他来到弗赖堡的路德维格大学，为获得天主教牧师资格做准备。他在那里阅读了埃德蒙德·胡塞尔的著作，在他的老师的鼓励下，他放弃了神学专业，改学哲学和数学。

1917 年 3 月，海德格尔与艾弗里德·佩特里 (Elfride Petri) 结婚后加入了德国军队，很快晋升为下士，后来因为健康原因而退伍。作为胡塞尔的助手和卡尔·雅斯贝斯的同事，海德格尔在哲学领域是非常成功的，他成为马尔堡大学的副教授。为了保住这个职位，他在几个月的时间里完成了《存在与时间》。在撰写了这部著作后，他用较长的时间思考和创作了《形而上学导论》。

他的学生中包括未来的哲学家赫伯特·马尔库塞 (Herbert Marcuse) 和政治理论家、哲学家汉娜·阿伦特 (Hannah Arendt)。阿伦特曾是海德格尔的情人，但是后来她不得不离开了德国。(作为一名犹太知识分子，在被纳粹秘密警察、盖世太保审问后，她无疑身处险境。) 在此期间，海德格尔受到冥想法的影响，他对存在产生了自己的理解。

海德格尔在 1933 年成为弗赖堡大学的校长，成为国家社会主义德国工人党，即纳粹党的成员。1945 年，法国军事管制政府取消了他的教授职务。在他同意不再继续教书的条件下，允许他名誉退休。其他存在主义者错误地认为海德格尔的存在主义观点与让-保罗·萨特的观点一样具有人道主义特点，为了澄清他与萨特有不同的观点，1946 年，海德格尔在精神失常的情况下撰写了《关于人道主义的书信》(*Letter on Humanism*)。1950 年，他的教授一职得以恢复，1951 年，他被允许以教授身份名誉退休。确切地说，他最初被给予名誉退休资格时并没有被恢复教授身份。他继续自己的研究工作直至1976年去世。

 ## "此在"是什么?

马丁·海德格尔用"此在"（Dasein）这一术语来描述"人"。它的字面意思是"在那儿"（being-there）。海德格尔想用这个术语表达人不是简单、独立的生物存在，但是人类总是关心超越他们物质自我的事物，包括世界上的其他事物、其他人，以及未来。

 ## 为什么一些人认为马丁·海德格尔是存在主义者?

在《存在与时间》一书中，海德格尔分析了人的存在或者"此在"，海德格尔认为"此在"不应该被理解为生物学的物体，因为生物体所关心的目标，即"此在"的基本结构，总是除了"此在"本身之外的其他事物。尽管"此在"是指物体自身的存在（即我们通常所理解的"生命"），是"在世界之中存在"。此外，"此在"并不能真正地被理解，因为在最普遍的存在形式下，人们所接受的解释是由"他们"（the they）形成的，"他们"即为大众。"他们"经常错误地理解死亡的本质。

 ## "他们"指的是什么?

马丁·海德格尔的"他们"指的是过着日常生活的，并没有从哲学角度意识到他们存在的普通人。

 ## 马丁·海德格尔对死亡有怎样的观点?

海德格尔认为，个体的死亡必须摆脱"他们"的影响。"他们"认为死亡是普遍的、冷漠的，但是死亡不是特别发生在某人身上的。海德格尔认为死亡是"自己的事"（in each case my own），真实的存在需要一个人对自己的死亡采取"预先的决断"（anticipatory resoluteness）的态度。这完全是一种"关心需求"（the call of care）的意识，它引导一个人关注自己的死亡。

问题是，"此在"不能被完成，直到"此在"不复存在。但是，当"此在"终结时，存在就不属于具体的个体，而且，个体的死亡就没有意义了。海德格尔认为这意味着我们总是在被召唤向虚无，在一种自相矛盾的需要中真实地成为我们最完整的样子。这种在"此在"本质中的虚无，在海德格尔的术语中被称为"总是突出的"（always out-standing），只要"此在"存在，它就会在"此在"中创造一种原始的焦虑。

海德格尔的意思是我们未来会死亡的事实总会让我们非常焦虑。当然，如果我们的死亡出现了，我们就不会存在了。所以人类不得不接受这样一个事实，即死亡是我们活着时总是意识到的事情。

马丁·海德格尔的空间理论是什么？

"此在"为世界上的物体创造了距离有远有近的空间。而这种方式存在的结果产生的空间并不一定与抽象的维度和距离相对应。例如，对于戴着眼镜的人来说，通过眼镜去看墙上的画时，那幅画在他们的感知中距离他们似乎更远了。

空间中的物体获得了"上手状态"（ready-to-hand）的特性——这些物体被我们使用和操纵。虽然在字面上存在于空间中，但其真正的意义是通过人类行动在时间中获得的。例如，如果你拿起一把锤子，你打算在接下来的几分钟里用它做些什么，而你做这一切是为了实现之后的目标，比如在墙上挂一幅画。

马丁·海德格尔的时间理论是什么？

海德格尔解释说，和空间一样，时间也是"此在"基于对自身之外事物的关心而创造出来的。因为"此在"是一个目标导向的存在体，因此"此在"在时间模式下甚至产生了抽象或者时钟时间。"尚未出现"（not-yet）的事物是未来的事物。而"已经完成"（having-been）指的是过去，"此在"观点中涉及的"立即"是指未来。因此，时间性作为人类存在的一种结构，其自身也被时间化了。这是海德格尔的术语，他的意思是当你想到未来时，你想到的是，"现在"在未来会成为你的记忆。人们有意地拍照，就是想把"现在"定格，为将来"制造回忆"。

为什么马丁·海德格尔宣称存在主义不是一种人文主义？

当解释前苏格拉底哲学思想时，海德格尔总结道，人们最初所关心的是"存在"（Being，这一主题将当代德国人与古代希腊人连接在一起）。海德格尔认为，前苏格拉底哲学家只是开始构想了一些关于"存在"的基本问题。当苏格拉底提出了主客体的形而上学哲学思想时，就已经将"存在"的一些原始问题排除在外了。海德格尔非常清晰地向读者阐明了他并不知道有关"存在"的原始问题是什么。事实上，他将自己的哲学工作投入到了重建"存在"的原始问题中。海德格尔没有给出确定的答案，他邀请读者与他一同思考这个问题。海德格尔还向一些愿意花时间来了解他的读者们介绍了冥想法。

海德格尔写了许多关于"存在"原始问题的著作，他的观点基于"语言就是人的生命活动"这种现象学直觉。他所说的并不是"他们"的语言，甚至也不是像让-保罗·萨特那样的法国存在主义者的言论，因为他们并没有对"存在"给予足够的关注。海德格尔认为直到人们能够明确地阐明"存在"问题，人们才有可能将存在主义的人文特性恰当地总结出来。

为什么马丁·海德格尔拒绝将他的德语著作翻译成其他语言?

海德格尔对德语持有强烈的偏好，他认为德语是思想的语言。他认为，那些不懂德语的人无法理解他的哲学思想，因此他不允许自己的作品被翻译成其他语言。

 ## 关于科技，马丁·海德格尔提出了什么问题?

海德格尔提出的关于科技的问题与我们的顾虑是一样的：科技会毁坏我们所知的世界吗？但是海德格尔对于科技的理解与环境保护主义者不同。后者将人造物体与自然界进行了区分。海德格尔认为科技是"世俗世界"（the world worlds）的一部分，是源于"存在"的一个过程，尽管人类没有全面了解人和"存在"之间的关系，但是人类仍然是自身"存在"的管理者。

海德格尔认为科技是生活与存在关系中的"框架"（enframing）力量和过程：所有生命体都按照所呈现出来的统一类型进行编组。人类活动和自然美景在"此在"中以使用或者消费的形式呈现出来。在海德格尔的解释里，一个特别悲痛的例子就是人们对莱茵河进行改道，将其变为游览胜地。

海德格尔对于科技历史影响力的解释源于人们对于"存在"的不同理解。海德格尔坚持认为科技不是科学的结果，两者的关系正相反，科学应该是科技的结果。科学和科学研究只是更广泛的科技力量的结果。

莫里斯·梅洛-庞蒂

 莫里斯·梅洛-庞蒂是谁?

莫里斯·梅洛-庞蒂(Maurice Merleau-Ponty)是一位反经验主义者,他试图在人类感知的现象学基础上重建世界。他受到了埃德蒙德·胡塞尔的影响,与让-保罗·萨特有一段时间的友谊,现代现象学哲学家仍然对他怀有极大的兴趣。他的主要作品包括《知觉现象学》(*The Phenomenology of Perception*)、多篇论文及未完成的著作《可见与不可见》(*The Visible and the Invisible*)。

 莫里斯·梅洛-庞蒂的生活和事业是什么样的?

莫里斯·梅洛-庞蒂的父亲在一战中去世。1930年梅洛-庞蒂在巴黎高等师范学校(Ecole Normale Superieure)完成了自己的哲学研究,之后他开始在法国各地的中学教书。他写了两篇博士论文,在1949年,索邦神学院授予他儿童心理学教授职位。1952年,他获得了法兰西学院哲学教授职位。他与让-保罗·萨特共同创建了期刊《现代》(*Les Temps Moderne*)。但是他后来又辞去了编辑一职,部分原因是他反对萨特的主客二分法。梅洛-庞蒂在著作《辩证法的历险》(*Adventures of the Dialectic*)中写到了两人的争论。总体来说,梅洛-庞蒂反对二元论,他也批评"自我与世界对立"的观点。他认为自我是肉体与精神的结合体,并且我们的肉体总是存在于世界中。

莫里斯·梅洛-庞蒂最后的讲座为什么具有讽刺意味?

梅洛-庞蒂在准备进行一个关于勒内·笛卡尔的讲座时,突然因中风去世。在构建自己的哲学体系时,他多次回到笛卡尔的身心二元论。他并不接受笛卡尔的身心二分法,而是寻求将心灵和身体视为一个统一的整体。梅洛-庞蒂认为,一个人的自身身体(le corps propre),其个人的、独特的、有生命的实体,应该是一个科学的主题。正是自己的身体使意识有了形体。他写道:"只要我有手、有脚、有身体,我就会围绕着我产生一些意图，这些意图不依赖于我的决定，并且以我无法选择的方式影响我的周围环境。"显然，梅洛-庞蒂的中风正好证明了这一点，因为它不是他选择的，但是，确切地说，他不能选择的事情不仅仅决定了他周围的环境，还决定了他是否能够拥有周围环境的可能性。讽刺的是，他通过中风来证明这一点，这与其他学者用哲学争论的方式阐明自己观点的做法截然不同。

 ## 莫里斯·梅洛-庞蒂的"感知现象学"指的是什么？

梅洛-庞蒂反对经验主义和唯心主义的抽象本质。经验主义将其普遍化，而唯心主义则否认了物理现实的直接经验和存在。他宣称"感知是具体化的意识"，它"存在"于身体里，与肉体共存。感知不仅仅是精神过程，它是一个涉及眼睛、耳朵、鼻子和手的身体过程。他将人的身体作为感知和生活在世界中的一部分，这是在哲学领域中经常被其他哲学家忽略的一个视角。

根据梅洛-庞蒂的观点，感知既不是抽象的，也不是科学的。但是，所有的感知都是有生命的，是生活在这个世界上的人类的经历。意识被"具身化"（embodied），并参与了人对世界的感知过程。人类经历的"现象学"是指人所感知的事物不能与被感知的方式和被描述的方式相分离。在与费迪南·德·索绪尔（Ferdinand de Saussure）的对话后，梅洛-庞蒂撰写了《世界的散文》（*The Prose of the World*），宣称意图不是由历史决定的，而是由某一主体在世界上的真实经历决定的。语言的不断变化正是这种经历的结果。在《可见与不可见》一书中，梅洛-庞蒂原本打算展示思想是如何超越感知的，但他在完成该项目之前就去世了。

批判理论和结构主义

 ## 批判理论和结构主义有什么区别？

到目前为止，批判理论和结构主义这两个思想学派的学者没有接受任何一种解释两者区别的说法。许多结构主义者否认自己是结构主义者，而一些批判理论家不知道"批判理论"这一术语。但是对于读者来说，应该记住结构主义和批判理论都对社会进行了分析，而这种分析并不需要被分析的社会中的社会成员所接受。"批判理论"这一术语与法兰克福学派有一定的关联，该学派在 20 世纪对学院派马克思主义进行了发展。"结构主义"这一术语是指对社会心理结构的研究。为了使社会目标进一步发展和平等化，批判理论试图提供恰当的分析。而结构主义同样使用批判理论。

尽管法兰克福学派成员及其追随者不仅仅限于政治家，但是他们留下来的著作和其他资料却表明了他们有特定的政治方向。结构主义者也许和马克思主义批判理论家有同样的目标。他们的目标是建立除政府之外的社会公共机构。他们还推崇弗洛伊德的心理学，将语言和符号作为重要的哲学问题，为人们开始关注语言和符号打下了坚实的基础。在该学派的一些群体中，对于一些结构主义的后继者来说，语言和"符号顺序"（symbolic order）成为他们唯一的目标。也就是说，结构主义者为理性的后现代主义，也被称为"后结构主义"（post-structuralism），铺平了道路。

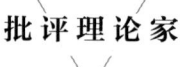

批 评 理 论 家

 ### 法兰克福学派是什么？

法兰克福学派是德国法兰克福大学社会研究所的一些知识分子组成的活动团体。1923 年，在第一个马克思主义周后，费里克斯·韦尔（Felix Weil）在法兰克福大学成立"社会研究所"，成立后立即受到了知识分子的欢迎。法兰克福大学为该研究所提供资金。在纳粹统治期间，马克斯·霍克海默（Max Horkheimer）和西奥多·阿多诺（Theodore Adorno）得到了哥伦比亚大学的保护和支持，他们在纽约市建立了"国际社会研究所"。

1945 年第二次世界大战结束后，位于法兰克福的研究所得以重建。瓦尔特·本雅明（Walter Benjamin）、赫伯特·马尔库塞及埃里希·弗洛姆（Erich Fromm）属于第一批成员。尤尔根·哈贝马斯（Jürgen Habermas）仍然是该研究所最著名的当代成员。尽管汉娜·阿伦特离开德国后成为美国哲学家，但是与其他运动相比，汉娜·阿伦特的政治兴趣与德国法兰克福研究所有更多的共同之处。尽管马克思主义理论家安东尼奥·葛兰西（Antonio Gramsci）在 1926 年被意大利法西斯政府关押起来，没有成为法兰克福学派的成员，但是他仍然值得我们在这里详细地介绍。

 安东尼奥·葛兰西是谁？

安东尼奥·葛兰西在监狱里记录了他对马克思主义的理解，他主要反对卡尔·马克思的历史决定论。葛兰西的《狱中札记》（*Prison Notebooks*，在他死后开始编纂，始于1971年）由帕尔米罗·陶里亚蒂（Palmiro Togliatti）编辑出版。陶里亚蒂认为通向无阶级社会改革的必经之路是教育和说服，而不是布尔什维克主义或者直接的政治革命。

葛兰西最有影响力的观点是陶里亚蒂为其命名的葛兰西的"霸权理论"（theory of hegemony），即社会中的统治阶级不仅仅创造了自己的意识形态，而且还创造了被统治阶级的意识形态——所有的阶级共享统治阶级的意识形态。因此，想要改变社会大众的意识，教育和说服是非常重要的。教育和说服才能使政治变革得以发展。从这个意义上来说，葛兰西在精神上不仅仅是法兰克福学派的一员，他还是一名结构主义者。

意大利总统参观安东尼奥·葛兰西博物馆（Antonio Gramsci museum）。葛兰西（其照片在背景右侧可见）提出社会的统治阶级决定了该社会中各种阶级的意识形态。（图片来源：美联社）

马克斯·霍克海默和西奥多·阿多诺是谁?

马克斯·霍克海默和西奥多·阿多诺是法兰克福学派的创始成员,也是该学派流亡期间的领导者。霍克海默是一名文化批评家和社会哲学家。阿多诺是一名文化批评家和音乐理论家。霍克海默的理想是普遍理解人类在社会中的地位。传统的马克思主义者从无产阶级的立场观察社会,与此相反,霍克海默却认为当时没有任何一个社会阶级能够摆脱被曲解的命运。阿多诺认为奥地利作曲家阿诺尔德·勋伯格(Arnold Shonberg)的无调音乐支持了人类自主或者自由。而他强烈地谴责了一种作为"大众音乐"的爵士乐。

霍克海默和阿多诺二人共同合著了《启蒙的辩证法》(*Dialectic of Enlightenment*)一书。他们认为启蒙运动所追求的进步无法实现,其结果将是消费经济中的大众资本主义庸俗化,就是残酷的极权主义。

瓦尔特·本雅明是谁?

瓦尔特·本雅明将犹太宗教信仰与马克思主义相结合,这种做法使他受到了人们的广泛关注。他和一群知识分子为了躲避纳粹,流亡到了法国和西班牙边界,却因为食用了吗啡药片而死亡。关于他的死亡有不同的解释:一种说法是为了避免盖世太保折磨,他和他的同事而选择了自杀;另一种说法是他被斯大林主义者杀害。本雅明与汉娜·阿伦特的第一任丈夫是堂兄弟。在本雅明去世前,他将《历史的概念》(*The Concept of History*)的手稿交给了汉娜·阿伦特。后者将该手稿交给了西奥多·阿多诺。西奥多在美国出版了这本书。

在瓦尔特·本雅明的著作《机械复制时代的艺术作品》(*The Work of Art in the Age of Mechanical Reproduction*)中,他将犹太神秘主义与马克思主义相结合。本雅明认为逻辑作为一种哲学工具是有限的,因为在现代社会,人们是通过文学和音乐来接触哲学的。人们主要研究他的音乐学理论。直到 20 世纪末期,人们才认识到他的著作与后现代主义有密切的关联。

汉娜·阿伦特是谁?

汉娜·阿伦特是一位德裔美国社会和政治哲学家。第二次世界大战后,她在美国纽约新学院教书。她进入马尔堡大学，并与马丁·海德格尔开始了一段恋情，这一段感情持续了一生的时间，他们多次分手和复合。在海德堡大学期间，阿伦特与卡尔·雅斯贝斯共同完成了关于圣奥古斯丁的论文。1929 年，她嫁给了哲学家金瑟·安德斯（Günther Anders），但他们在 1937 年离婚。因为她是一名犹太人，所以她失去了大学任教资格。在反犹太主义的调查中，她被盖世太保审问。之后她去了法国，与瓦尔特·本雅明一起帮助犹太难民。她曾经被关押在哥尔斯集中营（Camp Gurs），后来成功逃亡。

1940 年，阿伦特嫁给了诗人、哲学家海因里希·布吕赫（Heinrich Blücher）。阿伦特与母亲，以及·布吕赫用伪造的签证从法国维希逃亡到了美国［在美国外交官海勒姆·宾厄姆四世（Hiram Bingham IV）的帮助下］。第二次世界大战后，阿伦特在一次去纳粹化听证会上为海德格尔作证。在海德格尔 80 岁生日庆典上，阿伦特写了一篇散文赞扬海德格尔在哲学上所作的贡献。

阿伦特是欧洲犹太人文化重建委员会的研究主任，在 1944 年后，她因工作需要经常回到德国。在美国，她在加利福尼亚大学伯克利分校、普林斯顿大学、西北大学和纽约新学院教书。在美国社会活动中，她并不算一名积极的改革论者。在公民权利运动早期，她支持过种族隔离。在女性解放运动期间，她拒绝被人们当作女性主义者。她的主要著作有《极权主义的起源》（The Origins of Totalitarianism）、《人类境况》（The Human Condition）、《论革命》（On Revolution）、《论暴力》（On Violence）、《艾希曼在耶路撒冷》（Eichmann in Jerusalem）及《精神生活》（The Life of the Mind）。

德裔美国社会和政治哲学家汉娜·阿伦特是一名批评家，她强烈反对各种形式的极权主义。（图片来源：美联社）

 汉娜·阿伦特的政治哲学是什么？

总体说来，阿伦特作为一名批评家，她强烈反对极权主义并提倡个人自由，她提出了自己独特的见解。她认为法西斯主义是基于现代生活中缺乏真正的政治共同体而产生的必然性的错觉。她并不认为自己是一名存在主义者，因为她认为"我们存在"与"我存在"相比，是更为重要的哲学出发点。她认为积极的社会模式是公民积极参与社会活动，社会和私人利益不再受到公民身份的限制。

阿伦特对纳粹分子阿道夫·艾希曼（Adolf Eichmann）的审讯进行了分析，她在分析中引入了"平庸的罪恶"（banality of evil）这一概念。阿伦特谴责了人们在以色列审讯艾希曼的方式，她还批评了在德国独裁者阿道夫·希特勒统治下犹太领导者的行为。阿伦特对这两件事的谴责和批评引起了争议。阿伦特最后的著作对政治背景下的实际判断进行了检验，她借助苏格拉底的形象来假定内心对话。她认为人的良心帮助人们和自己做朋友。

 ## 赫伯特·马尔库塞是谁？

1933 年，赫伯特·马尔库塞从德国流亡美国，之后他鼓励了美国的左翼思潮。他是非裔美国人、政治活动家安吉拉·戴维斯（Angela Davis）的论文指导教师。另一个左翼激进的创始人阿比·霍夫曼（Abbie Hoffman）也师从于马尔库塞。

马尔库塞的主要观点是，在与政治压迫作斗争的过程中，哲学是必要的。他引用弗里德里希·尼采和西格蒙德·弗洛伊德的观点，认为马克思主义对人的信念存在潜在的教化作用。他认为西方的民主政治运用科学的方法开展大众教育，并将文化娱乐化。人们的自由正是以这种方式被无形地剥夺的。他的主要哲学观点是人的精神性欲压抑反映了政治压抑。他的主要著作包括《理性与革命》（Reason and Revolution）、《爱欲与文明》（Eros and Civilization）、《单向度的人》（One-Dimensional Man）和《纯粹宽容批判》（Critique of Pure Tolerance）。

 ## 安吉拉·戴维斯是谁？

非裔美国人安吉拉·戴维斯是世界著名的批评家和政治活动家。1970 年，她成为加州大学洛杉矶分校哲学系的助理教授。她加入了美国共产党，还曾经与美国黑豹党有一定的联系。1970 年，戴维斯因为帮助黑豹党成员乔治·杰克逊（George Jackson）从加州马林县的法庭上逃跑而被起诉。杰克逊使用的枪支是以安吉拉·戴维斯的名字注册的。

在戴维斯逃跑后，她曾经一度是美国联邦调查局通缉犯名单上的要犯。最后，戴维斯被宣布无罪并免于刑事起诉。她重新被学校聘用。戴维斯说她未能完成她的学位论文，因为美国联邦调查局没收了她的文件，她的论文也因此"丢"了。从此，她在当代美国文化中开始了自己杰出的批评家职业生涯。她在文章中批评了当代美国文化下的种族歧视、性别歧视和"工业化体系下的监狱"（prison industrial complex）。

戴维斯的主要著作包括《如果他们在早上到来：反抗的声音》（*If They Come in the Morning: Voices of Resistance*）、《阴谋：开放的辩护陈词》（*Frame Up: The Opening Defense Statement Made*）、《安吉拉·戴维斯：自传》（*Angela Davis: An Autobiography*）、《女性、种族和阶级》（*Women, Race and Class*）、《对女性的暴力行为和对种族主义的持续挑战》（*Violence against Women and the Ongoing Challenge to Racism*）、《女性、文化和政治》（*Women, Culture and Politics*）、《布鲁斯遗产和黑人女性主义：格特鲁德·"玛"·雷尼、贝茜·史密斯和比利·霍里戴》（*Blues Legacies and Black Feminism: Gertrude "Ma" Rainey, Bessie Smith, and Billie Holiday*）、《监狱过时了吗》（*Are Prisons Obsolete*）及《废除民主制度：超越监狱、折磨和帝权》（*Abolition Democracy: Beyond Prisons, Torture, and Empire*）。

非裔美国人、社会批评家和政治活动家安吉拉·戴维斯自从 20 世纪 70 年代就活跃在美国社会中，她的文章批评了美国文化中的种族和性别歧视。（图片来源：美联社）

 埃里希·弗洛姆是谁？

埃里希·弗洛姆以其谴责独裁社会的著作《逃避自由》（*Escape from Freedom*）确立了自己在政治心理学领域的地位。1956 年，他的著作《爱的艺术》（*Art of Loving*）成为国际畅销书。他在这本书中区分了不同类型的爱，对许多西方读者来说是一种启示。弗洛姆借助犹太法典赞美人的个性，批评极权主义。他将马克思主义与尊重个性的心理分析方法相结合，许多读者深受他作品的鼓舞。

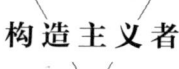

构造主义者

 费迪南·德·索绪尔是谁?

费迪南·德·索绪尔是瑞士结构主义者,他去世后,学生将他的讲稿出版,书名为《普通语言学教程》(*Course in General Linguistics*)。1996 年,人们在他的房间里发现了一份手稿并将其出版,书名为《普通语言学手稿》(*Writings in General Linguistics*)。除了语言的产生和理解之外,索绪尔最有影响力的观点是,语言可以被理解为一种形式系统,独立于其实际使用和理解。作为一种形式系统,语言的元素从其他元素中获得意义,而不是参考语言之外的任何东西。他意识到了语言的独立性和其他符号系统,这种意识后来发展为"语言学转向"(the linguistic turn),并成为许多学科的基础(其中包括哲学)。

 "语言学转向"指的是什么?

在 20 世纪后半期,在不同人文主义学科发展的不同阶段,学者们从谈论世界上的人和事,转向谈论语言、符号,以及人们和事件在流行文化和学术学科中是如何被呈现的。语言成为跨学科的新的主题。

 雅克·拉康是谁?

雅克·拉康是一位心理分析学家,因为他独特的观点而被国际心理分析协会除名。尽管如此,拉康在心理分析领域仍然具有相当大的影响。他的主要著作有《文集》(*Ecrits*)、《自我的语言》(*The Language of the Self*)及他出版的研讨会论文。

拉康将索绪尔的语言顺序概念应用在弗洛伊德的心理学中。他认为隐喻和转喻(用一个事物的属性代替事物本身)是无意识的主要机制,而精神疗法实际上是以一种言语形式工作的,在与患有神经症的病人谈话过程中,通过插话来修正病人原本表达模糊不清的言语,以此来实现治疗的目的。拉康认为自我是在个体想象中对个体自身的认定,他的这一想法使他闻名于世。他认为人在想象中,在特定年龄为自己设定了特定的性格特征,然后按照设定的特征成长。言语创造了社会联系,但是语言是一种形式体系,在该体系下，一个词从其他词那里获得意义。

克劳德·列维-斯特劳斯是谁？

克劳德·列维-斯特劳斯（Claude Lévi-Strauss）是一位法国社会人类学家，他以著作《亲属关系的基本结构》（*The Elementary Structures of Kinship*）和《野性的思维》（*The Savage Mind*）而闻名。他将索绪尔的语言系统观点运用在社会结构中，分析了人物关系和交流体系，特别分析了亲属关系。

克劳德·列维-斯特劳斯将语言体系理论应用在人物相互关系的研究中。（图片来源：美联社）

路易·阿尔都塞是谁？

哲学家路易·阿尔都塞（Louis Althusser）是法国共产党成员。他以如下著作闻名：《保卫马克思》（*For Marx*）、《读＜资本论＞》（*Reading Capital*）和《列宁和哲学以及其他论文》（*Lenin and Philosophy and Other Essays*）。特别是《列宁和哲学以及其他论文》使他受到了广泛的关注。他从卡尔·马克思的著作中提炼出了一个科学体系。他认为科学受到不断提出问题、证据和重要性的观念体系或者"疑问"的控制。阿尔都塞认为，正如马克思所述，表达意识形态的结构能使自身永远存在下去，不会受变化的历史力量影响。1980年，阿尔都塞杀死了他的妻子并被送进了精神病院，他的学术生涯因此而终结。

米歇尔·福柯是谁？

米歇尔·福柯（Michel Foucault）是一位备受赞誉的法国哲学家，他在心理学和精神病理学领域都获得了法国的从业执照。他的父亲、祖父和外公都是内科医生。福柯通过考古学观点分析欧洲文化，这种方法一方面受医学诊断分析法的影响，另一方面又受到大陆知识批评传统的影响。

他的主要著作是他出版的论文《疯狂与非理性：古典时代疯狂史》（*Madness and Unreason: A History of Madness in the Classical Age*）、《临床医学的诞生》（*The*

Birth of the Clinic）、《事物的秩序》（*The Order of Things*）、《知识考古学》（*The Archaeology of Knowledge*）、《规训与惩罚：监狱的诞生》（*Discipline and Punish: The Birth of the Prison*），以及多卷本的《性史》（*The History of Sexuality*）。《事物的秩序》在法国是一本畅销书，正是该书使米歇尔·福柯闻名世界。在该书中，福柯阐述了科学作为事实的来源并不是突然出现的，而是基于对人性和事实的预先了解被人们接受并支持的。

 米歇尔·福柯是如何形成他的文化批判方法的？

米歇尔·福柯通过了解以往历史来了解一些机构和观点。这一过程可以被称为人类学的"考古学"。他经常能够指出人类话语和个人身份的新形式的出现。例如，在性方面，福柯认为，新的权力形式创造了新的性形式，新的观察和医学诊断实践也是如此。

福柯最大的贡献是他证明了虽然一些人类特征和惯例看似非常自然，但实际上却是社会和政治机构对人类个体施加的未经审视的权力所产生的结果。同时，个体也在重新塑造自己以符合机构期望方面起了作用。一个主要的例子是关于女性的性别观念，如运动能力。在 20 世纪后半期，人们认为女性因为"自然的"限制不能参加或者不擅长体育运动。

福柯因为颠覆了柏拉图的思想而闻名于世。柏拉图认为人的心灵被禁锢在身体里，我们的身体需求和欲望压抑着更高层次的精神自我。而福柯认为"心灵是身体的监狱"，我们的思想塑造了我们的物质存在。

 米歇尔·福柯的哲学是如何发展的？

福柯借助勒内·笛卡儿的思想，阐明了精神失常的认定是特定时代重视某种形式理性的产物。他认为，在发现具体的病理之前，医学实践通常需要进行特定的观察。在《事物的秩序》一书中，他阐述了 18 世纪和 19 世纪经济学、科学和语言学的发展部分地涉及了将"人"作为"普遍主体"的观念的发明。（普遍主体"人"被假定为始终如一且始终理性。）

在《知识考古学》一书中，福柯阐述了科学自身是如何被"话语"建构的，还介绍了知识的形成和传达的基本方式。如果没有将科学知识作为知识接受的预先标准，科学发现就没有重要意义了。例如，如果我们听说科学家发现了一种使人们易患某种癌症的基因，我们就认为这件事情是真实的，因为我们接受了科学的权威性。《规训与惩罚：监狱的诞生》一书标志着福柯对权力研究的开始。他认为诸如监狱、军队、工厂和学校这样的公共机构通过特殊的方法实施权力。这种特殊的方法可以使压迫与典型的民主政治结构共存。

尼科斯·普兰查斯是谁？

尼科斯·普兰查斯（Nicos Poulantzas）运用马克思主义原理对晚期资本主义体系中的社会阶级进行了分析。他基于安东尼奥·葛兰西的理论，提出统治阶级的某些元素与受压迫阶级达成了战略联盟，因此成功地保证了他们的统治地位。例如，美国总统富兰克林·罗斯福（Franklin Roosevelt）所实施的美国新政。普兰查斯的主要作品包括《政治权力与社会阶级》（*Political Power and Social Classes*）、《当代资本主义中的阶级》（*Classes in Contemporary Capitalism*）和《国家、权力、社会主义》（*State, Power, Socialism*）。

 ## 米歇尔·福柯是存在主义者吗？

福柯的哲学主要是社会批评，而不是与存在主义相关的自我创造理论。然而，在生活中，福柯的非传统和没有约束的行为方式使得公众将他与存在主义联系在了一起。在他生命的最后几年，福柯在政治生活和个人生活里的活跃程度使得人们大为震惊。在晚年的一次采访中，他说道："你们是不是认为我工作了这么多年说着同样的内容，从未改变过？"

20世纪70年代，福柯首次访问美国并在纽约州立大学布法罗分校做了演讲。之后拜访了加州大学伯克利分校。他在死亡谷国家公园的扎布里斯基角（Zabriskie Point）服用了迷幻药，当提到这段经历时，他认为自己的生活朝着积极的方向转变。20世纪50年代末期，他去了伊朗。在伊朗革命后，他支持新的政府。他关于伊朗的文章在意大利报纸《晚邮报》（*Corriere della Sera*）上发表。当这些文章在1994年和2005年分别被翻译成法语和英语发表后激起了人们的论战。

福柯与他曾经的学生丹尼尔·德菲尔（Daniel Defert）有长达 25 年的同性恋关系。他将这段感情描述为"激情状态"，并说："在某些时刻，这种激情形成了爱。"福柯因感染艾滋病而去世，尽管《世界报》（Le Monde）宣布他的死讯时并没有确认他的死因。在福柯去世之前，他销毁了大量未发表的文章和手稿。

第4章
美国哲学

美国哲学是什么？

"美国哲学"这一术语主要指的是始于19世纪末期的实用主义学派。实用主义被普遍认为是一种独特的哲学形式。它不仅是美国哲学家创造的理论主张，也是对美国文化的一种反映。当然，在实用主义出现前，美国有许多的知识分子，他们的一些著作非常新颖，并与独特的文化相关联，其中包括17世纪、18世纪和19世纪的政治理论家、废奴主义者、妇女参政论者、进化论者、美国原住民思想家、美国黑格尔派学家和新英格兰先验主义者。

实用主义者之后的许多美国哲学家的研究领域涉及分析哲学、经验主义、欧洲大陆哲学、后现代传统和实用主义的后期形式。从广义上来讲，人们认为美国哲学是一种文化的智力观点，它应该包括上述的所有领域。然而，传统上理解的作为系统哲学的美国哲学，则缩小了这一主题的范围。

早期的美国哲学体系

最具影响力的早期美国哲学流派是什么？

美国原住民演说家、圣路易斯黑格尔学派、新英格兰超验主义者和进化论作家的思想都直接或者间接地影响了实用主义哲学。他们强调的内容成为美国社会生活持久的主题，深受实用主义者和其他人的喜爱。

美国原住民的哲学传统是什么？

美国有许多独特的民族和部落，因此美国有许多种原住民哲学。在这些民族和部落的历史中，他们的哲学以口述的形式代代相传。由于战争的爆发和祖先土地的流失，美国本土文化和部落受到了破坏，大部分流传下来的哲学体系也失传了。一些早期的人类学家记录下来的内容歪曲了事实。当代人努力重建美国原住民传统的口述知识，作为对西方的哲学、宗教、技术和经济的批判。这些批判形成了美国原住民或者美国本土研究的内容，也成为20世纪末期哲学子领域的美国原住民哲学。

然而，18世纪和19世纪美国原住民首领的演讲帮助重建了早期的美国哲学。这些演讲内容涉及反对美国政府将原住民从保留地驱逐，保护生命、文化和原住民的土地。值得我们关注的是原住民首领缇彦斯桑（Teedyuscung），他在宾夕法尼亚州的条约会议上说道："我希望我所说的一切……能被正确地记录下来。"缇彦斯桑、腾思科瓦塔瓦（Tenskwatawa）和撒库瓦萨（Sagoewatha）的说话方式很像美国人。

美国原住民部落努力保持他们丰富的艺术和精神财富。近年来，美国原住民哲学已经成为大学里的一个热门话题。（图片来源：iStock 图像）

 腾思科瓦塔瓦是谁？

腾思科瓦塔瓦是一位先知［他也被称为腾思卡塔瓦（Tenskatawa）、腾思坤塔瓦（Tensquatawa）或者他的本名莱拉维斯卡（Lalawethika）］，他是肖尼族首领特库姆塞（Tecumseh）的哥哥。腾思科瓦塔瓦是一位有影响力的演说家，他宣扬重建美国原住民传统，以此作为对所遭受的痛苦和破坏的反抗。1810年，在对地方长官威廉·亨利·哈里森（William Henry Harrison）做的演讲中，他所表达的思想后来成为被人们普遍接受的美国自我创造力的独特形式，演讲中也结合了他敏锐的才智：

> 我是一个肖尼族人，这是一个事实。我的祖先是勇士，他们的儿子也是勇士。我的祖先使得我的出生和存在成为可能。我没有从我的部落索取任何东西。我是自己命运的主人。噢！我可以主宰自己的命运。噢！我可以主宰我红色皮肤的部落人们的命运，可以主宰我们国家的命运。当我想到控制整个宇宙的神灵，我就觉得我意识中的观念也同样伟大。我不会去找地方长官威廉·亨利·哈里斯，请求他撕毁条约，去除地界标。但是我将对他说："先生，你有自由回到你自己的国家。"

撒库瓦萨是谁？

撒库瓦萨，或称红夹克酋长（Chief Red Jacket）。他认为不同种族、不同外貌特征和不同宗教信仰的人共同分享一个国家会出现一些问题。他做了许多关于这一主题的演讲。在一定程度上，他预见了 20 世纪的美国对于种族差异和移民问题的担忧。

美国原住民对美国哲学最突出的贡献是什么？

人们逐渐认识到美国原住民思想对 18 世纪和 19 世纪欧裔美国人的观念及历史有一定的影响。在当代多元社会，当代实用主义学家将人们对社区福祉的关注追溯到美国早期原住民与欧裔美国人谈判的尝试。还有一些人发现美国原住民对于美国的主流文化的形成有一定的贡献。

《禅与摩托车维修艺术》（*Zen and the Art of Motorcycle Maintenance*）的作者罗伯特·波西格（Robert Pirsig）在他的第二本著作《莱拉》（*Lila*）中，对即将成为独具特色的直接而质朴的美国式说话风格（如果不总是写作）和美国原住民大平原首领的英语演讲进行了对比。波西格引用了腾·拜尔斯（Ten Bears）于 1867 年给美国原住民和华盛顿代表做的演讲：

> 我出生在大草原，那里的风自由吹拂。没有任何东西可以阻挡阳光。我出生在没有围栏的地方，任何人都可以自由地深呼吸。我想在那里死去，那里没有围墙的

束缚……我像我的父亲和祖先那样生活，我生活得很幸福。

而实用主义者，如约翰·杜威（John Dewey），虽然常常长篇大论，但他们的写作却直截了当，不像欧洲著作那么抽象并有多余的修饰。但也许圣路易斯黑格尔学派是更加理想主义的实用主义者。例如，查尔斯·桑德斯·皮尔士（Charles Sanders Peirce）、乔赛亚·罗伊斯（Josiah Royce）、过程哲学家阿尔弗雷德·诺思·怀特海（Alfred North Whitehead）和他的追随者查尔斯·哈茨霍恩（Charles Hartshorne）。

 ## 圣路易斯黑格尔学派指的是什么人？

圣路易斯黑格尔学派是一群哲学家和教师，他们在1866年建立了圣路易斯哲学协会，并于1866年开始出版《思辨哲学杂志》（*The Journal of Speculative Philosophy*）。该协会的创始成员有亨利·C. 布罗克迈耶（Henry C. Brokmeyer）、威廉·T. 哈里斯（William T. Harris）和登顿·雅克·斯奈德（Denton Jacques Snider）。布罗克迈耶是一个普鲁士移民，他在1844年来到美国，进入了布朗大学。他从事了几个不同的行业，住在小棚屋里［就像亨利·大卫·梭罗（Henry David Thoreau）一样］。哈里斯是一位耶鲁大学的辍学生，他来到圣路易斯，教授皮特曼（Pittman）速记法。布罗克迈耶和哈里斯承担了将黑格尔所著的《逻辑学》（*Science of Logic*）一书翻译成英语的工作。斯奈德毕业于奥柏林学院，1865年他来到圣路易斯，在基督兄弟学校教书。

 ## 圣路易斯黑格尔学派是如何应用他们的哲学的？

圣路易斯黑格尔学派设法将他们的哲学直接应用在当前的事件中。与美国城市芝加哥相比，他们为圣路易斯市而自豪。1870年人口普查中出现了一个错误，圣路易斯黑格尔学派哲学家及圣路易斯市的其他市民都震惊于政府的统计数字，统计结果显示的是，圣路易斯市的人口比芝加哥市的人口多很多。1871年10月8日，芝加哥发生了火灾［据信是由奥利里夫人（Mrs. O'Leary）的牛踢倒了一盏灯引起的，尽管当时整体环境极其干燥且易燃］。斯奈德询问布罗克迈耶对于这场灾难的想法。根据斯奈德的记录，布罗克迈耶（注意：斯奈德将布罗克迈耶的名字拼写为"Brockmeyer"，"Brock"的意思为"坏蛋"）的回答是：

芝加哥是西部以及我们这个时代里完全消极的城市，现在它把这种否定的原则应用在更加广泛的领域并得到了最后的结果，芝加哥将自己也否定了。这种消极态度的正面结果将要显现出来，但是这一正面结果没有出现在芝加哥，而是在此得以显现，在我们所生活的圣路易斯市得到了最后的彰显。

遗憾的是，1880 年的人口普查结束后，芝加哥的人口又超过了圣路易斯市的人口。圣路易斯黑格尔学派哲学家从华盛顿大学雇用了一位数学家来检查人口普查的统计数字。这位数学家告诉这些哲学家，圣路易斯市的人口确实是 35 万人，而芝加哥的人口为 50.3 万人，1870 年的统计是有误的。

除了圣路易斯黑格尔学派，圣路易斯市还有其他的哲学团体吗？

圣路易斯市与圣路易斯黑格尔哲学学会同时代的哲学团体，还有康德协会、亚里士多德协会和柏拉图协会，后者后来被称为阿卡德摩学园（Akademe）。

东部哲学家与圣路易斯黑格尔学派哲学家经常交流吗？

尽管圣路易斯黑格尔学派不是理论哲学家，但是他们经常与东部的超验主义思想家对话。例如，由威廉·哈里斯和超验主义者阿莫斯·布朗森·奥尔科特（Amos Bronson Alcott）组织成立的康科德学派。1879 年至 1887 年的夏天，康科德学派召开会议。在此期间，奥尔科特第一次拜访了圣路易斯市的哈里斯。他遭到了亨利·C. 布罗克迈耶的谩骂。黑格尔学派的围观者将这次争吵称为"东部和西部的第一回合较量"。较量的结果是西部获胜，黑格尔学派还因此庆祝了一番。另一个著名的东部哲学家拉尔夫·沃尔多·爱默生（Ralph Waldo Emerson）也拜访过圣路易斯黑格尔学派。

圣路易斯黑格尔学派共同的目标是什么？

尽管亨利·C. 布罗克迈耶选择弗里德里希·黑格尔作为黑格尔学派的引导者，但是与抽象理论相比，他们的兴趣更多地集中在理解自己的生活和时代上，特别是美国内战。根据登顿·雅克·斯奈德所述，他们的目标是"将实际生活哲学化"，将他们的使命进行理性的描述，达到自我实现。他们还想为未来的伟大社会作出贡献。对于他们来说，与其说哲学是一种理论，不如说哲学是一种宗教。

 圣路易斯哲学团体的创始人发生了什么事情？

他们各自走向了不同的职业道路。亨利·C.布罗克迈耶成立了一个律师事务所并被选举为美国密苏里州的参议员。1875年，他编写了密苏里州宪法，后来成为副州长。在1876年至1877年间，成为代理州长。后来他搬到了西部居住，与克里克印第安人生活在一起。他试图出版他所翻译的弗里德里希·黑格尔的著作《逻辑学》，但是最后未能如愿。他砍伐木头制作牙签，并在圣路易斯市出售。

威廉·哈里斯成为记者和讲师，是康科德学院的校长，也是密苏里州第一任教育委员。登顿·雅克·斯奈德著有六十余部著作，其中包括圣路易斯黑格尔学派的思想史。他在芝加哥社区大学教授从幼儿园至大学水平的课程，并将撰写10卷"斯奈德哲学"列进了日程。他最著名的作品是《圣路易斯的哲学、文学、教育和心理学运动》(*The St. Louis Movement in Philosophy, Literature, Education, Psychology*)。

托马斯·戴维斯(Thomas Davidson)是圣路易斯哲学协会的另一个早期成员。他在纽约市创办了技术学院，后来他在纽约生活，并在那里创办了暑期班。

 登顿·雅克·斯奈德是如何解释弗里德里希·黑格尔观点的？

登顿·雅克·斯奈德认为，在《历史哲学演讲录》(*Lectures on the History of Philosophy*，1820年黑格尔在柏林讲座时的讲稿，于1858年出版)一书中，弗里德里希·黑格尔未能形成完整的思想体系，但是黑格尔的"进化原则"预示着未来哲学的发展。斯奈德还阅读了黑格尔的《精神现象学》。斯奈德将这本书视为一本哲学向导书。人们可以通过分析自己的经历来获得完整的自我理解，这就好比人们正在照一面自己所生活年代的镜子。

所以圣路易斯黑格尔学派试图分析他们所处的时代，并将他们所处的时代视为"绝对"的一种表达方式。因此他们比较了黑格尔在分析拿破仑·波拿巴的事件中所运用的绝对论、斯奈德对美国内战的理解，以及伟大的圣路易斯幻想的终结(当圣路易斯市民意识到芝加哥的人口超过了圣路易斯市时，他们的幻想破灭了)。斯奈德认为黑格尔的《精神现象学》是一本用浪漫风格撰写的对浪漫主义有破坏作用的书。一些评论者认为斯奈德的这种理解是微妙而高深的。他通过这种理解来证明黑格尔有伟大的计划，但是对于人类历史和"绝对"本身不再有乐观的态度了。

新英格兰超验主义者

 ### 新英格兰超验主义者是哪些人？

与欧洲浪漫主义者同时期出现的美国浪漫主义者被称作新英格兰超验主义者。他们认为情感比理智重要，强调个人渴望的重要性。在美国浪漫主义特有的形式中，正如赫尔曼·梅尔维尔（Herman Melville）的小说、拉尔夫·沃尔多·爱默生（Ralph Waldo Emerson）的散文、沃尔特·惠特曼（Walt Whitman）的诗歌，以及亨利·大卫·梭罗（Henry David Thoreau）的散文所展示的，他们强调孤独且勇敢的个体在自然中的状态。当时也有一些哲学超验主义者，例如，阿莫斯·布朗森·奥尔科特。

 ### 阿莫斯·布朗森·奥尔科特是谁？

阿莫斯·布朗森·奥尔科特是作家路易莎·梅·奥尔科特（Louisa May Alcott）的父亲。他创办了一所学校并创立了一个名为"果园"（Fruitlands）的乌托邦团体。作为一名超验主义者，他将柏拉图哲学、德国神秘主义和美国浪漫主义结合。他主要遵循了著名的一神论牧师威廉·埃勒里·钱宁（William Ellery Channing）的教义。与加尔文主义不同的是，钱宁宣扬宗教信仰和实践的温和形式。奥尔科特的作品包括《新康涅狄格州，纪念碑》（New Connecticut, Tablets）、《康科德时光》（Concord Days）及《十四行诗和短歌》（Sonnets and Canzonets）。除了收录在《日晷》（The Dial）一书中体现超验主义思想、令人费解的"俄耳普斯箴言"（Orphic Sayings）之外，他还有许多未被出版的作品。

 ### 亨利·大卫·梭罗在哲学领域的贡献是什么？

亨利·大卫·梭罗是一位自然主义者、作家、教师和铅笔制造者（他发明了一端带有橡皮的铅笔）。他出生在马萨诸塞州的康科德。他从美国哈佛大学毕业后又回到了康科德。他虽然不是一位政治改革家，但却因为拒付人头税（他认为这项税收支持了奴隶制及墨西

THOREAU

U.S. 5 cents

一张画有自然主义哲学家亨利·大卫·梭罗的邮票。（图片来源: iStock 图像）

哥和美国之间的战争，他反对奴隶制和战争）以及帮助逃脱奴隶主的奴隶逃亡而著名。

人们都知道梭罗在瓦尔登湖建造了小木屋并在那里生活了两年。梭罗在著作《瓦尔登湖》（*Walden*）里描述了这段经历。他在瓦尔登湖边的生活方式和抵制被物质驱使的"安静绝望"的生活是一种美学的理想主义。美国接下来的几代知识分子都受到他的影响，纷纷前来参观梭罗在瓦尔登湖边建造的小木屋。梭罗对自然的热爱和追求朴素的理想本身就是对工业化生活的反抗，并在知识分子对后工业生活的反抗中被重新提起。

然而，梭罗杰出的理性贡献并非"回归自然"的理想，因为他在瓦尔登湖生活的那段时间里，他文学领域的朋友经常来小木屋拜访他，并且他自己也经常步行回到城镇，因此他并没有真正地脱离社会生活。事实上，他在瓦尔登湖生活时所忍受的苦难是没法与西部更远地区的拓荒者和自耕农相比的。他们才是真正过着乡下的穷苦生活，并且他们必须过这种生活，而不是一种选择。

相比之下，梭罗成为美国另一类奋斗者的典范。他将朴素的自然美学与文化批评，以及理性创造力相结合。这种在刻板的社会阶级与区域中提倡"树林里的精神生活"与20世纪早期几个实用主义者所提倡的真正贫瘠的生活背景是有区别的。此外，20世纪早期几个实用主义者还试图通过写作和公开演讲建立更广泛的社区，并支持民主的社会交流。但是梭罗对自然独特的爱和实用主义者更平易近人的特性，都代表了欧洲沙龙、客厅和正式教堂式建筑设置中所讨论的大部分思想的文化巨变。

亨利·大卫·梭罗的小木屋近况如何？

现在可以参观梭罗小屋的复制品。它位于马萨诸塞州康科德附近的瓦尔登湖旁。游客还可以沿着三英里（4.8公里）的湖岸散步，梭罗曾写道，他喜欢在湖岸上与客人进行"深入的交谈"，但是这并没有真正发生过。

在梭罗离开小屋，搬到拉尔夫·沃尔多·爱默生的家后，小屋被移到布鲁克斯·克拉克农场（Brooks Clark Farm），用来储藏玉米。为了纪念卢梭，小屋被安置在农场的西北牧场，并一直保存到1867年，尽管那时小屋的窗户已经不见了。1868年，屋顶被拆下来覆盖猪圈，1885年，小屋的地板和一些其他木材被用来在谷仓外建造一个棚子。然后小屋的其余部分被拆下来替换谷仓的木板。还有人说这些木板被用来改造农舍。

拉尔夫·沃尔多·爱默生是谁?

拉尔夫·沃尔多·爱默生是 19 世纪美国著名的超验主义者。他的散文和实践主义不仅使得他确立了知识分子地位,而且为之后的美国知识分子,特别是实用主义者树立了典范。

爱默生的主要作品至今仍被广泛阅读——其中大部分都可以在网上免费找到。这些作品包括他的第一本书《自然》(*Nature*)。该书包含多篇散文,包括《自然》(*Nature*)、《商品》(*Commodity*)、《美》(*Beauty*)、《语言》(*Language*)、《纪律》(*Discipline*)、《理想主义》(*Idealism*)、《灵魂》(*Spirit*)、《景色》(*Prospects*)、《美国学者》(*The American Scholar*)、《神学院演讲》(*Divinity School Address*)、《文学道德》(*Literary Ethics*)、《自然方法》(*The Method of Nature*)、《操纵改革家》(*Man the Reformer*)、《关于时代的介绍性演讲》(*Introductory Lecture on the Times*)、《保守派》(*The Conservative*)、《超验主义者》(*The Transcendentalist*)、《年轻的美国人》(*The Young American*)。还有《散文集: 第一辑》(*Essays: First Series*),包括散文《历史》(*History*)、《自立》(*Self-Reliance*)、《补偿》(*Compensation*)、《精神法则》(*Spiritual Laws*)、《爱》(*Love*)、《友谊》(*Friendship*)、《谨慎》(*Prudence*)、《英雄主义》(*Heroism*)、《超灵》(*The Over-Soul*)、《循环》(*Circles*)、《智力》(*Intellect*)和《艺术》(*Art*)。《散文集: 第二辑》(*Essays: Second Series*),包括散文《诗人》(*The Poet*)、《经验》(*Experience*)、《性格》(*Character*)、《举止》(*Manners*)、《礼物》(*Gifts*)、《自然》(*Nature*)、《政治》(*Politics*)、《唯名论者和实在论者》(*Nominalist and Realist*),以及《新英格兰改革家》(*New England Reformers*)。其他著作包括《诗集》(*Poems*)、《杂记》(*Miscellanies*)、《拥抱自然、演讲和讲座》(*Embracing Nature, Addresses, and Lectures*)。散文集《代表人物》(*Representative Men*)包括爱默生写的关于柏拉图和约翰·沃尔夫冈·冯·歌德的散文。爱默生在《英国人的特性》(*English Traits*)一书中描述了自己的旅行。另外还有《生活准则》(*The Conduct of Life*)、诗集《五月节和其他诗歌》(*May-Day and Other Pieces*)、《社会与孤独》(*Society and Solitude*)。爱默生最后一系列的散文是 1871 年在哈佛大学的讲稿,在他去世后出版,书名为《智力的自然史》(*Natural History of Intellect*)。还有《托马斯·卡莱尔和拉尔夫·沃尔多·爱默生通信集》

（*Correspondence of Thomas Carlyle and. W. Emerson*）。

 拉尔夫·沃尔多·爱默生是如何定义超验主义的？

他认为超验主义是一种哲学上的唯心主义，最高实在是精神的而非物质的。他认为在理解事物或者评价事物时，人的经验是有限的。爱默生还提到了康德对"思想和命令形式"（ideas or imperative forms）的理解，认为思想和命令使经验成为可能。他将这些精神和思想的本质或基础称为"超验形式"（Transcendental Forms），并称这种概念受到德国哲学家伊曼努尔·康德的影响。

 拉尔夫·沃尔多·爱默生过着怎样的生活？

拉尔夫·沃尔多·爱默生 8 岁时他的父亲就去世了。第二年，他被送到了波士顿拉丁学校。他 14 岁时进入了哈佛大学。为了支付自己的学费，他在哈佛大学的餐厅当过服务员，也做过家庭教师。爱默生的妈妈在家里办了一个学校，专门教授年轻的女士。毕业后，他帮助母亲在这所学校里教书。1829 年，爱默生从哈佛神学院毕业，并做了一名一神教的牧师。但是他与教堂的代管牧师意见不合，于是在 1832 年辞去了这一神职。1829 年，他与埃伦·路易莎·塔克（Ellen Louisa Tucker）结婚，但是两年后，埃伦在年仅20 岁时死于肺结核。爱默生深深地缅怀埃伦，但他也曾经写到自己在哈佛时被一个年轻的男人"奇怪地吸引"。人们相信他后来也迷恋过其他的一些年轻男人，其中包括作家纳撒尼尔·霍桑（Nathaniel Hawthorne）。

爱默生的妻子去世后，他去欧洲旅行。

拉尔夫·沃尔多·爱默生是 19 世纪美国超验主义者的领军人物。（图片来源：艺术文献库）

他见到了作家威廉·华兹华斯、塞缪尔·泰勒·柯尔律治（Samuel Taylor Coleridge）和托马斯·卡莱尔（Thomas Carlyle）（爱默生与卡莱尔一直保持通信，直到1881年爱默生去世）。他还见到了哲学家约翰·斯图亚特·密尔。1835年，爱默生在马萨诸塞州康科德买了房子，并与莉迪亚·杰克逊（Lydia Jackson）结婚。他们后来生养了4个孩子。他们的生活还算富裕（部分原因是爱默生赢得了诉讼案，确保他获得了第一任妻子的遗产）。他用一部分钱帮助了他的邻居阿莫斯·布朗森·奥尔科特。许多人认为爱默生是当时最伟大的演说家。

 ## 拉尔夫·沃尔多·爱默生的"超灵"指的是什么？

爱默生在阅读《薄伽梵歌》（Bhagavad Gita）和该书的注释时产生了关于灵魂的想法。尽管如此，他的想法却与欧洲柏拉图哲学思想有着惊人的相似。爱默生写道：

> 可以批评过去和现在所有错误的至高无上的批评家，知道事物真相的唯一的先知，就是我们赖以生存的大自然。因为地球依偎在大气温暖的臂膀中。统一，即"超灵"，包含每个人特别的存在，并使得个体与其他人共存。真诚的对话体现出的共同的情感是崇拜，所有正确的行为是服从，强大的"实在"驳斥我们的诡计和天赋，强迫所有人看待真实的自己，以他自己的性格为基础来谈话，而不是用嘴巴来说话，真正进入我们思维并被我们控制的是智慧、美德、力量和美。我们以连续、分裂、部分、粒子的形式生活。与此同时，人类的灵魂存在于人体的躯壳内。而永恒的"超灵"具有明智的沉默、普遍的美丽，它使得人身体的每个部分和粒子都平等地相互关联。

 ## 拉尔夫·沃尔多·爱默生认为学者必须达到什么条件？

爱默生认为人们可以从普通的经历中学到很多东西，灵性与熟悉或者"普通的"事情相互关联、不可分割。他对于美国理论哲学家没有太高的评价，他认为他们的思想是"派生出来的"，但是他也为学者列出了必要的条件。这些条件是接近并且体验自然，掌握历史，行为能够最为准确地表达思想。爱默生认为，思想是人的"局部行为"（partial act），而生活是人的"整体行为"（total act）。

拉尔夫·沃尔多·爱默生是废奴主义者吗?

答案是肯定的,但是爱默生花了一些时间才形成这样的立场。从童年开始,他就认为奴隶制是邪恶的。但是直到1837年,他才将一直使用的说服的方法转变为公开、彻底的反对。当时,废奴主义者、出版商以利亚·P.洛夫乔伊(Elijah P. Lovejoy)被谋杀,这件事使爱默生大为震惊。1844年,他提到废奴主义者时说:"我们感激这场运动,也感谢这场运动的后续者们,对实际的道德规范的细节进行了广泛的讨论。"此后,他被认为是废奴主义中一个强有力的声音。杂志《大西洋月刊》(*The Atlantic*)曾经发表了非裔美国知识分子弗雷德里克·道格拉斯(Frederick Douglass)的散文。他的散文中曾经引用过1862年爱默生对奴隶制的评论:

> 我们试图融合两种文明:劳动、拥有土地和投票权都是民主的文明,这是较高层次的文明;而用武力占有犯人或者奴隶,少数人拥有权力和土地,形成寡头政治,这是较低层次的文明……但是社会的早期和粗鲁阶段并不能与之后形成的社会阶段很好地融合。它多年以来毒害了共和政体的政治、公共道德和社会交往。

拉尔夫·沃尔多·爱默生声名狼藉的"神学院讲座"指的是什么?

1838年,爱默生受邀在哈佛神学院进行毕业演讲。他说耶稣虽然是一个伟大的人,但他不是上帝。这激怒了新教徒,他们称爱默生为无神论者,是毒害年轻人思想的罪魁祸首。在接下来的30年里,他再也没有被邀请回到哈佛大学。然而,到19世纪末,"耶稣不是上帝"的观点已被一神论者普遍接受。(一神论者至今仍然拒绝"三位一体"说,即"耶稣是上帝"这一观点,尽管他们承认耶稣是一个非凡的人,甚至可能是超自然的。)

 玛格丽特·富勒是谁?

玛格丽特·富勒(Margaret Fuller)在波士顿组织了每周六的女性对话活动,在教育上为她们提供帮助,还与她们探讨女性的社会地位。1840年,她与拉尔夫·沃尔多·爱默生共同创办了《日晷》，在接下来的 4 年里，《日晷》一直是超验主义者的官方出版物。1842 年，富勒离开了《日晷》杂志社，开始为《纽约论坛报》（*New York Tribune*）撰写文章。

1846 年，富勒为《纽约论坛报》撰写介绍知识分子的文章。她在英国和意大利采访了一些知识分子，其中包括乔治·桑德（George Sand）、托马斯·卡莱尔和意大利革命家乔瓦尼·奥索里（Giovanni Ossoli）。富勒与奥索里相爱、结婚，并育有一子。一家人想要乘船返回美国，但是船只在离开火岛（Fire Island）100 码（约 91 米）之后撞上了沙洲，3 人全部遇难。

富勒的主要作品有《十九世纪的女性》（*Woman in the Nineteenth Century*），在该书中，富勒赞成女性独立和性别平等。她是 20 世纪圆顶建筑结构建筑师巴克敏斯特·富勒（Buckminster Fuller）的曾姑母。

 ## 《日晷》是什么杂志？

该出版物被命名为《日晷》，是阿莫斯·布朗森·奥尔科特和拉尔夫·沃尔多·爱默生的提议。在该杂志出版的第一期中，日晷这一名字的比喻意义是这么解释的：

> 我们用勤劳和善意推出我们的杂志《日晷》。我们希望它能像给人带来快乐的一种仪器，一种不是测量时间而是测量阳光的仪器，让它成为在悲伤的抱怨和喋喋不休的辩论中一种快乐而理性的声音。让《日晷》成为这样的存在，它不是时钟上静止的面孔，甚至不是花园中的日晷仪，而是像花园本身那样的日晷，突然沉睡的人醒来注意到的不是没有生命的时间，而是花园里的叶子和花朵，他体会到的是生命的状态和已经到来，以及即将到来的成长。

《日晷》在 1844 年停刊，但是在 1860 年复刊了一年。1880 年，它作为一本政治杂志重新出版。1920 年，它成为一本文艺杂志，刊登散文、诗歌、艺术评论。该杂志一直出版到 1929 年。

 ## 弗雷德里克·道格拉斯是谁？

许多当代种族学者认为，弗雷德里克·道格拉斯〔出生时的名字是弗雷德里克·奥古斯都·华盛顿·贝利（Frederick Augustus Washington Bailey）]是第一位致力于解放黑人的美国知识分子。维多利亚·伍德哈尔（Victoria Woodhull）是第一位竞选美国总统的女性。1873年，在维多利亚·伍德胡尔竞选时，道格拉斯是副总统候选人。

道格拉斯原本是一个奴隶，但是在他12岁时，他主人的嫂子教他阅读。他学会之后再教给别的奴隶。他曾试图逃跑但是没有成功。在几次失败之后他终于获得了自由，并成为马萨诸塞州反对奴隶运动的活跃分子。23岁时，他开始了自己杰出而鼓舞人心的公共演讲生涯。他出席了1848年的塞内卡福尔斯会议（Seneca Falls convention），正是这次会议开启了美国的妇女参政运动。

道格拉斯在19世纪40年代中期去爱尔兰和英格兰游历。1856年他的支持者筹钱从法律意义上赎回了他的自由。回到美国后，他出版了几份报纸，其中最著名的是《北极星报》（The North Star）。该报纸的座右铭是"权利不分性别——真理不分肤色——上帝是所有人的父亲，我们是同胞"。

19世纪50年代，道格拉斯在纽约倡导废止学校的种族歧视政策。在美国内战期间，他为黑人争取权利，并号召他们为联邦政府而战。1862年《解放黑人奴隶宣言》（The Emancipation Proclamation）公布后，道格拉斯写道："我们一直等待着，一直倾听着，就像等待天空中落下闪电……我们注意着……在星星微弱的光亮下等待新一天的黎明……我们这些苦难的祈祷者渴望几个世纪以来祈祷的回应。"

1884年，道格拉斯第一任妻子去世后，他与来自纽约的白人妇女政权论者海伦·皮茨（Helen Pitts）结婚。皮茨在华盛顿特区生活时，曾经在19世纪激进女性出版物《阿尔法》（Alpha）任职。

道格拉斯主要的作品包括《弗雷德里克·道格拉斯，一个美国奴隶的生平自述》（A Narrative of the Life of Frederick Douglass, an American Slave）、《英雄的奴隶：自由手稿》（The Heroic Slave:

许多人认为著名的废奴主义者、妇女参政论者、演说家和政治家弗雷德里克·道格拉斯是第一位致力于解放黑人的美国知识分子。（图片来源：艺术文献库）

Autographs for Freedom）、《我的束缚和我的自由》（My Bondage and My Freedom）、《弗雷德里克·道格拉斯的生活和时代》（Life and Times of Frederick Douglass）。道格拉斯在1847年至1851年间编辑了《北极星报》，《北极星报》后来成为弗雷德里克·道格拉斯的报纸。

社会达尔文主义

 ### 19世纪美国有怎样的进化论思想？

在知识分子群体中，人们广泛地认为查尔斯·达尔文的进化论是对生物历史的准确描述。当时，自然神论或者"上帝存在于自然"是普遍存在的看法。宗教创世说和进化论之间并没有明显的冲突。讨论更多地集中于"进化的社会形式是冷酷的还是合作的"这一问题上。19世纪的欧洲人认为这一问题有两个观点：一个观点是，社会生活与自然界一样，"充满血腥和爪牙"，是"适者生存"的问题。而另一个观点是，社会生活与自然界一样，是通过合作而进化的。毫无疑问，超验主义者赞同合作的观点。

 ### 社会达尔文主义指的是什么？

社会达尔文主义将达尔文的"适者生存"的观点运用在19世纪的社会生活中。社会达尔文主义者认为社会生活的不平等和机遇也符合"适者生存"的规律。在19世纪，尽管有进取心、有胆量的人不得不与其他资本家竞争，但是他们会在短时期内聚集大量的财富。而那些出卖体力的人经常处于不健康、疲惫不堪的状况下，仅获得勉强维持生计的薪酬。为了得到工作，他们还要与其他体力劳动者竞争。

社会达尔文主义者撰写了一些受欢迎的著作，这些作品在今天看来带有种族主

社会达尔文主义者对查尔斯·达尔文的进化论观点进行了修改。（图片来源：艺术文献库）

义者思想和阶级优生学观点，这一点给读者们留下了强烈的印象。他们相信竞争有其自身价值，那些在人生竞争中失败的人在生存进化更严峻的考验中也会失败。社会达尔文主义者没有提出社会改革方式，他们的理想是通过人类优生的方式，将在竞争中获得成功的优秀特性保留下来。他们也在道德上支持在竞争中取胜的人。

主要的社会达尔文主义者有哪些人？

威廉·格雷厄姆·萨姆纳（William Graham Sumner）是耶鲁大学的教授，他在美国的地位相当于英国进化论者赫伯特·斯宾塞。萨姆纳是自由资本主义的坚决拥护者。他以文章《有德之人》（*The Man of Virtue*）闻名。该文章将维护个人利益作为个体的首要职责。工业家安德鲁·卡内基（Andrew Carnegie）以此观点为基础撰写了文章《财富的福音》（*The Gospel of Wealth*），进一步强调了"竞争法则"是进步的自然原则。

19 世纪的美国哲学家也研究进化论吗？

答案是肯定的。约翰·菲斯克（John Fiske）和昌西·赖特（Chauncey Wright）相信意识和人类道德的进化。因为菲斯克撰写了两卷《美国独立战争》（*The American Revolution*），所以人们认为他是一位历史学家。赖特是一位反对超验主义的科学实证主义哲学家。尽管他出版的著作很少，但是他对后来出现的实用主义思想有极大的影响力。社会学家莱斯特·沃德（Lester Ward）以其著作《动态社会学》（*Dynamic Sociology*）闻名。他的主要观点是社会进化过程应该受到支持和干预，人们后来证实这一观点与后来的社会和政治哲学有一定的关联。

19 世纪进化论的观点与进步的观点有联系吗？

这两者之间没有直接的联系。因为进化是外部力量作用产生的结果，而进步则依靠人类个体的努力。但是人们经常把这两个概念联系在一起，例如，工业家安德鲁·卡内基就将两者联系在了一起。总体说来，进步的概念形成了理想和实际的动机。人们认为社会作为一个整体正在进步。个体也受到激发，在生活中不断地通过在物质上变得更加富足的方式进步着。社会的繁荣在很大程度上取决于科技的发展。19 世纪是第一个全面发展的"机械时代"，人们发明并广泛使用轧棉机、机车、电报和电灯等机械。

社会达尔文主义是一种有益的信条吗？

大多数进步人士不这么认为。首先，社会达尔文主义即使不赞同，也倾向于接受贫穷的人所遭受的苦难。他们认为这种苦难反映了穷人的软弱而不是社会结构的不合理。其次，社会达尔文主义"进化"成了一种反动形式的白人至上主义。

在19世纪末和20世纪初，社会达尔文主义及其相关的优生学与白人至上主义相结合，这些信仰后来被认为具有种族主义或歧视性。例如，1916年，人类学家和律师麦迪逊·格兰特（Madison Grant）出版了《伟大种族的消亡》[（*The Passing of the Great Race*，或《欧洲历史的种族基础》（*The Racial Basis of European History*）]。格兰特提出了"北欧人优越论"，并主张实施公共优生计划，以防止北欧人被非白人种族群体所淹没。到1937年，格兰特的这本书已经售出了160万册。它对个人信仰和公共政策产生了广泛的影响，这些政策限制了来自亚洲的移民，并对非裔美国人进行了严厉的歧视。

 ## 所有19世纪的思想家都相信进步吗？

托马斯·爱迪生（Thomas Edison）确实相信进步。1876年，当他在新泽西州门洛帕克建立自己的实验室时，他向自己许诺要实现"每10天一个小发明，每6个月左右一个大发明"（爱迪生每年大概有40项发明，在他去世前，有超过1 000项发明）。

然而，并不是所有人都热衷于新机械。例如，1829年，托马斯·卡莱尔在《爱丁堡评论》（*Edinburgh Review*）上发表文章《时代的征兆》（*Signs of the Times*）（这里所指的征兆即"机械时代"）。他写道："我们随意唤起的阴影可怕地站在我们

一些杰出的思想家，例如，发明家托马斯·爱迪生对于技术有这样的信念：人类社会通过技术革新可以获得进步。（图片来源：美联社）

面前，不会随我们的意愿而离开。"

亨利·大卫·梭罗在《瓦尔登湖》中写道："我们没有驾驭铁路，是铁路在驾驭我们。"

但是，有许多人与爱迪生一样乐观，这也是美国较为流行的观点。俄亥俄州律师蒂莫西·沃克（Timothy Walker）于 1831 年在《北美评论》（*North American Review*）中写道："机械使大众从繁重的劳动中解放出来，机械促进了民主政治。"

实用主义和过程哲学

实用主义是什么？

实用主义是一种特殊的美国哲学，它起源于社会讨论团体，并在 19 世纪末期成为哈佛大学哲学系所倡导的主要哲学体系。实用主义不像欧洲同时期的其他哲学体系那么科学，它是指用实用的方法进行思考。

查尔斯·桑德斯·皮尔士

查尔斯·桑德斯·皮尔士是谁？

查尔斯·桑德斯·皮尔士被认为是实用主义的奠基人和创始人。尽管他的研究涉及逻辑学、数学、经济学、社会科学、自然科学及测地学。皮尔士自 1857 年开始出版著作，至他去世时出版的著作页数已经达到了 1.2 万。另外还有 8 万页尚未出版的手写书稿。他死后出版的主要著作被编辑成册，其中有《新数学原理》（*The New Elements of Mathematics*，4 册）、《皮尔斯精选》（*The Essential Peirce*，2 册）、《查尔斯·桑德斯·皮尔士作品：按时间顺序排列版本》（*Writings of Charles S. Peirce: A Chronological Edition*，5 册）。

查尔斯·桑德斯·皮尔士的事业和生活中有哪些重要事件？

查尔斯·桑德斯·皮尔士出生在马萨诸塞州的剑桥市。他的父亲本杰明（Benjamin）

是哈佛大学的数学教授，美国海岸和大地测量学会及史密森尼学会的创始人（据说本杰明·皮尔斯还建立了哈佛大学的数学系）。12岁时，年少的查尔斯发现了逻辑学。16岁时，他开始独立学习哲学。1859年，他从哈佛大学毕业，并不确定"未来要做什么"。他主要的兴趣是逻辑学，可是这门学科并不会为他提供就业机会。他从事大地测量工作多年，1861年他又回到哈佛大学学习博物学和哲学。1863年，他以优异的成绩毕业，并获得了化学博士学位。

查尔斯继续自学逻辑学，并被认为是历史上最伟大的逻辑学家之一。尽管他不赞同伊曼努尔·康德坚持"空间是欧几里得空间"的主张，后来也转向弗里德里希·康德的客观唯心主义，但是在查尔斯的哲学观点中，康德仍然具有最主要的影响力。皮尔士哲学是实用观点的独特形式，他将其称为"实用主义"。

为什么查尔斯·桑德斯·皮尔士的著作都是在他去世后出版的？

皮尔士的大部分作品既未发表也未准备发表。他去世后，他的遗孀朱丽叶（Juliette）将他的文稿卖给了哈佛大学哲学系（售价6 000美元）。乔赛亚·罗伊斯本应负责监督这些文稿的整理工作，但他在两年后去世，因此许多文稿被随意放置，杂乱无序，有些被人拿走了，有些则丢失了。晚年的数学史学家卡罗琳·艾斯莱（Carolyn Eisele）在20世纪50年代中期进行某些研究时，偶然在威德纳图书馆地下室的一个角落中发现了一个装有皮尔士手稿的箱子。

皮尔士的《皮尔士论文集》（*Peirce's Collected Papers*）第一版是由查尔斯·哈茨霍恩（Charles Hartshorne）、保罗·魏斯（Paul Weiss）和阿瑟·伯克斯（Arthur Burks）在20世纪30年代编纂的。批评者认为这个论文集是随意的，并不能真正代表皮尔士的思想，因为它使皮尔士的思想显得过于晦涩，并没有阐明他思想的发展过程。《查尔斯·桑德斯·皮尔士作品：按时间顺序排列版本》由印第安纳波利斯的印第安纳大学皮尔士著作项目组编纂，该著作收录了1857年至1886年皮尔士的连续作品。另外两部备受推崇的作品是《1898年皮尔士在剑桥会议上的演讲》（*Peirce's Cambridge Conferences Lectures of 1898*）和《1903年皮尔士在哈佛大学所做的关于实用主义的讲座》（*Peirce's Harvard Lectures on Pragmatism of 1903*）。

查尔斯·皮尔士的哲学体系是什么?

皮尔士的哲学观有唯心主义的基础。他有 4 个哲学体系。在他的第一个哲学体系里（1859—1861），他赞同伊曼努尔·康德的观点，认为"物自体"无论在科学上还是哲学上都是不可知的。科学解决现象问题，帮助人们丰富自己的体验。但是现象背后有一个客观的世界，这个世界是可以被人了解的。客观的世界里存在 3 种东西：物质、意识、上帝，或是皮尔士所说的"它"（It）、"你"（Thou）和"我"（I），他分别称之为"第一性"（Firstness）、"第二性"（Secondness）和"第三性"（Thirdness）。皮尔士认为上帝意识中的观念与我们经验中的对象都具有物质性。然而，他在该体系中遇到了逻辑问题，他不满于康德哲学的范畴与事物自身之间的关系。

在皮尔士的第二个思想体系（1866—1970）里，他利用了黑格尔的方法论和假设，推断出动力体系是真实存在的。他认为经验和现象的世界，他称之为"现象域"（phaneron），完全是由符号组成的，这些符号是性质、关系、事物、事件——所有事物——并且这些符号都是有意义的。每个符号的意义都是一个体系的一部分，该体系包括对象和"解释项"（interpretant）。对象是符号所代表的事物。解释项是体验符号的心灵的特征或活动。而且，解释项也是一个符号——因为一切都是符号——所以它也有一个对象和一个新的解释项。

这种"符号—对象—解释项"的结构，即解释项作为符号→对象→新解释项，可以无限进行下去。但是，对象的现实性在于一个极限形式，当认知趋近于无穷大时就会接近这个形式。也就是说，如果对象是真实的，我们的探索和经验过程可以几乎无限地进行下去。对于皮尔士来说，现实是"探索的收敛"（convergence of inquiry），由于我们所知道的总是一般的或普遍的，所以对象是由普遍事物构成的。这使得现实具有精神性，因此皮尔士的哲学是唯心主义。

然而，在处理这些联系的逻辑关系时，皮尔士遇到了困难。在发现了这些关系的原始逻辑时（除了逻辑学家之外，没有被大众广泛地理解），他在相关原理的基础上创建了与现在实用主义极为相似的第三体系（1870—1884）。尽管皮尔士自己将其体系称为"实用主义"（pragmaticism），但这个术语并不完全等同于通常所说的"实用主义"（pragmatism）。皮尔士使用"pragmaticism"这个术语是为了将其与其他实用主义者的思想区分开来，尤其是那些不太关注科学方法的实用主义者。皮尔士的这个体系更多是基于操作原则或实用原则，这些原则现在被广泛地与皮尔士联系起来，并且在很大程度上影响了现代实用主义的发展。

查尔斯·皮尔士的实用主义是什么？

皮尔士实用主义的出发点是他作为科学家的活动和自我认同。皮尔士认为哲学是科学的哲学，逻辑是科学的逻辑。作为一名实用主义者，他以两篇文章闻名。这两篇文章分别是 1877 年和 1878 年在《大众科学月刊》（*Popular Science Monthly*）上发表的《信念的确定》（*The Fixation of Belief*）和《如何使我们的观念清晰》（*How to Make Our Ideas Clear*）。在这两篇文章里，他为科学辩护，认为科学是去除怀疑，呈现清晰概念的实用观点。他主张概念或者科学术语的意义必须有"实际价值"。某个概念的"实际价值"是指在经验上了解这一概念和不了解这一概念的差异。清晰概念的完整意义蕴藏在结果中。科学概念的结果——意义——可以在指定的情况下被观察到。也就是说，概念会产生预测。这一预测是否准确并不重要，只要它能够预测将要发生的事情。

 查尔斯·皮尔士的第四个体系是什么？

皮尔士的第四个体系（1885—1914）是第二体系的发展。整个"符号—对象—解释项"的体系，及其无限的内涵，是一个进化的体系。这个体系一直处于发展中，而且还将继续发展下去，因此我们对于这个体系的知识和每个符号都要有所了解。皮尔士设计出这一发展过程的许多细节。在逻辑上人们将其视为"实用主义"。他设计出了唯心主义的极端形式，认为整个宇宙是有生命的、有情感的有机体。它的习性通过普遍的自然法则（对其规律进行描述）反映出来。

为什么查尔斯·皮尔士从来都没有做过哲学系的教授？

皮尔士确实在 1879 年至 1891 年间在巴尔的摩的约翰斯·霍普金斯大学担任过逻辑学讲师。但在 1883 年，他与哈丽特·梅露西娜·费伊（Harriet Melusina Fay）离婚，两人的婚姻始于 1862 年，并与朱丽叶·弗鲁瓦西（Juliette Froissy）结婚。弗鲁瓦西被认为是一名吉卜赛人，并且人们认为皮尔士在结婚前就与她同居。这引发了一场丑闻，皮尔士因此离开了他的学术职位。皮尔士之后的唯一工作是担任美国海岸和大地测量局的官员，这份工作因国会削减资金而在 1901 年结束。之后，皮尔士做了一些零工，并被聘为化学工程顾问。有时，威廉·詹姆斯和其他朋友在经济上帮助他。

威廉·詹姆斯

 威廉·詹姆斯是谁?

威廉·詹姆斯在查尔斯·皮尔士的实用主义观点的基础上，创造了更具人文主义色彩的实用主义。詹姆斯还是现代心理学的奠基人，他将现代心理学视为不依赖主观内省的一门学科。

他的主要著作包括《心理学原理》(*The Principles of Psychology*)、《信仰意志与其他大众哲学文章》(*The Will to Believe and Other Essays in Popular Philosophy*)、《宗教经验的种种》(*The Varieties of Religious Experience*)和《实用主义》(*Pragmatism*)。

 威廉·詹姆斯的生活有哪些趣事?

在家里的 5 个孩子里，詹姆斯最大。他的弟弟亨利(Henry)是著名的小说家，他的妹妹爱丽丝(Alice)因其死后出版的日记而著名。詹姆斯的父亲亨利·詹姆斯(Henry James)富有却古怪。詹姆斯家的孩子在美国、英国和欧洲接受过教育，威廉成长为一个具有国际视野的人。他最初对艺术感兴趣，之后又转向科学。年轻时，他遭受了眼睛、后背、胃和皮肤问题的折磨，医生曾经诊断他患有"神经衰弱症"。他经历了抑郁，并且不时会有自杀的念头，这种想法折磨他很长时间。他的疾病在今天看来是"受心理影响的"(psychosomatic)，詹姆斯最终死于心脏衰竭。

1864 年，詹姆斯开始在哈佛大学学习医学，并参加了去亚马孙和德国的探险，为当地人治疗疾患。1869 年，他被授予医学博士学位。尽管他后来没有从事医学，但医学博士是他唯一的学术文凭。1878 年，他与爱丽丝·吉本斯(Alice Gibbens)结婚并将余生献给了教育事业。詹姆斯最初在哈佛大学教授心理学，19 世纪 80 年代后，在教授心理学的同时，开始教授哲学。詹姆斯的学生包括总统西奥多·罗斯福(Theodore Roosevelt)、作家和哲学家乔治·桑塔亚纳(George Santayana)、公民权利活动家 W. E. B. 杜波依斯(W. E. B. Du Bois)、哲学家拉尔夫·巴顿·佩里(Ralph Barton Perry)、作家格特鲁德·斯坦(Gertrude Stein)、哲学家和法律学者莫里斯·拉斐尔·科恩（Morris Raphael Cohen）、艾兰·洛克（Alain Locke，有时被称为"哈莱姆文艺复兴之父"）、逻辑学家和实用主义者 C. I. 刘易斯（Lewis C. I. Lewis），以及心理学家和哲学家玛丽·卡尔金斯（Mary Calkins）。

 威廉·詹姆斯在心理学领域的主要贡献是什么？

詹姆斯提出的心理学理论与丹麦医生、心理学家卡尔·乔治·兰格（Carl Georg Lange）独自提出的理论是相同的。人们将该理论称为"詹姆斯-兰格情绪理论"（James–Lange theory of the emotions）。该理论是说我们的情绪是由身体发生的变化引起的。巴鲁赫·德·斯宾诺莎认为情绪是我们信念的反映，而勒内·笛卡儿在著作《论灵魂的激情》中曾经提出过詹姆斯-兰格情绪理论的早期版本。

根据我们的常识，我们假设情绪是人对事物作出的反应，这种反应由我们的理解所中介。正相反，詹姆斯-兰格情绪理论认为我们的身体直接对周围事物作出反应，反应形成的意识构成了我们的情绪。1844 年，詹姆斯发表在《心灵》（*Mind*）里的著名文章《情绪是什么》（*What Is an Emotion*）中，他写道：

> 我们思考的正常方式……情绪是对一些令人兴奋的事物产生的精神感知，这些精神感知刺激精神意向，由此产生了情绪。精神状态的后一阶段，即情绪，通过身体表达呈现出来。与此相反，我的论文主要介绍了身体变化是一些令人兴奋的事物的直接反应，事物发生时我们所形成的情感就是情绪。

 威廉·詹姆斯是如何发展实用主义的？

在 19 世纪 70 年代，詹姆斯参加了一个讨论小组，这个小组后来成为著名的"形而上学俱乐部"。俱乐部的成员包括查尔斯·桑德斯·皮尔士、美国最高法院法官奥利弗·温德尔·霍姆斯（Oliver Wendell Holmes）、数学家和哲学家昌西·赖特。当小组成员见面时，新英格兰的当权者就有所顾虑，由于达尔文主义的流行和人们对科学的浓厚兴趣，宗教（特别是新教）正在遭受打击。与此同时，詹姆斯开始教授哲学，哈佛大学管理者希望哲学能够起到支持宗教的作用。当詹姆斯开始成为哲学教师时，心理学和哲学的界限并不明确。因为詹姆斯的贡献，在他教书生涯即将结束时，心理学和哲学成为两个独立的学科领域［直到今天，威廉·詹姆斯会堂（William James Hall）仍然是哈佛大学心理学系的所在地］。

从唯理智论的角度来说，詹姆斯的实用主义已经超越了心理学界限，为他感兴趣的道德问题提供了答案：在智力上，如何证明宗教是正当的？自由意志存在吗？真理的本质是什么？

威廉·詹姆斯主要的实用主义兴趣是什么？

詹姆斯将自己的实用主义格言归功于查尔斯·桑德斯·皮尔士："为了获得某事物的清晰明朗的观点……我们只需要考虑该事物包含的可想到的实际影响——我们想从中得到什么感情，我们必须准备作出什么反应。"詹姆斯将实用主义运用到了认识论、伦理学、宗教理论和自由意志中。

威廉·詹姆斯的实用主义认识论是什么？

詹姆斯认为人们所说的话是对现存事物正确或者错误的声明。但是在我们的经历中，世界是"真正具有延展性的"（really malleable），因此，事实也会对现实生活造成一定的影响。与现实生活一致的事实也在变化着，这取决于真实事物的本质。例如，在寻常的经历中，如果我们的信念没有给我们带来惊讶和痛苦，我们就会认为这样的信念是正确的。科学事实的形成使得整个体系具有连贯性。

威廉·詹姆斯的实用主义伦理学是什么？

詹姆斯认为价值实现的前提是人要具有情感和需求。当人们彼此的关心成为某个团体的标准时，人们对价值的判断就具有客观性了。这时，一个共享的、共有的世界就形成了。道德选择决定了人们的品质。除了与身体的快乐和痛苦相关联的决定以外，更高的理想会决定我们未来的经历。如果有必要的话，未来的经历也会使人们改进这些理想。

当内容更加丰富的理想代替内容不太丰富的理想时，人们的道德就取得了进步。然而，人们所有的理想都是"暂时的"（provisional）。

威廉·詹姆斯关于宗教和自由意志的理论是什么？

詹姆斯认为，无论人们是否相信上帝，是否相信我们有自由意志，生活中都是存在客观价值的，这不是由人的意志决定的。人对于一些事件不具有决定性作用。保持中立不能让我们知道上帝是否存在，我们是否有自由意志，或者生活中是否存在客观价值。因为在这些事件中，我们的信仰会影响自己的生活和别人的生活。我们必须"相信"上帝是存在的，相信我们有自由意志，相信客观价值的存在。在自由意志的事例中，我们鼓励自己去做一些不愉快的事情，我们可以想象这些事情会带来积极的结果。詹姆斯举了一个例子来说明这一点：一个人不愿意在寒冷的早上起床，但是如果这个人想到了这一天将要做的事情，起床（这一必要的身体运动）就成为人的自觉行为。

 威廉·詹姆斯是如何表达信仰宗教的意愿的？

在19世纪80年代，詹姆斯想要将科学方法论应用在测心术和"招魂术"中。他在哈佛学术界找不到合作者。但是在当时的英国，有3个人已经对这类主题的研究感兴趣。他们分别是与查尔斯·达尔文同时发现进化论的阿尔弗雷德·拉塞尔·华莱士（Alfred Russell Wallace）、道德哲学家亨利·西奇威克和他的妻子诺拉（Nora）。詹姆斯和他们组成了一个知识分子小组，他们仔细调查有关超自然事件的报道。他们在报道中注意到了"灵魂"出现在本人去世的同一天。他们还统计了报道中死去的人数。

在统计学上，这种所谓的"幻觉统计"（Census of Hallucinations）让人们相信了某人去世的那一天和此人灵魂出现之日之间有重要的相关性。然而，詹姆斯认为，如果样本数量增加到5万人，并且包括美国和英国的幽灵，那么结果会更加可靠。詹姆斯对降神会上常见的桌子敲击和灵魂指导写作也非常怀疑，他想把通灵者排除在有声望的灵学研究人员之外。

詹姆斯为什么对超自然力感兴趣？

一些传记作家推测，詹姆斯对通灵术的兴趣源于他父亲对瑞典神学家伊曼纽尔·斯威登堡（Emmanuel Swedenborg）的浓厚兴趣。斯威登堡于1788年在伦敦创建了新耶路撒冷教会。斯威登堡将勒内·笛卡尔和约翰·洛克的科学思想结合成一种机制，这种机制与通过启示所知的《圣经》宇宙相和谐。不难看出，这种观点与詹姆斯将科学方法应用于超自然现象的方式之间存在相似之处。

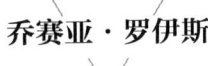

乔赛亚·罗伊斯

 乔赛亚·罗伊斯是谁？

乔赛亚·罗伊斯被称为"绝对的实用主义者"。他将德国和英国的绝对唯心主义与美国的实用主义结合起来。

罗伊斯出生在加利福尼亚的格拉斯瓦利，在"淘金热"的年代，人们都去那个城镇采矿。罗伊斯 11 岁时，他的家搬到了旧金山。1875 年，他从加利福尼亚大学毕业。1878 年，他获得了约翰斯·霍普金斯大学的哲学博士学位。他还在莱比锡和哥廷根大学学习过。之后他在加利福尼亚大学教授了 4 年英文。

1882 年，罗伊斯被邀请加入哈佛大学哲学系。他后来成为哲学系备受称赞和杰出的教授。他的主要著作有《世界与个体》(*The World and the Individual*)、《宗教见解的来源》(*Sources of Religious Insight*)、《基督教问题》(*The Problem of Christianity*)、《战争和保险》(*War and Insurance*)、《伟大社会的希望》(*The Hope of the Great Community*) 及《现代唯心主义讲座》(*Lectures on Modern Idealism*)。罗伊斯的逻辑主题的论文有《乔赛亚·罗伊斯逻辑论文集》(*Collected Logical Essays of Josiah Royce*)。

 乔赛亚·罗伊斯有哪些形而上学的观点？

罗伊斯的形而上学体系旨在解决宗教世界观所提出的问题。他相信存在的事物是我们所知事物的总和，所以人们可以通过分析存在的形成方式来了解存在的本质。尽管知识始于感官数据，但要达到公共对象，以及过去和未来的概念，必须超越这些感官数据。先验论的判断不是孤立的，是判断体系的一部分。这样的体系可以将错误视为未能定义对象。一个观念是寻求对象的目的，但对象反过来又澄清了原始观念。无限是真实的，因为"绝对"，即"一"，代表着它自己和能反映它自己的其他事物。

 乔赛亚·罗伊斯有怎样的伦理和宗教观点？

罗伊斯提出，主要的伦理美德是"忠诚于忠诚"(loyalty to loyalty)。一些人忠诚于邪恶的理想，只有有益的理想才能支持他们忠诚于自己并忠诚于忠诚。在罗伊斯对基督教的解释里，教堂、罪恶和赎罪是由作为精神的上帝统一起来的。罗伊斯认为上帝以一种精神或理念的形式存在，并且这种精神或理念在社区（共同体）中起着核心和塑造性的作用，人们认为他的这种观点违背了"三位一体"的教义。在基督教的宗教历史中，上帝和耶稣被强调和重视，却轻视了圣灵这一说法。尽管我们应该注意到，罗伊斯所强调的社区的观点与马丁·布伯对犹太教与基督教差异的解释是一致的。

约翰·杜威

约翰·杜威是谁？

约翰·杜威是20世纪早期美国最著名的哲学家。在大众及知识分子都纷纷涌入会场，聆听启迪思想和充实心灵演讲的年代，杜威是大众公认的著名的知识分子。尽管人们不经常提及他的名字，但是他所提倡的交互、实用的方式形成了美国人体验日常生活、教育和艺术欣赏的基本方式。

可能因为杜威比较腼腆，所以他专心著书。他的著作多达37本，文章多达700篇。他主要的著作包括《心理学》（Psychology）、《人性与行为》（Human Nature and Conduct）、《经验与自然》（Experience and Nature）、《公众及其问题》（The Public and Its Problems）、《确定性的寻求》（The Quest for Certainty）、《哲学与文明》（Philosophy and Civilization）、《共同信仰》（A Common Faith）、《艺术即经验》（Art as Experience）、《自由主义与社会行动》（Liberalism and Social Action）、

约翰·杜威是20世纪早期美国最著名的哲学家。（图片来源：美联社）

《逻辑：探究的理论》(*Logic: The Theory of Inquiry*)、《自由与文化》(*Freedom and Culture*)，以及《人的问题》(*Problems of Men*)。

 约翰·杜威的生活和职业有哪些重要的事实？

1859 年杜威出生在美国佛蒙特州的伯林顿，他的父亲在当地是一位杂货商。杜威进入了佛蒙特大学，之后在宾夕法尼亚州油城的一所中学教授古典文学、科学和代数。他后来回到伯林顿教书。他虽然不确定自己未来发展的方向，但是在以前的老师的鼓励下，他申请了约翰斯·霍普金斯大学的新哲学研究生项目，但两次都未能获得奖学金。杜威最后向他的姑姑借了 500 美元，开始了约翰斯·霍普金斯大学的哲学研究，他因此成为美国哲学领域获得博士学位的第一代哲学家。杜威在约翰斯·霍普金斯大学求学期间，他的老师是哲学家乔治·西尔韦斯特·莫里斯（George Sylvester Morris）、查尔斯·桑德斯·皮尔士和心理学家 G. 斯坦利·霍尔（G. Stanley Hall）。

最初，杜威对黑格尔的有机体观点非常感兴趣。有机体与周围的环境发生反应，社会也可以被视为由有机体组成的整体。杜威在写完关于伊曼努尔·康德的论文后，他于 1884 年至 1894 年在密歇根大学教书。在此期间，他开始对公共教育、进步政治和心理学产生了兴趣。1894 年，杜威成为芝加哥大学哲学、心理学和教育学系的教授。在芝加哥与同事们一起工作期间，他开始发展行动主义社会理论，并于 1903 年出版了《逻辑理论研究》(*Studies in Logical Theory*)，他将此书献给了威廉·詹姆斯。

当杜威离开芝加哥，前往哥伦比亚大学工作时，他已经在全国范围内享有盛名。哥伦比亚大学哲学系出版的《哲学期刊》(*The Journal of Philosophy*)在几十年间成为杜威和其他哲学家发表作品、阐明自己想法并和他人展开讨论的论坛。杜威曾经在东京、北京和南京演讲，并在土耳其、墨西哥和俄国研究教育。

退休后，杜威在 1937 年成为墨西哥委员会主席，负责调查俄国革命党人列昂·托洛茨基（Leon Trotsky）受到的指控。该委员会调查后出具了一份报告，称托洛茨基"无罪"。1941 年，纽约城市大学因为不满意伯特兰·罗素的政治观点而拒绝给他提供教书机会时，杜威也曾为罗素辩护过。

 约翰·杜威主要的哲学观点是什么？

杜威将普通的生活融入哲学中。杜威的主要哲学观点是"经验"。杜威最初将经验这一主题与黑格尔的认知概念相结合，后来又将它融入人类生活的情感和活动领域。与他同时代的哲学唯心主义者和大多数其他哲学家不同，杜威认为在人们的经验中，大部分重要的内容不是经过思考得到的。与黑格尔派哲学家想法不同的是，杜威坚持认为经验不是统一的整体，而是许多有关联的、种类不同的经验的集合。因此，对于杜威来说，经验是多元的。但是杜威所研究的主要经验形式是具体的个人（真实存在的人）的经验。

杜威试图清楚地解释有生命的人类获得经验的人类学和生物学本质。他将这种本质视为经验主义的新形式。尽管有人批评杜威忽视了人类写作和言语的客观性，而将经验视为最重要的东西，杜威还是形成了关于经验的形而上学的论述。

 ## 约翰·杜威形而上学的观点是什么？

杜威认为，自然中存在不同的"交易"（transaction）或作用形式，它们之间或各组成部分之间具有相互的因果关系。杜威所认为的"交易"就是相互作用，它有3种进化水平，也叫作"反应的平稳状态"：物理化学反应、心理物理反应和人类经验。生理化学反应只能通过物理和化学手段进行研究；心理物理反应是指意识与身体相结合；人类经验是指人们对生活中出现的事物的理解。

 ## 约翰·杜威的艺术理论是什么？

首先，杜威认为探究是一种艺术，他反对他所谓的"知识的旁观者理论"（spectator theory of knowledge），即认为知识是被动地观察得来的。而杜威认为人类生活本身就是一种艺术形式，因为生活融入了人类经验的美学特性。对杜威来说，所有的经验，或者任何被叫作"经验"的事物都有直接能被欣赏的美学特性。经验具有一种直接感受或经历的即时性，它将经验的组成部分统一为一个整体。杜威通过这样的解释来说明，我们没有从物理和化学的角度考虑我们的经验，而是从整体的效果和特质来考虑经验。例如，一位跑步者扭伤了脚踝，他和为他检查伤情的医生对脚踝扭伤这件事有不同的经验。跑步者经历了性质上的扭伤和痛苦，而运动医生通过检查出确切部位组织受损而了解该跑步者的状况。

杜威将经验中的美学特征叫作"第三特征"（tertiary qualities）。因为经验是从实践中获得的。在实践趋于完美的过程中，经验的美学特征不断变化，并变得更有意义。实践趋于完美的状态就是经验被智慧重建的过程。例如，成功地解决一个问题就是这样的一个过程。杜威认为静止不变的或者过于刻板的事物不具有美学特征，因为这样的事物不会激发人们的科学探究或者实践行为。而正是科学探究及实践行为才会使美学特征得以呈现。

约翰·杜威提出了与儿童教育有关的观点吗？

是的，并且有些哲学家认为这在哲学家中是不同寻常的。杜威结过两次婚，有六个孩子，还收养了三个孩子。尽管杜威不想以"教育家"的身份著称，因为这可能会损害他的哲学声誉，但他在教育领域的贡献至少与他的哲学创新一样持久。

当杜威开始对教育问题进行思考时，学校期望学生安静地坐着，被动地吸收信息。虽然杜威并不完全支持以儿童为中心的教学方法，但他强调学习的活动性。因为杜威观察到孩子们在课外的日常生活中对事物充满好奇，他们是各种活动的积极参与者。

杜威认为应该教授儿童解决问题的技能，包括道德问题。当他在芝加哥大学担任哲学、心理学和教育系教授时，他创建了实验学校。这所学校基于他的教育理论，其座右铭是"从做中学！"（Learn by Doing!）

然而，他承认从美国国家教育协会首位女主席埃拉·弗拉格·杨（Ella Flagg Young）那里得到了实践建议，她能够将他的想法转化为课堂中的实际做法和练习。他还与简·亚当斯（Jane Addams）有联系，后者是赫尔馆（Hull House）的联合创始人。杜威本人也在那里花费了大量时间，与工人们谈论他们的问题和抱负。他1899年的著作《学校与社会》（*The School and Society*）是一本畅销书。杜威后来关于教育的著作包括《儿童与课程》（*The Child and the Curriculum*）、《我们如何思维》（*How We Think*）和《民主与教育》（*Democracy and Education*）。

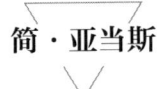

简·亚当斯

 简·亚当斯是谁？

简·亚当斯是美国第一位投身公共事业的女性知识分子。她与约翰·杜威和乔

简·亚当斯因为在芝加哥创办了赫尔馆而闻名于世。她因为帮助贫困的人们而获得了诺贝尔和平奖。（图片来源：艺术文献库）

治·赫伯特·米德（George Herbert Mead）都是亲密的同事。亚当斯因在"睦邻运动"（settlement house movement）中开展进步的公共活动而被授予诺贝尔和平奖。"睦邻运动"涉及在贫困移民社区成员的居住地附近为他们提供援助。亚当斯最初在赫尔馆创办艺术欣赏课程，并迅速发展出针对青年的教育项目、儿童保育、家政技能培训和成人教育。在20世纪末期，她才"重新"被视为哲学家和女性主义者。她的主要著作包括《民主和社会伦理学》（*Democracy and Social Ethics*）、《新的和平理想》（*Newer Ideals of Peace*）、《在赫尔馆的二十年》（*Twenty Years at Hull House*）、《在赫尔馆的第二个二十年》（*Second Twenty Years at Hull House*）、《女性记忆的漫漫长路》（*The Long Road of Woman's Memory*），以及《战争年代的和平和面包》（*Peace and Bread in Time of War*）。

 简·亚当斯生活中有哪些重要事件促使她创办了赫尔馆？

亚当斯的父亲是伊利诺伊州锡达维尔的一名工厂主和政治家。亚当斯两岁时，她的母亲在生第9个孩子时难产去世了。亚当斯因为没有考入医学院而进入了洛克福特神学院（一所女子大学）学习，为此她消沉了近10年。在这段时间里，她游历欧洲，去过伦敦的汤因比厅（Toynbee Hall）。这是一个青年男子社区，他们通过与伦敦东部贫穷的犹太人和爱尔兰移民在社区附近共同劳作来帮助这些穷人。亚当斯想将这种模式复制下来。1889年，她在芝加哥的西区附近创办了赫尔馆，赫尔馆由女性管理。亚当斯有两段长期的同性关系，一段是与赫尔馆的共同创始人、她大学的朋友埃伦·盖茨·斯塔尔（Ellen Gates Starr），另一段是与她同事玛丽·罗泽特·史密斯（Mary Rozet Smith）。

亚当斯在赫尔馆和另一个以赫尔馆为基础创办的社区中心的工作使得她闻名于世。她成为一个非常受欢迎的公众演说家。她参与创建了一些其他的进步组织。例如，全国有色人种协进会（the National Association for the Advancement of Colored People）、美国公民自由联盟（the American Civil Liberties Union），以及国际妇女和平与自由联盟（the Women's International League for Peace and Freedom）。1912年，美国前总统西奥多·罗斯福在第二次担任"公麋党"主席时，曾经请求亚当斯当他的助手。（作为美国总统的罗斯福曾经担任过该进步党的主席，并工作了3年。1904年后，他又被任命为该党主席并工作满一个任期。）美国进步党强烈支持妇女权利和选举权。

然而，在第一次世界大战前，当亚当斯表达和平主义和女性主义思想后，她成为公众强烈批判的目标。在她生命的最后几年，她在呼吁世界和平和维护美国原住民权利方面作出了巨大的贡献。

 赫尔馆是如何实现知识的实用主义观点的？

亚当斯将赫尔馆视为一个认识论（知识论）项目，而不仅仅是一个慈善计划。她曾经写道："一个理想且发展成熟的社区将试图通过行动和实现来检验人类知识的价值，正如一个完整且理想的大学会关注所有领域知识的发现一样。"

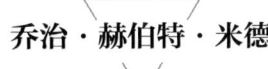
乔治·赫伯特·米德

 乔治·赫伯特·米德是谁？

乔治·赫伯特·米德是一位哲学家、社会理论家和改革家。约翰·杜威称他为"一流的开创性思想家"。（当杜威接受了芝加哥大学为他提供的工作时，杜威也把米德带到了芝加哥大学。）米德在新英格兰的清教徒社区长大，但是他成熟的思想使他成为一位经验主义者。

米德对于教育和社会学实用主义理论最重要的贡献是他提出的"符号互动论"（symbolic interaction）。他通过语言和角色扮演的发展，对人类意识和自我发展进行了解释。尽管作为一个行为主义者，米德坚持认为个体精神发展有其社会性质，他还认为人对于外部环境的适应性有不同的发展阶段。米德与杜威一同在芝加哥实验学校工作，他是简·亚当斯的朋友，是赫尔馆研究工作的密切观察者。

乔治·桑塔亚纳是谁?

　　乔治·桑塔亚纳是一位哲学家、诗人、艺术评论家和作家。他的著作《最后一个清教徒》(*The Last Puritan*)畅销全球。乔治的父亲是西班牙人,他出生在马德里。他的母亲是苏格兰人,在乔治9岁时,母亲将他带到美国并让他进入了波士顿拉丁学校。1889年,他获得了哈佛大学哲学博士学位。当时乔赛亚·罗伊斯是他的导师。1892年,他接受了哈佛大学提供的讲师职位,后来成为哲学教授并在哈佛教书长达20年。桑塔亚纳的学生包括作家康拉德·艾肯(Conrad Aiken)、T. S. 艾略特(T. S. Eliot)、罗伯特·弗罗斯特(Robert Frost)、华莱士·史蒂文斯(Wallace Stevens)和沃尔特·李普曼(Walter Lippman),还有美国最高法院法官费利克斯·法兰克福特(Felix Frankfurter)。

　　1912年,桑塔亚纳从哈佛大学退休,他用余生写作并游历欧洲。他主要的著作有《美感》(*The Sense of Beauty*)、《诗歌与宗教的解释》(*Interpretations of Poetry and Religion*)、《理性生活》(*The Life of Reason*)、《怀疑论与动物信仰》(*Skepticism and Animal Faith*)、《存在领域》(*The Realms of Being*)、《人和地方》(*Persons and Places*)、《中间跨度》(*The Middle Span*)、《我的世界》(*My Host the World*)。除了众多的其他著作和论文以外,桑塔亚纳与350多人通信的信件被整理并出版了8卷。

乔治·赫伯特·米德对哲学有什么贡献?

　　米德在研究达尔文的进化论的过程中,成为"出现论"研究的哲学家。他提出,生命的新形式改变了过去的本质,因为在新形式存在之后,需要重新解释它之前是什么以及导致它出现的原因。虽然米德在世时并未发表作品,但他的学生们为他准备了《心灵、自我与社会》(*Mind, Self, and Society*)一书,并在他去世后出版。

 乔治·桑塔亚纳对实用主义哲学有哪些贡献?

　　除了乔赛亚·罗伊斯是乔治·桑塔亚纳的老师,以及C. I. 刘易斯反对过他的直观的认知论这两件事实以外,人们不清楚桑塔亚纳是怎样成为实用主义者的。人们根据哲学惯例将他归类为实用主义哲学家，大部分原因是他生活的年代和地点及他生活在美国期间接触的一些实用主义哲学家。桑塔亚纳关于美学、理性、哲学和人性的观点与威廉·詹姆斯和约翰·杜威有共同之处。

桑塔亚纳提出美学理论的主要内容是欣赏艺术品的人从艺术品中体验到快乐，而不是艺术品作用在人的感觉器官产生的感受。他认为人们对事物的偏爱基本上是无理性的，人们对事物的评价是以快乐为基础的。他强调了人类在科学、宗教、社会和日常生活中的创造力，以及在艺术中更明显的创造力。总体说来，他将人类视为生活在自然界中，以觅食为目的、害怕危险的动物。桑塔亚纳认为自然是人类生活的背景，人类在这样的背景下获得自己的经验。在他的著作《理性生活》中，他认为自然"就像一块沉甸甸的、滴着感知水滴的海绵"。"自然的本性"是由我们在自然界中获得的经验决定的。桑塔亚纳早期著作体现了这些观点。

在桑塔亚纳离开哈佛后，他开始撰写形而上学和存在论的著作，强调了与人类经验相对的客观事实。但是桑塔亚纳自己在探讨的问题中并没有承认这种变化，在他后来的著作中，他声称为早期的艺术和经验理论提供了更为广泛和严格的基础。

乔治·桑塔亚纳是怎样度过晚年生活的？

第二次世界大战爆发时，桑塔亚纳身处罗马。他无法使用自己的美国银行账户，因此在玛利亚小修道院诊所过着俭朴的生活。这家诊所由一个修道院经营，他们因为修道服的颜色而被称为"蓝衣修女"。桑塔亚纳在那里住了13年，直到去世。最初，他留下来是因为他喜欢修道院的安全感，将其作为逃避战争的庇护所。但随着时间的推移，他开始欣赏它远离现代生活喧嚣的老式生活，这本身就有其价值。

乔治·桑塔亚纳的存在论是什么？

桑塔亚纳拒绝关于物理现实导致唯心主义的哲学怀疑论。但是他认为怀疑论的积极影响之一是它表明了"精神"最终是真实存在的。然而，人们不能拥有纯粹的精神，我们的"动物信仰"（animal faith）假定了一个超越直接经验的世界。这个世界由本质和物质组成，还有真理和精神。事物是不断变化的，但是事物具有连续性，这种连续性使它成为一种"物质"。真理是关于物质及存在的东西，而精神是纯粹的先验的意识。精神凭直觉知晓。桑塔亚纳将直觉描述为"对表象的直接和明显的占有，而不承诺其真实性、意义或物质存在"。

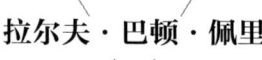

拉尔夫·巴顿·佩里

 拉尔夫·巴顿·佩里是谁？

拉尔夫·巴顿·佩里以他的价值论和现实主义观点闻名。在 1936 年，他因为撰写了他的导师兼同事的传记《威廉·詹姆斯的思想和性格》（*The Thought and Character of William James*）而获得了普利策奖。

佩里于 1899 年获得了哈佛大学博士学位，并于 1902 年至 1946 年在哈佛任教。他的主要著作包括 1925 年出版的修订版阿尔弗雷德·韦伯的《哲学史》（*History of Philosophy*）、《新现实主义》（*The New Realism*）、《一般价值论》（*General Theory of Value*）、《清教主义与民主》（*Puritanism and Democracy*）、《价值领域》（*The Realms of Value*），以及《人性》（*The Humanity of Man*）。

 拉尔夫·巴顿·佩里提出了怎样的价值论？

佩里在著作中写道，价值就像一个目标：当人们对一个物体感兴趣时，这个物体就变得有价值或者获得价值。道德是对"和谐的幸福"的促进，当所有的利益被协调并被满足时，这种"和谐的幸福"就会实现。

 拉尔夫·巴顿·佩里的现实主义是什么？

佩里与其他五人合著了《新现实主义：对哲学的合作研究》（*The New Realism: Cooperative Studies in Philosophy*）。另外五个人是埃德温·B. 霍尔特（Edwin B. Holt）、沃尔特·T. 马文（Walter T. Marvin）、威廉·佩珀雷尔·蒙塔古（William Pepperell Montague）、沃尔特·鲍顿·皮特金（Walter Boughton Pitkin）和爱德华·格利森·斯波尔丁（Edward Gleason Spaulding）。他们反对唯心主义和二元论，认为我们能够感知和记住的是事物真实呈现出来的状态。他们的结论与 G. E. 摩尔攻击唯心主义的观点相似。

C. I. 刘易斯

 C. I. 刘易斯是谁?

C. I. 刘易斯是所有实用主义者中最具康德风格的一位，尽管他在阅读查尔斯·桑德斯·皮尔士的论文前并不是一名实用主义者。皮尔斯的论文被储存在哈佛大学图书馆，哈佛大学给刘易斯提供了一个在图书馆工作的职位后，他开始阅读皮尔斯的论文。

刘易斯出生在马萨诸塞州的斯通纳姆。他的父亲是一位制鞋商，由于参加了工会活动而被禁止就业。刘易斯进入哈佛大学读完本科后成为科罗拉多州的一名教师，之后又回到哈佛大学学习并获得了博士学位。他来到加利福尼亚大学教书，因为他在数理逻辑领域取得的成就而被授予终身职位。但是在 1920 年，他放弃了加利福尼亚大学副教授职位，回到哈佛大学成为哲学系的助理教授。他一直工作到 1953 年，曾两次担任系主任。20 世纪 40 年代，刘易斯是那一代人中最著名的哲学家。刘易斯整个哲学体系的基石是分析 / 综合区别。在 20 世纪 60 年代，刘易斯的学生 W. V. O. 蒯因（W. V. O. Quine）对刘易斯的分析 / 综合区别进行了驳斥，并被人们广泛地认可和接受。蒯因的成功使得刘易斯在哲学领域的地位有所下降。刘易斯主要的著作是《数理逻辑调查》（*A Survey of Symbolic Logic*）、与 C. H. 兰福德（C. H. Lanford）合著的《数理逻辑》（*Symbolic Logic*）、《意识与世界秩序》（*Mind and the World Order*）、《知识与评价分析》（*An Analysis of Knowledge and Valuation*），以及《权利的范围与性质》（*The Ground and Nature of the Right*）。

 分析 / 综合区别是什么? C. I. 刘易斯为什么需要分析 / 综合区别?

"分析"事实是根据定义而来的，却不能使我们了解世界。"综合"事实使我们了解世界，但是"综合"事实有可能是错误的事实。刘易斯还提出了先验 / 后验的区别：先验知识是不需要体验或者是在体验之前就掌握的知识，而后验知识只能通过体验获得，是体验的结果。

从传统上来说，经验主义哲学家认为先验的综合事实是不存在的。他们倾向于假设分析事实也是先验知识，综合事实是后验知识。

刘易斯用来解释普通经验和科学知识的主要哲学工具是区别先验知识和由他命名的"已知"知识。简单地说，他认为我们获得的知识和经验是先验知识与已知知识之间相互影响的结果。我们的经验中有一些"野蛮的"、我们无法控制的想法，但是我们可以通过将先验知识进行规划和分类，使其变得有意义。

 C. I. 刘易斯提出的实用主义形式是什么？

刘易斯认为，人类所有关于世界的知识，即使是简单的感知事实，都是假的。这些假设的形式是"如果我做了 X，那么将会产生 Y"。例如，如果说墙是坚硬的，这句话的意思是如果我用头撞墙，我将会产生特定的疼的感觉。正如我们说桃子熟了，这意味着如果我咬一口桃，我将会体会特定的、我所期待的味道。

在伦理学领域，刘易斯认为价值判断是对人们行为后果的评价。然而，美学评价包含对经验客观形式的理解。刘易斯与约翰·杜威一样，认为价值存在于世界中，正如其他客观特性一样，不是人类偏爱和判断的结果。根据刘易斯的观点，任何经验都具有价值因素和美学因素。价值因素可以帮助判断经验的好坏，而美学因素帮助判断经验是令人愉快的还是令人厌恶的。经验的美学因素有高有低。在伦理学和美学角度，人们经过反思可以发现一些事物在本质上就是好的。在伦理学角度，行为的目标和意图在通常情况下本质是好的。

 阿兰·勒罗伊·洛克是谁？

阿兰·勒罗伊·洛克（Alain LeRoy Locke）是第一位获得罗德奖学金的非裔美国人。1918 年，他在哈佛大学哲学系完成了博士论文，但是哈佛大学告知他不能聘他为哲学系的教师，他只能在为黑人创办的学院里教书。洛克的论文是《价值理论分类中存在的问题》(*The Problem of Classification in the Theory of Value*)。拉尔夫·巴顿·佩里是他的导师。

1921 年，洛克回到霍华德大学（他之前曾在那里教授英语），担任哲学系主任，直到 1953 年。洛克开创并支持哈莱姆文艺复兴，他还有关于黑人艺术和音乐的著作，这些贡献使得洛克被人们所铭记。他还将他在实用主义领域的研究应用在种族主义和种族认同问题中。他的应用方法较为复杂，人们到了 20 世纪末才首次发现他涉猎过这类问题。

洛克主要的实用主义哲学著作是《当人们相遇：种族和文化接触研究》（*When Peoples Meet: A Study in Race and Culture Contacts*）。伦纳德·哈里斯（Leonard Harris）和其他人编辑并重新解释洛克的其他作品。

尽管美国人认为美国是多种族文化融合的"大熔炉"，但是种族关系和文化多元性被证明是复杂的问题。阿兰·勒罗伊·洛克以研究种族关系和多元文化的社会力量而著名。（图片来源：iStock 图像）

 阿兰·洛克是如何将实用主义应用在种族和文化问题的？

　　洛克对价值观和价值评估、文化多元主义和种族关系很感兴趣。他认为，每个文化群体都有独特的身份，这不应与其在更广泛整体中的公民身份相冲突。因此，非裔美国人的文化特征应该受到哈莱姆文艺复兴和其他种族的美国人的支持。这种文化特征模式是洛克努力发扬黑人文化的理性基础，但现在有些人将其视为一种应用的实用主义策略。

　　洛克认为，黑人特征主要是经济和政治力量作用的结果，而不是生物学力量作用的结果。然而，他的实用主义策略并没有直接探讨这个信念，而是在更广泛的社会中将种族视为文化——强调种族的生物学谬误——以最终实现"种族"平等的目标。

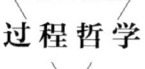

过程哲学

过程哲学是什么?

过程哲学是 20 世纪早期的思想体系。这种思想体系受阿尔伯特·爱因斯坦相对论和其他科学观念(如光波理论和亚原子物理学)的影响。过程哲学基本的哲学前提是,存在不是固定不变的,例如,原子的存在就不是一成不变的,就像事件的发展一样,是随着时间发展不断变化的。最著名的两位过程哲学家是阿尔弗雷德·诺思·怀特海和查尔斯·哈茨霍恩。

阿尔弗雷德·诺思·怀特海是谁?

阿尔弗雷德·诺思·怀特海以在分析哲学领域上的成就闻名。他与学生伯特兰·罗素用近 10 年时间合著了《数学原理》(Principia Mathematica)一书。这部著作虽然给人们留下了深刻的印象,但最终却没能成功地将数学归纳为逻辑学。怀特海也是美国过程哲学的创始人。过程哲学将科学哲学化,是与实用主义相似的形而上学思想。过程哲学强调经验的变化和动态性。

阿尔弗雷德·诺思·怀特海取得了哪些职业成就?

怀特海在剑桥大学三一学院度过了他教学生涯的前 25 年。第一次世界大战期间,罗素成为和平主义者,怀特海的儿子在那种战争中丧生。两人的关系有所疏远。怀特海在伦敦大学教书,他开始出版科学哲学领域的著作,如《自然知识原理》(Principles of Natural Knowledge)、《自然概念》(The Concept of Nature)和《相对论原理》(The Principle of Relativity)。作为一位推崇过程哲学的哲学家,他在该领域最重要的工作是《过程与实在》(Process and Reality),该著作是在他接受了哈佛大学的工作移居到美国后出版的。

阿尔弗雷德·诺思·怀特海的过程哲学是什么?

怀特海认为我们不能获得简单的时间或者空间位置的概念。他认为在我们的直接经验里没有任何事物拥有"简单位置的特点"（this character of simple location）。怀特海认为简单位置需要"建构性概括"（constructive abstraction）的过程。这一过程是由现存的思维向未知思维扩散的过程，例如一套篮子、俄罗斯套娃或者不同大小的一套罐子。每个位置虽然有自身的特点，却同时反映出整个世界（怀特海所说的并不是真的"反映"出整个世界，他这么说是为了强调任何事物并不是与其他事物相隔离而孤立存在的）。

并且，我们所设想的物体实际上是建构的事件和过程。过程，而非物质，是世界的基本组成单位。哲学的工作是解释科学和逻辑对现实的描述与我们日常经验（嵌套体积）之间的关系或联系。认为科学直接描述经验就是犯了"错置具体感的谬误"（fallacy of misplaced concreteness）。

 ## 阿尔弗雷德·诺思·怀特海认为世界由什么组成？

怀特海认为，最原始的现实单位是实际事件，它并不是持续存在的任何东西或者物质，而是一个过程，一个存在的过程。这个存在的过程与任何其他的存在过程都相关。正如怀特海的评论者所解释的那样，事实的基本单位是莱布尼茨的单子，在任何一个可能的"表面"都有开口。整个世界是有机的，"自然是进化过程的一种结构"。事实是一个过程。并且，怀特海认为他的存在论与惰性物体的科学存在论不同，它允许存在一个不断演化的上帝。

 ## 查尔斯·哈茨霍恩是谁？

查尔斯·哈茨霍恩著有二十余部著作，他发展了怀特海哲学的神学思想。哈茨霍恩提出了人类事件、时间、历史和上帝的发展的动态形式。上帝是"两极的"（di-polar），他具有"抽象极"和"具体极"。哈茨霍恩翻译了坎特伯雷的安瑟伦的存在论争论，他认为这本译著能够证明上帝存在的必要性。哈茨霍恩认为安瑟伦试图从思想上证实上帝存在的做法是错误的。需要被证明的应该是上帝存在的必要性。

哈茨霍恩的主要著作有《超越人本主义：自然新哲学论文》（*Beyond Humanism: Essays in the New Philosophy of Nature*）、《完美的逻辑与其他新古典主义形而上学的文章》（*The Logic of Perfection and Other Essays in Neoclassical Metaphysics*）、《安瑟伦的发现》（*Anselm's Discovery*）、《我们时代的自然神学》（*A Natural*

Theology for Our Time)、《哲学与感知心理学》(The Philosophy and Psychology of Sensation)、《创造性综合与哲学方法》(Creative Synthesis and Philosophic Method)、《作为社会进程的现实》(Reality as Social Process)、《无限权力与其他神学错误》(Omnipotence and Other Theological Mistakes),以及《天生会歌唱：鸟之歌的解释和世界调查》(Born to Sing: An Interpretation and World Survey of Bird Song)。

查尔斯·哈茨霍恩提出的宇宙体系是如何运作的？

根据哈茨霍恩的观点，所有人类的感觉都是情感，而自然本身就是所有有感知、有创造力的生物之间交互作用的总和，这些生物存在于上帝的记忆中。整个宇宙实际上就是上帝的身体。最重要的价值观——作为感知事件可以被感知并且是不朽的——与美有关。从理论上讲，美可以被理解为秩序与混乱、简单与复杂之间的中间状态。

第 **5** 章
分析哲学

分析哲学是什么?

分析是一种心理过程,是把观念、信仰、论点、一系列思想和思想体系分解成较为简单的组成部分。哲学是哲学领域或者其他领域的"精神产物",所有哲学都是分析的。然而,在美国哲学系,以及国际上,"分析哲学"这一术语用来指称 20 世纪的主流哲学思考,与大陆哲学、实用主义及现在归入"新哲学"的学科相对立。

分析哲学的实践有什么独特之处?

分析哲学比传统的哲学多了一种方法。这种方法结合了经验主义和概念分析,尽可能地减少推测。

20 世纪初的分析哲学

20 世纪初的分析哲学最重要的主题是什么?

在第二次世界大战前,分析哲学是在对英国唯心主义的抵制下,在乔治·爱德华·摩尔受人们欢迎的常识哲学和严密的理论思想的基础上,由经验主义者伯特兰·罗素提出的。在罗素和路德维希·维特根斯坦(Ludwig Wittgenstein)的完善下,逻辑原子论学说盛行了一段时间。

逻辑原子论要依靠真值函项逻辑来证明。换句话说,分析哲学家通常要求助于逻辑学,人们将逻辑学视为最卓越的科学,逻辑学为哲学设定了标准。

乔治·爱德华·摩尔

 乔治·爱德华·摩尔是谁?

　　乔治·爱德华·摩尔成功地使认识论和形而上学的现实主义得到了复兴,并且支持一种常识的哲学方法。他在剑桥大学度过了大部分的哲学研究时光,1925 年,他在剑桥大学成为一名教授。在上大学期间,摩尔是"剑桥使徒"(Cambridge Apostles)的一名成员,"剑桥使徒"是剑桥大学大学生中的一个精英知识分子团体。摩尔是顶尖的分析期刊《心灵》(Mind)的编辑。摩尔的主要著作包括《哲学研究》(Philosophical Studies)、《伦理学原理》(Principia Ethica)和《哲学的几个主要问题》(Some Problems of Philosophy)。

"剑桥使徒"指的是什么?

　　"剑桥使徒"是剑桥大学的一个大学生俱乐部,G. E. 摩尔及一些对他给予了高度评价的男性作家都属于这个俱乐部。"剑桥使徒",或称为"剑桥会话社",由乔治·汤姆林森(George Tomlinson)于1820年创立,后来汤姆林森成为直布罗陀主教。剑桥使徒最初的成员有12人,该俱乐部因此而得名(使徒指耶稣的12名教徒)。他们每周六晚上聚会讨论,每次由一名成员提交一篇论文,然后大家一起吃"鲸鱼",其实是一种烤面包上的沙丁鱼。剑桥使徒一直是一个半秘密的社团,每年举行一次晚宴,并定期在伦敦聚会。直到1970年,剑桥使徒才开始接纳女学生。

　　1951年,"剑桥间谍网"被揭露时,其中四名成员曾是剑桥使徒成员,其中两人在政府高级部门工作,向克格勃(KGB,苏联国家安全委员会)提供了敏感信息。(剑桥间谍网由五名在英国剑桥大学就读的英国年轻人组成,他们在20世纪30年代被招募为苏联间谍。他们渗透到英国政府高层,并为苏联提供最高机密。)

乔治·爱德华·摩尔的常识哲学体系是什么？

摩尔对哲学家的主张和普通人的信仰加以区别。他写道：

> 我不认为这个世界或者科学曾使我想到任何哲学问题。是其他哲学家所说的关于世界和科学的事情使我想到了哲学问题。

他自己的哲学方法是，通过分析概念或词语的含义，来确定任何一个"在脑海中"或作为思想对象的概念与其他概念之间的区别。在他的著作中，摩尔展示了系统而透彻的分析风格。正是这种冷静、细致和清晰的表述，确立了他在 20 世纪哲学界的地位。

乔治·爱德华·摩尔是如何发展他的常识哲学的？

摩尔的第一篇重要文章是《对唯心主义的驳斥》(*The Refutation of Idealism*)，这篇文章于 1903 年在期刊《心灵》上发表。在文章中，他论证了没有任何唯心主义或怀疑论的论点比常识信念（即世界是真实的）更有说服力，因此，唯心主义和怀疑论都可以被摒弃。摩尔因用他著名的"两只手论证"(two hands argument，源自他 1939 年关于"外部世界存在之证明"论点，反驳关于外部世界存在的怀疑论）来"证明"外部世界的存在而闻名。

摩尔阐述道，他举起右手说："这是一只手"，然后再举起左手说："这是另一只手"，这一举动就反驳了怀疑论的观点。这种反驳并不是像看上去那样"轻率"。摩尔的前提是他知道自己有两只手，由此推断出外部世界的存在，进而得出怀疑论关于外部世界存在的疑虑是没有根据的。这种论证方式展示了摩尔对常识的坚定信念，并强调了逻辑和直观经验在哲学论证中的重要性。通过这种方式，他发展了自己的常识哲学，强调了对现实世界的直接感知和常识信念的重要性。

乔治·爱德华·摩尔是一个怎样的现实主义者？

摩尔有时是一个朴素现实主义者，有时是一个经典现实主义者。所有现实主义者都相信存在一个真实的、客观的世界。朴素现实主义者认为我们直接感知世界上的物体。经典现实主义者认为，我们所感知到的是这些物体对我们感官器官的影响，换句话说，我们所感知到的并不是物体本身，而是由真实物体引起的感觉信息。

真值函项逻辑和逻辑原子论

 ### 真值函项逻辑是什么？

真值函项逻辑通过根据逻辑规则替换术语来保持逻辑真值。一个命题是真实的还是错误的，能够根据它的各个组成部分的真实性被推测出来。例如，假设 A 或非 A（非矛盾律）是一个规则，那么如果 A 是正确的，非 A 就一定是不正确的；如果 A 是不正确的，那么非 A 就一定是正确的。复合句是正确的还是不正确的，仅仅取决于它们的组成部分是正确的还是错误的。例如，"天正在下雨并且很冷"这句话，如果"天正在下雨"是正确的，并且"天很冷"也是正确的，那么整句话就是正确的。

真值函项逻辑通常根据表格来应用，这些表格指示包含由连接词"如果""非""假设""当且仅当"连接的从句的句子的真值。整个句子的真或假取决于句子组成部分的真或假，以及适用于每个连接词的逻辑规则。

 ### 逻辑原子论是什么？

逻辑原子论者的主要观点是，这个世界是由逻辑事实构成的。这些逻辑事实就像原子一样不能被分成更小的事实。单个的逻辑事实能够通过真值函项逻辑组合成分子事实。

把逻辑原子论应用到更复杂的命题中，如科学断言，人们提出了逻辑结构方法。在逻辑结构方面，如果关于"S"的命题能够被分解为关于"Ps"的原子命题，那么"S"是"Ps"的一个逻辑结构。例如，沙拉是它的各个组成部分的一个逻辑结构，对普通事物的感知则是感知信息的逻辑结构。伯特兰·罗素和路德维希·维特根斯坦是这一观点的主要支持者。

 ### 逻辑原子论的影响是什么？

作为一种哲学理论，逻辑原子论被逻辑实证主义所超越。然而，逻辑原子论最大的影响是推翻了伯特兰·罗素提出"逻辑整体论"（logical holism）的观点（即世界是一个整体，人们所了解的任何事物都不能独立于其他事物而存在）。逻辑整体论是与绝对唯心主义相关联的认识论学说。

伯特兰·罗素

伯特兰·罗素是谁?

　　亚瑟·威廉·伯特兰·罗素〔Arthur William Bertrand Russell，他的朋友都称他为
"伯蒂"（Bertie）〕，与乔治·爱德华·摩尔和路德维希·维特根斯坦一起被誉为分析哲
学的创始人。罗素在剑桥大学学习并任教，在 1916 年至 1944 年间，因他的和平主义观
点和行动主义被剑桥大学解聘。他于 1950 年获得了诺贝尔奖。他关于哲学、政治、科
学，以及社会改革方面的著作都采用了优美的散文体，罗素曾经说这种散文体是在他著
作初稿的基础上创作完成的。

　　罗素现在仍然闻名于世，主要有如下几个原因：他和阿尔弗雷德·诺思·怀特海一
起进行的将数学归纳为逻辑学的失败尝试、摹状词理论、类型理论，以及他的主要学说，
即哲学研究主要为了分析命题（句子的意义），而值得这种分析的唯一命题必须具有我们
所熟知的"成分"（有直接了解的知识）。

　　罗素是历史上多产的哲学作家之一。
他发表了数以百计的文章和论文，以及几
十本著作。其中最值得注意的有与阿尔弗
雷德·诺思·怀特海合著的 3 卷《数学
原理》(Principia Mathematica)、《论
指称》(On Denoting)、《哲学论文集》
(Philosophical Essays)、《哲学问题》
(The Problems of Philosophy)、《为什
么我不是基督徒》(Why I am Not a
Christian)、《西方哲学史：及其与从古
代至现代的政治、社会情况的联系》(A
History of Western Philosophy and Its
Connection with Political and Social

罗素是一名活跃的和平主义者，曾获得诺贝
尔奖，作为一位哲学家，他是那个时代一位
多产的作家，曾经出版过几十本著作。（图片
来源：美联社）

Circumstances from the Earliest Times to the Present Day），以及《罗素自传》（*The Autobiography of Bertrand Russell*）。

 伯特兰·罗素的认识论是什么？

　　罗素把两种类型的认识进行了区分。感性认识是来自"感觉资料"（sense data）、心理状态、思想和感觉的直接认识。间接的"描述型认知"（knowledge by description）是由感性认识发展而来的。例如，我对要输入到电脑里的这页内容具有感性认识，而我对缅甸具有的是描述型认知，因为我从来没有去过缅甸。

 罗素的"限定摹状词理论"是什么？

　　罗素说明了讨论一些根本不存在的事物是可能的。根据他的"限定摹状词理论"（theory of definite descriptions），类似于"X 是 Q"这样结构的命题的意思是，"确实存在 X 这一事物，也确实存在 Q 这一事物"，或者，"有且只有一个事物是 X，而另一个事物是 Q，无论 X 和 Q 是什么"。

　　罗素的这一理论使得人们区分"X 是 Q"与"X 是非 Q"这种矛盾成为可能。使用罗素的例子:（A）"法国的国王是秃子"，它的否定是（A'）"法国没有国王，或者法国有不止一个国王，或者法国有一个国王，但是这个国王不是秃子。"但是，根据罗素的"限定摹状词理论"，（B）"法国的国王是非秃子"的意思是（B'）"法国有一个国王，不多也不少，只有一个，并且这个国王不是秃子。"那么，A' 和 B' 的含义不相同。

 罗素的"类型论"是什么？

　　德国哲学家戈特洛布·弗雷格尝试把数学归纳为逻辑学。罗素从中获得了灵感，他开始致力于一个新难题的研究:所有不是自身元素的类型，我们称其为 C，它是自身的一个元素吗？这个问题看起来是正确的，但是罗素指出这是自相矛盾的:如果 C 是自身的一个元素，那么它就不属于 D，D 包含所有不是自身的元素类型；但是如果 C 是自身的一个元素，那么它就应该属于 D。然而，如果 C 不是自身的一个元素，那么它就应该属于 D，这又意味着 C 是自身的一个元素。罗素的回答是，对事物的种类进行区分，以此来限定人们描述它们的方式。因此我们可以说罗素是一位分析哲学家，但是不能说一群人是一位分析哲学家。

罗素有幽默的一面吗?

尽管他一生中时常受到抑郁症的困扰,但这并没有抑制罗素的机智与风趣,下面引用的这些句子便是很好的证明:

"世界的问题在于,傻瓜和狂热分子总是如此自信,而智者却充满疑虑。"

"我永远不会为我的信仰而死,因为我可能是错的。"

"人们说人是一种理性的动物。我一生都在寻找能够支持这一点的证据。"

"亚里士多德坚持认为女性的牙齿比男性少;尽管他结过两次婚,但他从未想过通过检查他妻子的嘴来验证这一说法。"

 伯特兰·罗素对逻辑学的使用有怎样的看法?

罗素认为,如果将命题转化为正确的逻辑形式,逻辑就可以用来解决哲学问题和日常问题。为了实现这一点,他秉持着"逻辑正确"(logically correct)的语言理想。他一度认为他的学生路德维希·维特根斯坦能够成功地研究出这种语言,但是维特根斯坦只在早期的作品中提到过这种语言,后来就不再进行这个领域的研究了。

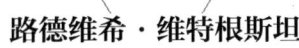

路德维希·维特根斯坦

 路德维希·维特根斯坦是谁?

路德维希·维特根斯坦经历了两个截然不同的哲学阶段。第一个阶段,在他的老师伯特兰·罗素的影响下,维特根斯坦发展了逻辑原子论,其作品是《逻辑哲学论》(*Tractatus Logico-Philosophicus*)。第二个阶段,是维特根斯坦原创的"日常语言"(ordinary language)哲学理论。这是对日常语言的独创性见解。毫无疑问,维特根斯坦是一个天才。

 路德维希·维特根斯坦的一生有哪些事迹?

尽管人们不是完全知晓维特根斯坦的每一件事,但还是了解他的许多事迹,其中的一些事迹听起来就像是传说。1889 年，维特根斯坦出生于奥匈帝国首都维也纳的一个有着犹太血统的著名而富有的家庭。维特根斯坦的曾祖父母是犹太人，他们的信仰从犹太教改为新教。尽管维特根斯坦的外公拥有犹太血统，但是他的母亲是天主教徒。路德维希是家中 8 个孩子中最小的一个，他们都有良好的修养［作曲家约翰内斯·布拉姆斯（Johannes Brahms）是这个家庭的一个朋友］。

尽管路德维希作为天主教徒接受过洗礼，但是在他生命的后期，他对他的朋友"承认自己的罪过"时，他所承认的罪过中包括他允许其他人认为他不是犹太人。路德维希有 4 个兄弟，其中 3 个都自杀了。1913 年，路德维希的父亲去世后，他继承了巨额财产，却将这些财产送人了。1938 年，德国吞并奥地利后，他送给德国政府价值数百万美元的黄金，使得他的姐妹们免受集中营之苦。

维特根斯坦受到的教育包括在柏林学习机械工程学。在 1908 年，他去英国学习航空学，还用风筝进行实验。在逻辑学里探寻数学的根本是当时研究的主流，因此，维特根斯坦先学习数学而后学习了哲学。维特根斯坦拜访了数学家戈特洛布·弗雷格。之后，听从了弗雷格的建议，前往剑桥大学与伯特兰·罗素会面。在剑桥大学，他同乔治·爱德华·摩尔和伯特兰·罗素一起研究逻辑学。但是，他的研究因为第一次世界大战而中断了。在第一次世界大战期间，他作为志愿兵参加了奥地利军队并且以英勇而闻名。

在罗素的帮助下，维特根斯坦出版了《逻辑哲学论》。在那之后，维特根斯坦在奥地利农村地区的小学任教，并且在维也纳为他的姐姐格雷特尔（Gretl）设计并建造了一栋现代派的房子。

1929 年，维特根斯坦重返剑桥，在三一学院教授哲学，并于 10 年后成为一位哲学教授。在第二次世界大战期间，他在医院做搬运工，并在 1947 年辞去了教授一职，移居爱尔兰专心写作。在去世之前，他说："告诉人们我度过了美好的一生。"雷·蒙克（Ray Monk）所写的传记《维特根斯坦：天才的责任》（*Wittgenstein: The Duty of Genius*）记录了维特根斯坦的一生，人们认为他的描述和该书体现出的理性都具有权威性。

 路德维希·维特根斯坦在著作《逻辑哲学论》中实现了什么？

虽然这本书被人们认为是最伟大的哲学成就之一，但是它所体现的哲学思想并不是很清晰。维特根斯坦写这本书是为了解决困扰戈特洛布·弗雷格和伯特兰·罗素的哲学问题——亚瑟·叔本华是另一位对这本书有影响的人——尽管维特根斯坦在这本书的结尾说道："我的命题以下面的方式成为一种说明：任何理解我的人最后都会认为它们是无意义的。"在这本书的开头，维特根斯坦宣称他的主要目的是符合道德标准。

《逻辑哲学论》包含 7 套有限的命题和陈述，这些命题和陈述讲述了语言与世界之间的联系。这本书说明了语言对于表达思想是极其重要的。按照维特根斯坦的说法，思想局限于事实，因此语言的命题是现实世界的表现。另一方面，逻辑的命题表达的不是事实信息——逻辑由重言式组成。逻辑对人们有很大的用处，但是所有逻辑的结论都是被定义的真理。

维特根斯坦相信，一个有意义的句子必定有一个精确的结构，这一结构由简单的句子（罗素所说的"原子"）或者简单的概念组成。原子的句子是事物发展情况的图形化展示。维特根斯坦在接下来的"意义的图像论"（picture theory of meaning）中提供了完美的逻辑语言，以此证明世界本身是存在逻辑结构的。

后来维特根斯坦放弃了这一领域的研究，他开始支持对日常语言进行描述性分析的哲学活动。但是在他从事相关的活动之前，维特根斯坦对 20 世纪的一个新思想派别有巨大的影响，这个新思想派别就是逻辑实证主义。

维特根斯坦在《逻辑哲学论》中的主张有哪些？

- 世界是事实的总和。
- 命题是对现实的描述。
- 命题展示了现实的逻辑形式。命题呈现出现实。
- 可显示的东西，不可言说。
- 命题的一般形式：事物就是这样。
- 所有逻辑命题都说的是同一件事，即什么都没有。
- 我的语言的极限意味着我的世界的极限。

其他逻辑学家

 库尔特·哥德尔是谁?

库尔特·哥德尔(Kurt Gödel)提出了关于数学体系的哥德尔不完全性定理,他也因此而闻名于世。这个定理出现在 1931 年的《论数学原理及相关系统中的不可判定形式的命题》(*On Formally Undecidable Propositions in Principia Mathematica and Related Systems*)一文中,这篇文章最早发表于 1931 年的德国《数学月刊》(*Journal of Mathematics*)上。根据哥德尔的定理,每一个正式的系统(数学的或者逻辑的)都是不完整的,因为总能找到一个表达事实的句子,而这个句子没有被这一体系所证明。为了证明他的定理,哥德尔发明了一种使逻辑公式与正整数相关联的方法。

 阿尔弗雷德·塔斯基是谁?

阿尔弗雷德·塔斯基(Alfred Tarski)是一位出生于波兰的逻辑学家。1942 年至 1958 年期间,他在加利福尼亚大学伯克利分校教书。塔斯基因其提出的"真理理论"闻名于世,该理论最早在《形式化语言中的真理概念》(*The Concept of Truth in Formalized Languages*)中被提出,该论文最初发表在波兰的《华沙科学协会期刊》(*Prace Towarzystwa Naukowego Warszawskiego*)数学物理系部分,后来被翻译成英文并收录在《逻辑学、语义学、数理哲学: 1923 年至 1938 年论文集》(*Logic, Semantics, Metamathematics, Papers from 1923 to 1938*)中。按照塔斯基的说法,真理理论在自然语言中应该意味着"T-语句"的真实性。例如,"在英语中'雪是白色的'是真,当且仅当雪是白色的"就是一个 T-语句。我们应该注意到,塔斯基的真理理论并没有详细说明是什么构成了真理,而更多的是关于怎样定义真实的句子。

逻辑实证主义

逻辑实证主义是什么？

受伯特兰·罗素和路德维希·维特根斯坦影响的新一代思想家改良了奥古斯特·孔德19世纪对于科学的看法，从而形成了20世纪的新版本。"逻辑实证主义"这一术语是由两位倡导者在1930年创造的，他们是E.凯拉（E. Kaila）和A.佩策尔（A. Petzäll）。他们都是早期发起逻辑实证主义运动的哲学家代表。20世纪的实证哲学家莫里兹·施利克（Moritz Schlick）、鲁道夫·卡尔纳普（Rudolf Carnap）、奥托·纽拉特（Otto Neurath）和英国的艾尔弗雷德·朱尔斯·艾耶尔（A. J. Ayer）都是"维也纳学派"（Vienna Circle）成员。

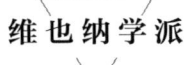

维 也 纳 学 派

维也纳学派是一个实际存在的组织吗？

是的，维也纳学派是由维也纳科学家和哲学家组成的一个讨论小组。1922年至1938年期间，这个组织举行了多次会议。维也纳学派成员对引领未来的分析哲学、伦理学、政治哲学、科学哲学、语言哲学（不包括日常语言哲学）及心灵哲学的主题研究有极大的影响力。

维也纳学派的宣言《科学的世界观：维也纳学派》（*The Scientific Conception of the World: The Vienna Circle*）出版于1929年，奥托·纽拉特将原书进行了翻译并呈现在他的著作《经验主义哲学和社会学》（*Empiricism and Sociology*）中。宣言声明，维也纳学派的科学世界观有"两个显著的特征。首先是经验主义者和实证哲学家的区别：维也纳学派认为知识只能源于经验。其次，科学的世界观的特点是人们对某一种方法（即逻辑分析法）的应用"。逻辑分析法是用数理逻辑来判断命题或者命题的组成部分是否指涉经验的一种方式。许多逻辑实证哲学家同时也是现象论者。

维也纳学派的使命是什么？

　　该团体的目标是对科学知识和哲学进行重新阐述，并建立一种接近科学的哲学形式，这与德国唯心主义不同。该学派的成员认为，哲学本身没有积极的内容，甚至没有独特的认识论或知识理论。相反，哲学应该研究科学的知识方法和主张，并为它们提供合理性证明。例如，他们认为阿尔伯特·爱因斯坦的相对论已经表明，哲学家并不能在空间或者时间的研究问题上获得最后的结论。算术被认为可以简化为逻辑，而综合先验知识（仅通过思考得出的、符合经验的理性知识）则是不必要的。验证原则，或称为实证主义，是他们的主要主张。任何无法在科学中得到验证的知识主张，都不是知识。

现象论是什么？

　　不要把现象论和现象学弄混，现象论是经验主义者的理论，认为感知信息，或者感觉器官对感知的印象能够用来解释关于感知对象的命题意思。一些人相信感知对象本身，如一台计算机、一张桌子，或者一辆汽车，都能被归纳为感知信息。现象论最后的本体论版本包括对哲学唯心主义的承认与接收，支持"心理现象是唯一真实的东西"的学说。

实证主义是什么？

　　实证主义是一种意义理论。一个陈述的意义在于最终产生感觉信息的经验主义验证方法。对于像迈克尔·达米特（Michael Dummett）这样的当代实证主义者来说，这就意味着真理命题必须与证明真理命题的方法相关。

莫里兹·施利克是谁？

　　莫里兹·施利克因他提出"哲学在智力上依赖于科学"的观点而闻名。他是一位哲学家，但是在 1922 年去奥地利维也纳之前，他与物理学家马克斯·普朗克（Max Planck）一同学习物理。他为数学家汉斯·哈恩（Hans Hahn）创立维也纳学派带来了灵感，维也纳学派最初的成员除了哈恩和施利克之外，还有奥托·纽拉特和物理学家菲利普·弗兰克（Philip Frank）。1926 年，鲁道夫·卡尔纳普也加入了维也纳学派。

在成为维也纳学派领导者期间，施利克成为维也纳大学归纳科学哲学的教授。他认为经验知识不是经验的内容（经验的内容不能被传达），而是经验的形式。他主张，所有真正的哲学问题或疑问要么是数学的或逻辑的，要么就是能够通过科学研究解决的。

施利克认为这意味着哲学没有独立的主题使得哲学与其他科学区分开。然而，与其他的逻辑实证哲学家不同，他认为道德是实际的，并且社会是认可美德的；道德义务作为社会的普遍需要而被人们所学习。施利克的主要作品有《普通认识论》(*General Theory of Knowledge*)和《伦理学问题》(*Problems of Ethics*)。

为什么施利克的死是可悲的？

纳粹在德国和奥地利掌权后，维也纳学派的许多成员逃往美国和英国。施利克留了下来。虽然他不是犹太人，但他对当时德国发生的事情感到沮丧。1936 年 6 月 22 日，施利克在维也纳大学走上台阶去上课时，他以前教过的一个学生约翰·内尔伯克（Johann Nelböck）用手枪指着施利克并向他开枪。施利克因胸部中弹身亡。内尔伯克被定罪，但很快被赦免，之后他成为纳粹党的一员。尽管施利克不是犹太人，但逻辑实证主义被纳粹谴责为"犹太思想"。

 ## 鲁道夫·卡尔纳普是谁？

鲁道夫·卡尔纳普因其在科学验证方面所做的工作而闻名。他从耶拿大学获得哲学博士学位。在 1935 年离开德国前往美国的芝加哥大学和加利福尼亚大学洛杉矶分校任教之前，他一直是维也纳学派的成员。他早期主要研究语言的逻辑结构和该结构所体现的社会意义。20 世纪 40 年代，卡尔纳普继续研究逻辑学并且提出了"状态描述"(state description)概念。状态描述是指一个可能存在的世界的语言形态，或者能够用任何一种语言所作出的关于世界的最完整的描述。

与早期的逻辑实证哲学家不同，卡尔纳普讨论了实际科学验证中证据不足的问题和科学术语的意义。他赞成在判定"确认程度"(degrees of confirmation)时用概率代替绝对验证。卡尔纳普的主要著作包括《世界的逻辑构造》(*The Logical Structure of the World*)、《哲学与逻辑句法》(*Philosophy and Logical Syntax*)、《语义学导论》(*Introduction to Semantics*)、《逻辑的形式化》(*Formalization of Logic*)、《意义与必然性：对语义学与模态逻辑的研究》(*Meaning and Necessity: A Study in Semantics and Modal Logic*)及《概率的逻辑基础》(*Logical Foundations of Probability*)。

 ## 奥托·纽拉特是谁？

奥托·纽拉特是一位博学家，他最初在维也纳学习数学，后来在德国获得该学科的博士学位。因为他早些时候曾经写过关于物物交换经济的文章，所以在第一次世界大战期间，他被奥地利政府指派到计划部门工作。巴伐利亚与萨克森的马克思主义政府雇用他来推动战后社会主义经济发展；德国政府接管了巴伐利亚与萨克森之后，他被指控叛国罪，但很快被释放。在平面设计领域，他为维也纳社会经济博物馆做出了贡献，发明了一种名为"伊索体系"(Isotype)的符号系统，该系统以图像的方式向公众呈现定量信息。

作为一名逻辑实证哲学家，纽拉特是维也纳学派宣言的主要撰写者。同鲁道夫·卡尔纳普、伯特兰·罗素、约翰·杜威，还有其他人一起提倡科学项目的统一，他们撰写了《国际统一科学百科全书》(*International Encyclopedia of Unified Science*)，主张统一各个科学研究的语言、方法，并促进各学科间的对话。然而，这本书最终未被出版。

纽拉特的志向是使社会科学具有与自然科学同等的预测能力。他的主要著作包括《从战时经济到温和经济》(*Through War Economy to Economy in Kind*)、《个人生活与阶级斗争》(*Personal Life and Class Struggle*)、《实证社会学》(*Empirical Sociology*)和《纽拉特与卡尔纳普的通信》(*Neurath-Carnap Correspondence*)，纽拉特的许多文章被整理收集，他还参与编写了《国际统一科学百科全书》。

纽拉特结过三次婚，他的最后一任妻子玛丽(Marie)在他死后继续开展他的"伊索体系"研究工作。

 ## 奥托·纽拉特的主要哲学贡献有哪些？

首先，纽拉特认为，语言与现实之间唯一的联系是隐喻性的。而且他相信语言与世界"一致"只是因为现实都是之前被验证的命题。每个命题都需要一个"真理一致论"(coherence theory of truth)：如果一个命题符合已经被验证过的命题，那么这个命题就是正确的。只有完整的语言系统能够被证实。他所写的下面这段话是非常著名的：

我们就像远航时必须重建船只的水手，重建工作不能从船的底部开始。从哪里取走一根船梁，必须马上在那里放一根新的。同时，船的其他部分作为支撑物在那里支撑整个船只。这样，通过使用旧的船梁和浮木，船才能够被彻底重建，但只能通过逐渐改造的方式完成。

其次，纽拉特认为，现象论不能为科学语言提供有效的基础，因为感知信息是主观的。他的替代方案是提议使用数学物理进行客观描述，这一理论被称为"物理主义"。此外，语言本身也可以用数学物理的语言来描述，因为它是物质的，由声音和图形符号构成。

 艾尔弗雷德·朱尔斯·艾耶尔是谁?

艾尔弗雷德·朱尔斯（弗雷迪）·艾耶尔爵士是英国的一位逻辑实证哲学家，他因其著作《语言、真理与逻辑》（*Language, Truth and Logic*）而闻名，之后他又出版了《知识的问题》（*The Problem of Knowledge*）。艾耶尔的主要贡献是把逻辑实证主义与传统哲学联系在一起，在一定程度上，对形而上学、伦理学和宗教信仰造成了致命的打击。艾耶尔这种攻击针对这些领域中使用的术语意义，并导致了它们毫无意义的论断。

1946 年至 1959 年期间，艾耶尔是伦敦大学学院的心灵与逻辑哲学的格罗特教授（the Grote Professor），之后又成为牛津大学的逻辑学威克姆教授（the Wykeham Professor）。1951 年至 1952 年期间，艾耶尔担任了享有声望的亚里士多德协会的会长。1973 年，他获得了荣誉军团勋章，成为一名爵士。

艾耶尔的著作包括《哲学论文集》（*Philosophical Essays*）、《人的概念和其他论文》（*The Concept of a Person and Other Essays*）、《实用主义的起源》（*The Origins of Pragmatism*）、《形而上学与常识》（*Metaphysics and Common Sense*）、《罗素与摩尔：分析哲学之传统》（*Russell and Moore: The Analytical Heritage*）、《概率和证据》（*Probability and Evidence*）、《伯特兰·罗素》（*Bertrand Russell*）、《哲学的中心问题》（*The Central Questions of Philosophy*）、《休谟》（*Hume*）、《二十世纪的哲学》（*Philosophy in the Twentieth Century*）、《自由与伦理及其他论文》（*Freedom and Morality and Other Essays*）、《路德维希·维特根斯坦》（*Ludwig Wittgenstein*）、《我生命的一部分》（*Part of My Life*）和《我生命中的更多内容》（*More of My Life*），以

及众多相关主题的文章。

 ### 艾尔弗雷德·朱尔斯·艾耶尔的生活和事业还有哪些趣事？

因为"好色"（他结过 4 次婚），以及积极参与流行时尚文化，艾耶尔一直是学术八卦中备受瞩目的对象。他的一生都非常有魅力。艾耶尔母亲一方的家族创办了法国雪铁龙汽车公司，他的父亲为富有的银行家罗斯柴尔德家族工作。艾耶尔进入了伊顿学院，获得了牛津大学的奖学金。在第二次世界大战期间，他在英国特别行动处（SOE，Special Operations Executive）工作。在二战爆发前，在艾耶尔去纽约访问时，他和劳伦·白考尔（Lauren Bacall）一起录制了一张唱片。艾耶尔支持托特纳姆热刺足球俱乐部（the Tottenham Hotspur Football Club），并且该球队的球迷都知道艾耶尔这位"教授"。

艾耶尔还是一名非宗教的人文主义者。1947 年后，他成为理性主义报业协会（Rationalist Press Association）的名誉会员，并且作为朱利安·赫胥黎（Julian Huxley）的继任者，成为英国人文主义协会（British Humanist Association）的会长，朱利安·赫胥黎是一位进化生物学家和人文主义者。在 1965 年，艾耶尔被任命为不可知论者协会（Agnostics'Adoption Society）的第一会长。也就是在同一年，他编辑了文选《人文主义者展望》（*The Humanist Outlook*）。

在事业巅峰时期，艾耶尔作为一名内部无神论者的典型为英国广播公司工作。他与弗雷德里克·科普尔斯顿（Frederick Copleston）就宗教信仰问题展开了辩论。科普尔斯顿是 9 册《哲学史》（*History of Philosophy*）的作者，两人都非常博学。

1989 年，艾耶尔在吃一块熏鲑鱼时引起窒息，差点死掉，这次接近死亡的经历使他（显然是暂时地）改变了他的终身无神论观点。临终前，他说："我想说的是，我接近死亡的经历削弱的不是我的信仰（人死后没有生命），它只是削弱了我对信仰的不屈的态度。"

艾尔弗雷德·朱尔斯·艾耶尔是如何击败迈克·泰森的？

这是一个经常被讲述的故事，那些认识艾耶尔的人说这听起来完全像他的风格。1987 年，当 77 岁的艾耶尔在巴德学院担任客座教授时，他参加了由时装设计师费尔南多·桑切斯（Fernando Sanchez）举办的聚会。艾耶尔注意到职业重量级拳击手迈克·泰森（Mike Tyson）正在骚扰模特娜奥米·坎贝尔（Naomi Campbell）。艾耶尔告诉泰森退后，泰森回应说："你知道我是谁吗？我是世界重量级拳王！"艾耶尔反驳道："我是前牛津大学威克姆逻辑学教授。我们都在各自的领域出类拔萃。我建议我们像理性的人一样谈谈这件事。"艾耶尔和泰森确实进行了交谈，而当时还不出名的娜奥米·坎贝尔则利用这个机会躲开了。

 艾尔弗雷德·朱尔斯·艾耶尔版本的逻辑实证主义是什么？

在艾耶尔年仅 26 岁时出版的《语言、真理与逻辑》一书中，他怀着极大的信心提出了逻辑实证主义的基本原则，他认为这是一个与哲学相关的学说。他支持经验主义学说，该学说认为我们对客观世界的所有认识都来自感官经验。一个命题的真假取决于它是否能够被经验所证实。只有能够被证实真假的命题才是有意义的。从这些大胆的论断中可以得出，形而上学、宗教和伦理陈述，如果它们不是定义上的真实，就不能对现实做出有意义的断言。与自我、客观世界和其他人的思想相关的命题，必须由感官经验来证明它们是否有意义。例如，关于上帝存在的命题，艾耶尔认为这个问题本身是没有任何意义的，因为没有任何可能的经验能证明它的真假。艾耶尔的道德理论是有关情感的，即道德判断是情感的表达。

 艾尔弗雷德·朱尔斯·艾耶尔是一位怎样的现象论者？

按照艾耶尔的说法，有意义的真实命题可以被归纳为与感知信息相关的主张。虽然他有时会对这个观点进行完善，但是艾耶尔终其一生都坚信感知信息是经验知识的基础。在与日常语言哲学家约翰·朗肖·奥斯汀（J. L. Austin）的一次著名的交流中，艾耶尔捍卫了他的感知信息理论。艾耶尔的立场是，直到对普通世界（这里的普通世界包含所有正常可察觉的物体，如桌子和椅子）形成感性认识，人们才能直接地认识到感知信息。奥斯汀是艾耶尔在剑桥的同事，他坚持认为艾耶尔的感知信息理论不是基础，因为该理论预先假设常识是现实。也就是说，奥斯汀反对艾耶尔所提出的观点，即感性认识不是建立在感知信息基础上的。艾耶尔也为自己的观点进行了辩护，宣称确认感知的过程中感知信息是必不可少的。

日常语言哲学

 日常语言哲学是什么?

首先,要把日常语言哲学与语言哲学加以区分,语言哲学是分析哲学的一个分支。对分析哲学来说,日常语言哲学是一个具有历史意义的事件,受到路德维希·维特根斯坦启发的日常语言哲学创始人认为,哲学所有的主要问题不是能被日常语言消除的假问题,就是能通过调查特定词汇的使用方法来解决的真问题。然而,需要强调的是,尽管日常语言哲学家将研究的焦点锁定在词汇的使用方法上,但是,他们对简单地描述语言的普通用法不感兴趣。相反,他们对词汇的意义或者词汇所命名的概念感兴趣。在为了确定语言的意思时,他们才会研究语言的普通用法。

事实上,维特根斯坦自己也意识到了,从表面上看,语言是"迷惑人的"(bewitching)。并且,这种意义的判定看起来像是一个思考过程而不是用经验来证明的过程。日常语言哲学家们没有进行调查,他们也没试图与社会学家或者语言学家协商来决定语言的实际用法(这一点是很重要的,因为在 21 世纪早期,实验哲学就是通过这样的经验论得到发展的)。

除了维特根斯坦之外,在日常语言哲学鼎盛时期比较著名的实践家包括美国日常语言哲学拥护者 O. K. 鲍斯玛(O. K. Bouwsma)和诺曼·马尔科姆(Norman Malcolm),以及英国日常语言哲学讨论者约翰·威兹德姆(John Wisdom)、J. L. 奥斯汀和 H. P. 格莱斯(H. P. Grice)。

 路德维希·维特根斯坦关于日常语言与哲学有哪些主要见解?

维特根斯坦在日常语言哲学方面的著作是在他死后出版的,他的讲稿和笔记经整理出版,即《哲学研究》(*Philosophical Investigations*)和《蓝皮书和棕皮书》(*The Blue and Brown Books*)。维特根斯坦对日常语言的兴趣,代表了他从早期对理想化的表征或"图像理论"的语言观,转向人类如何积极使用语言来处理生活事务的研究。

维特根斯坦认为,语言的众多用法不能被系统化,并且关键词不能被简单地定义;相

单词及其意义在表面上看起来可能很简单，但路德维希·维特根斯坦认为语言的使用并不容易被定义。（图片来源：iStock 图像）

反，我们忙于研究一系列的"语言游戏"。语言游戏像其他游戏一样，通过"家族相似性"（family resemblance）松散地联系在一起，尽管我们不能为"游戏"一词作出明确的定义，使其涵盖所有的游戏。维特根斯坦使用了家族相似性的比喻，因为如果我们观察一个大家庭的成员，尽管这些人看起来不是一模一样的，但是他们可能会有一些共有的特点。例如，兄弟姐妹和堂兄弟姐妹可能有相同的头发颜色，或者他们都有从父母那里遗传下来的相似的面部特征。

维特根斯坦把语言称之为游戏的意思是，我们将语言的使用视为一个具有许多隐含规则的独立体系。有时我们甚至不能说明这些规则是什么，因此维特根斯坦认为我们最好不要将精力集中在这些规则的描述上，而应该多注意语言的实际用法。

 ## 日常语言哲学使用的方法是什么？

在日常语言哲学中，正确的哲学方法不是构建抽象的意义体系，而是去"观察并领会"词汇在现实生活中的实际功能。这样的研究是一种哲学疗法，主要针对想要将语言抽象化或者强加归纳的倾向。哲学家应该转向语言，以便"让苍蝇从瓶子里出来"。

这是维特根斯坦的一个比喻，当哲学家们想要形容通过改变问题的框架来解决问题时仍然会使用这个比喻。例如，为了"让苍蝇从瓶子里出来"，一个人不应该尝试直接驱赶苍蝇，而是要调整瓶子的角度以便让苍蝇自己飞出来。

 ## 路德维希·维特根斯坦的"私人语言论点"是什么？

为了将自己的方法用于详细地描述和反省人的感情、意念及信仰，维特根斯坦创立了众所周知的、有争议的"私人语言论证"（private language argument）。因为词汇的意思来自公众的标准，而这些标准在某种程度上影响了词汇的正确使用，所以他推断，不可能有一种专门的私人语言可以被用来单独描述某个人的私有状态。他并不是说我们没有内在的体验，这些体验只能被经历它们的人所理解，而是说这些体验（如痛苦）的自然表达使我们能够了解他人的思想。

 ## O. K. 鲍斯玛是谁？

奥茨·科尔克·鲍斯玛因其在长达 50 年的教学生涯中以幽默的方式教授路德维

希·维特根斯坦的日常语言哲学而著名，在德克萨斯大学奥斯汀分校的教学尤为令人难忘。他煞费苦心地用我们所生活的世界里的一些愚蠢事例揭露了哲学命题的荒谬性，而这些事例在我们所生活的世界里不是对的就是看似正确的。鲍斯玛对勒内·笛卡儿的梦境和邪恶魔鬼的怀疑来源非常感兴趣。在一门关于预言的课程中，他用如下的话语称赞维特根斯坦：

> 什么是先知？维特根斯坦是我所知道的最接近先知的人。他像一座灯塔，高耸在远处，不依靠任何人而独立存在着。他有自己的立足点。他不畏惧任何人，"没有任何事能伤害我！"但是其他人畏惧他。为什么？绝不是因为维特根斯坦会打他们，或者拿走他们的钱，或者夺走他们的好名望。他们害怕他的判断……与维特根斯坦的相识给了我一些暗示，让我了解了先知在他的臣民中拥有怎样的力量。"上帝如此说"是这一象征，它高于一切恐惧和一切诱惑，无畏而令人畏惧，公正而有良知。上帝如此说！

鲍斯玛的论文被收入《哲学论文集》（*Philosophical Essays*）、《面对新感性》（*Toward a New Sensibility*）、《无需证明或证据》（*Without Proof or Evidence*），以及《维特根斯坦谈话录》（*Wittgenstein Conversations*）。位于美国得克萨斯州奥斯汀市的人文学科研究中心收藏了鲍斯玛的笔记本和课堂讲义。

 ## 诺曼·马尔科姆是谁？

诺曼·马尔科姆是路德维希·维特根斯坦的美国翻译，也是他在美国最主要的拥护者。在剑桥大学求学期间，马尔科姆结识了维特根斯坦和乔治·爱德华·摩尔，他在《回忆路德维希·维特根斯坦》（*Ludwig Wittgenstein: A Memoir*）一书中描述了他与维特根斯坦的交往。鲍斯玛也对马尔科姆产生了早期影响。

马尔科姆在《维特根斯坦的哲学研究》（*Wittgenstein's Philosophical Investigations*）一书中论述了维特根斯坦的私人语言论点，并在《梦境》（*Dreaming*）一书中指出梦境并非真实的体验。在《记忆与心灵》（*Memory and Mind*）一书中，马尔科姆分析了记忆的哲学和心理学概念，从而结束了"记忆痕迹"没有科学根据的历史。对于"记忆痕迹"，早期的思想家并没有给出清楚的定义（对这样一个术语，任何人都能想象出不同的含义，但是它们都不具有客观、可见的品质）。他认为"记忆痕迹"这一概念是一个例子，这个例子能够证明思想是如何被错误地"理解"的。

约翰·威兹德姆是谁？

亚瑟·约翰·特伦斯·迪本·威兹德姆（Arthur John Terrence Dibben Wisdom）毕业于剑桥大学，并于1952年成为剑桥大学的教授。他最初研究杰里米·边沁和逻辑原子论，后来在路德维希·维特根斯坦的影响下，他开始研究解决哲学问题的不同方法。威兹德姆在该领域的著作包括《他心》（*Other Minds*）、《哲学与精神分析》（*Philosophy and Psychoanalysis*），以及《悖论与发现》（*Paradox and Discovery*）。

威兹德姆进一步思考了为什么哲学家说和写一些"非常奇怪的事情"，并反驳了关于"他心"（other minds）存在的怀疑论。威兹德姆排除了直接认识"他心"的可能性，与此同时，他还证明了为什么"我们的知识被限制在瞬间感觉"的这种主张不成立。威兹德姆将"他心问题"这一讨论话题带入了20世纪的分析语境。总体来说，他认为哲学家总是依赖语言的使用，在哲学领域有这样的历史先例，人们需要作出决定来判断，语言什么时候将哲学的主要问题表达正确了，什么时候将它们表达错误了。

威兹德姆认为哲学的主要对象是现实的多种存在和语言的多种命题。他认为哲学对象中的相关区别都隐含在语言中。他也是《哲学论文集》的作者。

哲学的"他心问题"是什么？

对在哲学方面毫无涉猎的人来说，这个问题听起来很可笑："其他人有思想吗？"一般情况下，人们会这样回答："他们当然有思想！"然而，哲学的问题是一个纯理论性问题，解释了我们如何知道其他人具有与其他哲学观点相一致的思想。因此，直觉主义者可能会说，我们能够直接察觉或者感觉到其他人的思想。逻辑实证哲学家必须根据我们对其他人身体行为产

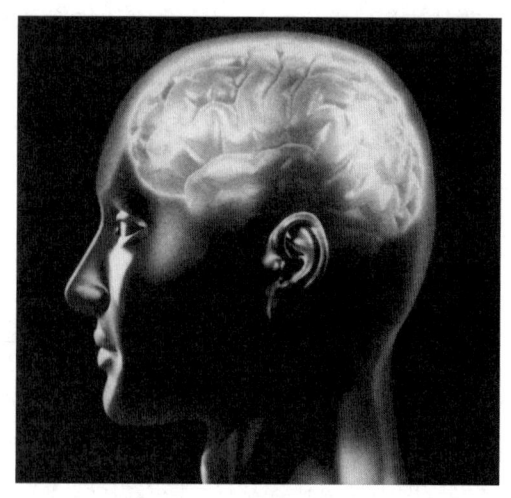

你可能会认为其他人像你一样有思想是很明显的，但对于哲学家来说，这个概念并不是那么容易证明的。（图片来源：iStock 图像）

生的感知来获得我们对其他人思想的认识，并且要证明我们根据感知得出的结论是正确的。这个方法引出了下面这个有趣的问题：如果我们亲近的人是一个机器人，这对我们来说是否重要？由于语言的使用并不涵盖与足够复杂的机器人（能够完美地模仿人类行为）的互动，因此很难看出普通语言方法如何解决这个问题。

约翰·朗肖·奥斯汀是谁？

约翰·朗肖·奥斯汀在牛津接受教育，第二次世界大战期间他在军事情报部门服役。1952 年在牛津大学，他被任命为怀特道德哲学教授（White's Professor），他还在哈佛大学和加利福尼亚大学伯克利分校工作过。奥斯汀并不认为所有的哲学问题都是语言混淆的结果，但他认为普通语言中存在着重要的区别。在《感觉和可感物》（*Sense and Sensibilia*）中，奥斯汀抨击了感知信息理论：我们没有感知到感知信息，我们感知的是真实的对象。

奥斯汀因为他提出的特定类型语言的"述行语理论"（performative theory）而被人们铭记。例如，在结婚典礼上说"我承诺"或者"我愿意"，是向某人许诺，以及与某人结婚的行为。作为常识，每个人都知道这样的事，但以前的语言学理论没有涉及语言的这种表述行为功能。他进一步详细阐述了他的述行语理论，用他所谓的言语"效力"的区别进行了说明：非语内表现行为的效力与意思相关，语内表现行为的效力与目的相关，言语表达效果的效力与正在说的某些事物的结果相关。

赫伯特·保罗·格莱斯是谁？

赫伯特·保罗·格莱斯因他于 1968 年提出的"会话含义"（conversational implicature）学说而著名。这个学说作为关于"假设"条件从句的逻辑命题而被发展，并且它在理解语言用法方面的应用超越了它最初的理论目标。格莱斯证明了句子里词汇的意思及句子本身的意思，在很大程度上取决于话语的语境，以及讲话过程中一些特定的协作规则。这些规则包括：提供信息、不要提供超出所需的信息、不要陈述你知道是错误的事情、不要陈述你没有证据的事情、保持相关性、不要含糊不清、不要使用歧义、不要使用比你必须使用的更多的词语，以及遵守顺序。

当说话者违反上述的一个或者多个规则时，说话者所表达的意思便与这些词的字面意思有一定的差异。例如，当某人被问到某个戏剧怎样时，他回答戏剧中使用的那套家具很不错，这样一个不相干的回答便意味着那个戏剧其实很糟糕。

　　格莱斯将他的会话理论发展为比较复杂的理论，对逻辑学家和语言分析学家来说，该理论是非常有趣的。格莱斯能够证明许多语言结构的存在——具有在会话语境中选择暗示意思的可能性。这是对日常语言分析学家信心的一个巨大的打击，日常语言分析学家原本认为语言实践反复、曲折的研究可能会为某些词汇带来稳定的意思。格莱斯指出意思取决于上下文。但另一方面，格莱斯的作品强调了日常语言的复杂性同生活实践是一样的，类似于棒球运动这类系统完备的游戏，但与棒球运动不同的是，语言在描述目前正在发生的最重要事件时，可以在事实描述的基础上增加意思。格莱斯的文章被收集出版为《理性的哲学基础》（*Philosophical Grounds of Rationality*）、《言辞之道研究》（*Studies in the Ways of Words*）和《理性的面向》（*Aspects of Reason*）。

分 析 伦 理 学

 分析伦理学是什么？

　　分析伦理学是逻辑实证主义和日常语言分析学在伦理学上的应用。

 伦理与道德之间有什么区别？

　　哲学家倾向于认为这两个词可以互换使用。但是在通常的用法中，"道德"是指私人行为，而"伦理"是指公共的、专业的或者公民的行为。因此，对一个人的性行为和饮酒习惯的判断是道德判断，而对人的义务和职责的判断，例如，医德，则是伦理判断。

 道德体系和道德理论有什么区别？

　　道德体系规定了人们应该根据哪些原则行事，比如义务论或责任伦理、功利主义或美德伦理。道德理论则是对基本道德术语，如"善"或"恶"，以及道德判断和道德论证的性质的阐述。道德理论家也比较不同的道德体系。

我们都有感到内心冲突的时候。在日常生活中，伦理涉及我们如何对公共行为作出好与坏的判断，而道德则涉及我们如何在个人层面上处理这种冲突。（图片来源：iStock 图像）

 道德传统主义是什么？

道德传统主义是一种观点，认为使某事物成为善或使某行为正确的是一般的文化信仰。传统主义道德观有描述性道德观和规范性道德观两种。规范性传统主义道德观认为我们应该遵循规矩；而描述性传统主义道德观认为我们确实遵循了规矩。

 道德（伦理）相对主义是什么？

道德相对主义有两种：描述性道德相对主义的观点是指不同的文化具有不同的道德信仰；规范性或者标准化道德相对主义的观点是指，所有正确的事情就是特定社会中的人所认为正确的事情。这种观点的结果是，道德分歧不能通过理性辩论来解决。

 哲学家们如何看待道德相对主义？

哲学家们强烈反对规范性道德相对主义。它使得人们分析道德术语和构建道德体系变得毫无意义，因为没有办法去证明它们是正确的。人们对描述性道德相对主义有不同的态度。一些哲学家否认它，他们主张，一旦我们理解的道德体系看起来不同于我们自己的道德体系，我们就能从应用于全人类的所有道德体系中获得通用的道德原理。另外一些哲学家主张，人们对什么是正确的道德有不同的观点，这些观点中有一部分是完全错误的，人们需要做的就是指出这些观点错在哪里。

乔治·爱德华·摩尔的"自然主义谬误"是什么？

摩尔认为，不能通过分析其他任何属性来定义善。他在《伦理学原理》（*Principia Ethica*）一书中写道：

> 所有好的事物也都是其他某种东西，这也许是事实，正如所有黄色的东西都会在光线下产生某种特定的振动一样。而伦理学的目标是发现所有好的事物都具有的其他属性，这也是一个事实。但是，太多的哲学家认为，当他们命名这些其他属性时，他们实际上是在定义善。

摩尔认为，我们直接知道什么是善，就像当我们看见黄色就知道那是黄色一样。因此，"我们能够简单地指向一个行为或者一个事物并说'那是好的'"。我们不能向一个盲人确切地描述黄色是什么颜色。我们只能给一个有视力的人展示一张黄色的纸或者一块黄色的布，并说"这是黄色"。对于什么是善也存在同样的情况。每当用某种"自然"属性来定义善时，比如"为最多数人带来好处"，就犯了"自然主义谬误"（naturalistic fallacy），因为人们总是可以对具有这种自然属性的事物提问："是的，但它是善的吗？"

摩尔的"善之不可定义"观点在一段时间内成为其他伦理学家用于反驳和竞争的概念和标准。

情感主义伦理理论是什么？

按照逻辑实证哲学家的想法，只有当能够用描述感官经验的方式来说明某个命题如何被证实或证伪时，这个命题才具有意义。因为道德的命题和艺术的命题都不能通过这个检验，所以他们认为这些命题没有经验主义的意义，而是人们对自身感觉的一种表达。因此，说"这是正确的"，就等于在说"我喜欢这个东西"。

A. J. 艾耶尔在《语言、真理与逻辑》中提出了这一观点。查尔斯．L. 史蒂文森（Charles L. Stevenson）在《伦理学和语言》（*Ethics and Language*）中给出了更全面的说明。史蒂文森认为道德判断没有认知意义，只有情感意义。他表示道德判断实际上不是真实的，而是对事实的情感反应，这有时会影响其他人。如果事实或者其他情况发生了变化，道德判断也会跟着变化。

 伦理主观主义是什么？

伦理主观主义与伦理情感主义一样，或者认为道德判断表达我们共同的情感，或者将个人的私人道德观作为道德的意义。因此，从原则上来说，有多少个人就有多少种道德体系。

 在分析哲学中，美德伦理是如何被重新发现的？

亚里士多德的美德伦理学主要被表述在其著作《尼各马可伦理学》（*Nicomachean Ethics*）中，在分析哲学中被再次提到，并用来创造理性主义道德体系。按照亚里士多德的观点，我们在深思熟虑后决定自己的行为，这一过程可以帮助我们发展个人美德。人们有时借助亚里士多德美德伦理的复兴来反对其他著名的道德体系和道德理论。菲莉帕·福特（Philippa Foot）和阿拉斯代尔·麦金太尔（Alasdair MacIntyre）是20世纪著名的美德伦理学家。

"布鲁姆斯伯里集团"是什么？

"布鲁姆斯伯里集团"（The Bloomsbury Group）是一个由一群朋友构成的松散的团体，成员都是剑桥大学的毕业生。他们晚上在作家弗吉尼亚·伍尔夫（Virginia Woolf）的姐姐瓦内萨·贝尔（Vanessa Bell）的家里喝酒聊天。（这所房子位于伦敦的布鲁姆斯伯里地区，这个团体因此得名。）1910年之前的初始成员包括：小说家E. M. 福斯特（E. M. Forster）、玛丽·麦卡锡（Mary MacCarthy）和弗吉尼亚·伍尔夫；经济学家约翰·梅纳德·凯恩斯（John Maynard Keynes）；小说家、传记作家和评论家利顿·斯特雷奇（Lytton Strachey）；以及画家邓肯·格兰特（Duncan Grant）、瓦内萨·贝尔和罗杰·弗莱（Roger Fry）。在各自成名之前，他们都是亲密的朋友。

G. E. 摩尔是该集团的知识理想和精神导师。他因《伦理学原理》和为所有智力工作提供的清晰模型而受到其他人的尊敬。最重要的是，布鲁姆斯伯里集团的成员受到摩尔的启发，认为艺术和友谊具有内在价值——它们本身就是好的，没有"更高的目的"。

小说家及女性主义作家弗吉尼亚·伍尔夫是布鲁姆斯伯里集团成员。（图片来源：美联社）

菲莉帕·福特对美德伦理的贡献是什么?

菲莉帕·露丝·福特（Philippa Ruth Foot）是美国总统格罗弗·克利夫兰（Grover Cleveland）的孙女，她反对伦理主观主义和伦理情感主义，坚持道德和理性之间的联系。她试图破坏事实与价值的分界线，她主张道德判断是由与我们的生活及自然相关的事实决定的。在这个意义上，她是一个"道德自然主义者"（moral naturalist）。道德自然主义的观点认为，道德上的善并不是某种独特而特殊的品质，而是在特定情况下被理性选择为最好的普通事物和行为。

总的来说，福特始终支持美德作为自我利益的有利条件。她的主要著作有《道德哲学中的美德、恶习及其他论文集》（Virtues and Vices and Other Essays in Moral Philosophy）、《自然美德》（Natural Goodness），以及《道德难题：道德哲学中的其他问题》（Moral Dilemmas: And Other Topics in Moral Philosophy）。

 道德自然主义是什么?

道德自然主义坚持美德是一种自然特性，并认为即使没有直觉、良知和宗教信仰，道德也能被理解。

 阿拉斯代尔·麦金太尔对美德伦理有什么贡献?

阿拉斯代尔·麦金太尔在伦理学方面拒绝20世纪末期的消费者资本主义。在他重新推崇托马斯主义的亚里士多德学说（即受基督教利他和宗教价值观影响的亚里士多德主义）后，他认为道德判断的性质与竞争体系有关，他声称伊迪丝·斯坦是一位现象学家。

麦金太尔认为美德是实现人类潜能所必需的道德品质。他一直专注于实践、美德与传统的结合：实践是公共行为；美德是人们参与实践所必需的个人素质和习性；传统是社区的历史，作为反思的对象。麦金太尔认为人们在社会中发展并实践美德，他还认为人们必须根据历史来理解道德社会。

人们认为麦金太尔的观点在社会或者政治意义上是保守的，但是他扩展了对亚里士多德美德的理解。从亚里士多德撰写著作时起，如果没有相继发生的所有历史事实，那么麦金太尔的观点就不可能形成。麦金太尔关于这一主题的主要著作包括《德性之后》（After Virtue）、《谁的正义？哪种理性？》（Whose Justice, Whose Rationality?），以及《三种对立的道德探究观》(*Three Rival Versions of Moral Inquiry*)。

安·兰德是谁?

安·兰德(Ayn Rand)是一位俄裔美国小说家,她强烈反对利他主义的基督教美德。她以在其小说和客观主义哲学体系中赞美"自私自利的美德"(the virtue of selfishness)而闻名于世。她最受欢迎的小说包括《我们活着的人》(*We the Living*)、《源头》(*The Fountainhead*)及《阿特拉斯耸耸肩》(*Atlas Shrugged*)。

安·兰德提倡的"自私自利的美德"是什么?

兰德认为人类最高的美德是个人幸福,个人幸福要通过理性来实现。每个个体都有高尚的责任去追求自己的私利,其他人没有权利因为他们是弱者或者处于危难中就要求一个人牺牲自己或者自己的利益。在这个意义上,兰德是一个"伦理利己主义者"。

在类似《阿特拉斯耸耸肩》这样的小说中,作者安·兰德提出了她的想法:人们应该自私地追求自己的幸福。(图片来源:美联社)

伦理利己主义是什么?

伦理利己主义是一个道德体系,这个道德体系认为每个人都应该追求自己的个人利益,个人利益高于一切。与伦理相对主义一样,伦理利己主义也有描述性和规范性两种形态。描述性的伦理利己主义认为每个人始终都在追求他们自己的利益;规范的利己主义认为每个人都应该始终追求自己的利益。安·兰德明显是一个规范性伦理利己主义者,而不是描述性伦理利己主义者。

安·兰德的客观主义哲学是什么?

大多数专业的哲学家认为兰德的客观主义是一种"所谓的哲学"(so-called philosophy)。兰德声称她在大概几个月的时间里自学了西方哲学史,这使她成为一个充满激情的亚里士多德追随者。她认为亚里士多德的同一律，或者"A 就是 A"，是一个形而上学的原理，这个原理以可知的客观世界存在为基础。兰德在当代的许多大学校园里受到欢迎，虽然这主要是因为她的小说和利己主义学说而不是因为她的形而上学观点。（在兰德之前的或者之后的大多数专业的哲学家认为，"A 就是 A"是一个"重言式"，它并没有告诉我们这个世界到底是客观的还是主观的。）

 ## 结果主义是什么？

结果主义是 19 世纪的功利主义的 20 世纪版本。功利主义道德体系认为我们应该为得到最大的幸福或者快乐而行动，每个人只能得到自己的快乐和幸福，而不能得到其他人的快乐和幸福。乔治·爱德华·摩尔的理想功利主义指出，我们行为的结果所追求的美德是美学的体验和友谊。

结果主义是功利主义的更普遍的形态，结果主义认为我们应该行动起来，从而获得最好的结果或者取得最大的成果。当代的结果主义者常常把"偏好满足"（preference-satisfaction）作为具有内在价值的终极结果。（偏好满足就是一个人得到他想要的。）还有关于结果分配的讨论，即是否所有相关的人都应该得到平等的份额，或者是否只要总的好处或平均好处增加就足够了。

行为结果主义认为我们应该做能带来最好结果的事，而规则结果主义认为我们应该做能带来最好结果的规则所要求我们做的事。

在 J. J. C. 斯马特（J. J. C. Smart）与伯纳德·威廉姆斯共同编著的《功利主义：赞成和反对》（*Utilitarianism: For and Against*）和塞缪尔·舍夫勒（Samuel Scheffler）的《拒绝结果主义》（*The Rejection of Consequentialism*）中，论述了所有这些问题和其他一些问题。也有人试图将结果主义与日常语言哲学联系在一起，其中最著名的是理查德·默文·黑尔（Richard Mervyn Hare）。

 ## 理查德·默文·黑尔是谁？

理查德·默文·黑尔是牛津大学的道德哲学教授，后来又在佛罗里达大学任教。在他的《道德语言》（*The Language of Morals*）一书中，黑尔论证了道德判断的规范性及其"可普遍化性"（universalizability），或可推广性。

在著作《自由与理性》（*Freedom and Reason*）和《道德思维及其层次、方法和要点》(*Moral Thinking, Its Levels, Method, and Point*) 中，黑尔坚持认为，人们应该根据支持功利主义原理的逻辑规则来使用伦理的概念。黑尔提出的功利主义是"双重的"（two-tier），即功利主义包括行为功利主义和规则功利主义。行为功利主义认为我们做独特的、非凡的行为会产生最好的结果，而规则功利主义认为我们遵循规则做事会产生最好的结果。

有哲学家批判了结果主义吗？

伊丽莎白·安斯康姆（Elizabeth Anscombe）在发表于 1958 年的论文《现代道德哲学》(*Modern Moral Philosophy*) 中批判了 20 世纪的功利主义，认为它没有区别有意的结果和无意的结果，安斯康姆在文章中创造了"结果主义"这个术语。安斯康姆认为只有有意的结果才有道德价值。

安斯康姆还因为支持托马斯·阿奎那的双重效应原则（doctrine of double effect）而闻名。根据双重效应原则，如果一个人的行为已知会产生不良后果，但不是有意地去造成那些不良后果，这个行为就是道义所允许的。在耶稣会对穿颅术（为了保住婴儿母亲的生命而进行的挤碎婴儿头颅骨以便将婴儿顺利取出的手术）进行道德论证时，就应用了双重效应原则。如果产科医师的目的不是杀死婴儿，而只是将婴儿取出来，那么穿颅术是被允许的。

安斯康姆还举了下面的这个例子：假设她在悬崖上遇到了她的死敌。如果因为她意外地倒向她的死敌，从而使敌人跌落悬崖，她是不应该受到任何责备的，尽管她死敌的死亡这一无意的结果是她所希望的（在她的死敌死亡这一事实发生以后，她一定会开心）。

另一些人批判了结果主义，因为结果主义在某些事件中忽视了正义，在这些事件中，人们为了获得最大的利益对他人采取了不公平的行为，甚至有人因此被牺牲。

应用伦理学是什么？

应用伦理学是对人类所涉及的实践领域现存的道德原则所进行的研究，这些领域包括医学、工程学、商业、法律和环境等。应用伦理学也为人类社会新出现的情况扩充了新的道德规范，如航空旅客和灾难受害者的权利、人类克隆涉及的道德问题，以及消费者保护。从这个意义上说，应用伦理学是实践伦理学——它是对实践伦理的研究。

此外，应用伦理学在应用理论道德体系和道德理论于哲学以外的实践和领域时可能更具批判性。哲学伦理学家可能会对某一领域的现有规则和行为进行理论上的证明或批评。在某些情况下，可能会出现新的道德方向。环境伦理学是应用伦理学理论维度扩展的一个很好的例子。

 ## 结果主义者们是如何回应这些批判的？

一些结果主义者，如哲学教授和作家凯·尼尔森（Kai Neilsen），他在承受巨大压力的情况下仍然坚持己见，他认为无论如何，拯救更多的生命都是好事。尼尔森因为他在1972年发表在《伦理学》（*Ethics*）上的文章《为功利主义辩护》（*In Defense of Utilitarianism*）而闻名，文章举了一个肥胖的男人挤进一个洞穴的例子：水正在上涨并且在他后面的同伴被坑害了。尼尔森声称，如果通过爆炸炸药（恰好出现在现场）来"人道地"处决这个肥胖的男人是完全不违背道德的。

结果主义者回应了关于不公平的批判，认为规则结果主义能够虑及公平，因为一个公平的规则会导致更好的结果，并且从长远来看，不公平的行为不能改善人们的生活。例如，在紧急情况下，医生可能会为了使其他6个需要器官移植的病人活下来而牺牲一个健康的病人。但是遵循这种牺牲健康病人的规则将会破坏人们对医生的信赖，而且从长远来看，杀死这个健康的病人所带来的坏处要远远大于好处。

还有一些人指出了计算结果给未来带来的明显的问题。伯纳德·威廉姆斯也提出了对结果主义的强烈反对意见，他认为每个人都以相同的方式计算结果会使行为者忽视个人权利对其重要性，从而破坏了公正。在一个著名的例子中，威廉姆斯设想一个旅行者被要求去杀死一个印第安人以拯救9个印第安人免于被射杀。他认为结果主义者的方法侵犯了这个旅行者自己的权利，因为他必须放弃不杀死其他人的道德。

分析政治哲学

 分析政治哲学有什么与众不同之处?

20 世纪的分析政治哲学家大多支持自由平等的价值观,他们以非政治性的正式写作方式表达这些观点。

 以赛亚·伯林是谁?

以赛亚·伯林因其在民主社会中的自由理想方面所做的研究而闻名。他出生于拉脱维亚,毕业于牛津大学。1966 年至 1975 年期间,他担任牛津大学沃尔夫森学院院长。他因区分了"积极自由"和"消极自由",以及对马克思主义历史观的批判而著名。伯林是一位杰出的、优雅的演说家,并且多次在英国广播公司(BBC)发表演说,他在演说时通常是不需要演讲稿的。伯林的主要著作包括《历史必然性》(*Historical Inevitability*)、《两种自由概念》(*Two Concepts of Liberty*)、《自由四论》(*Four Essays on Liberty*)、《俄国思想家》(*Russian Thinkers*)、《反潮流:思想史观点》(*Against the Current: Essays in the History of Ideas*)、《个人印象》(*Personal Impressions*)、《扭曲的人性之材:思想史中的几章》(*The Crooked Timber of Humanity: Chapters in the History of Ideas*),以及《现实感:对思想及思想史的研究》(*The Sense of Reality: Studies in Ideas and Their History*)。

 以赛亚·伯林的"两种自由"概念是什么?

1958 年,伯林担任牛津大学社会与政治理论齐切利教授(Chichele Professor)。在就职演讲上,他提出了"两种自由"的区别:消极自由对个人行为没有限制和干扰,就像一个人可以自由地投票、写一本书或者学习交际舞。积极自由是人类发展自我和决定个人命运的能力。例如,有些人生活在没有消极自由的国家里,结果妨碍了他们获得积极自由。另外一些拥有积极自由的人可能会因为经济或者社会的局限性而无法充分地行使这些积极自由。

伯林认为,主要是由于浪漫主义和德国唯心主义传统,政治理论家一直忙于研究积极自由对特定的政体形式的影响。他认为,积极自由的观念被德国纳粹主义征用。对纳粹来说,德国及其"优等民族"的命运成为影响个人生活的最高价值。

伯林是约翰·斯图亚特·密尔提出的消极自由的倡导者，他强调政府约束最小化的重要性。换句话说，他认为政府不是个体实现生活计划或价值的一种生存来源，因为当政府承担这种功能时，它可能就变成了集权政府和专制政府。

以赛亚·伯林以他在民主社会中的自由理想领域所做的研究而闻名。（图片来源：美联社）

以赛亚·伯林是怎样反对马克思主义历史相对论的？

伯林认为，除了"特殊个体"的自由意志之外，客观力量或者绝对力量并不能决定历史。他在《政治理论还存在吗》（*Does Political Theory Still Exist*）一文中写道：

> ……通常，只有一种模式决定我们思想的情况是罕见的；人类（或者文化）对这些模式的痴迷是罕见的，在这些模式最猛烈的时候，人们可能变得更加具有凝聚性。而当他们的观念最终被现实毁灭的时候，人们也将趋向于更猛烈的崩溃。

出于同样的原因，伯林对政治生活的和谐或者一致并不感兴趣。他认为善意的个体之间可能持有相反的价值观，这将导致不可避免的道德冲突："这些价值观的冲突就是他们的本质，也是我们的本质。"

卡尔·波普尔是谁？

卡尔·雷蒙德·波普尔爵士（Sir Karl Raimund Popper）提出了人们应该说明什么能够证明科学命题是假的，他也因为提出这样的主张而著名。波普尔出生于奥地利首都维也纳，他的成长过程与路德维希·维特根斯坦相似，但他不是在富裕的环境中长大的。20世纪30年代末，他不得不离开德国，被迫移民到新西兰从事教师行业，之后在英国的伦敦经济学院获得教授职衔。波普尔的政治思想也像他的科学哲学一样出名，他在著作《开放社会及其敌人》（*The Open Society and Its Enemies*）中提出了他的政治思想。

 ### 卡尔·波普尔的"开放社会"概念是什么？

波普尔首先对柏拉图和卡尔·马克思进行了批判，他认为柏拉图的哲学王国理念描绘了一个人类智慧无法实现的理想，而马克思的错误是因为他相信人类历史有一个道德尺度。波普尔认为统治者是容易犯错误的人类。此外，波普尔拒绝接受"历史相对论"和"整体论"。历史相对论认为历史是由群体行为决定的，而整体论认为只有整个团体才是社会中的活动者。他认为社会科学并没有证据表明历史中存在无个性的力量，或者除了个体之外还有其他东西能使事情发生。

波普尔认为统治者不可能预测到他们的行为和政策会产生什么样的后果。他的理由是在哲学上任何人都不可能预测未来。在一个开放的社会中，人们对待政策的态度应该像对待假设一样，公众应该了解这些政策，以此来判断它们是否错误。由于统治者可能会自欺欺人地看待其政策的成功，所以应该让公众来评价一个政策是否成功。并且如果公众评定一个政策是失败的，那么就应该策划另一个经过修正的政策。波普尔认为，如果社会不是以这种方式"开放"给公众，那么极权主义和对个体自由的压制将会发生。

 ### 约翰·罗尔斯是谁？

约翰·罗尔斯（John Rawls）毕业于普林斯顿大学，并先后在普林斯顿大学、麻省理工学院、康奈尔大学及哈佛大学任教。他被认为几乎凭一己之力在他的著作《正义论》（*A Theory of Justice*）中复兴了英美政治哲学。罗尔斯以康德主义道德观和社会契约理论中被统治者同意的基本原则为基础，描绘了一个公正社会的模型。除了《正义论》外，罗尔斯的出版物还包括《政治自由主义》（*Political Liberalism*）、《万民法》（*The Law of Peoples*）、《论文集》（*Collected Papers*），以及《关于哲学史的论文集》（*Essays in the History of Philosophy*）。

 ### 约翰·罗尔斯的正义论是什么？

罗尔斯认为正义是社会的首要美德。在某种意义上，所有的社会都非常重视正义观念，尽管每个社会都有不同的"正义观念"。罗尔斯的正义观念可以被理解为公平。在这种模式下，罗尔斯提议，如果一个社会有公平的基本制度，并且官方立场也维护公平，那么这个社会就应该是公平的。罗尔斯提出设置一个"原初状态"（original position）的思想试验，以这种方法来确定基本制度怎样才是公平的。

在原初状态下，公平制度的制定者们在"无知之幕"（veil of ignorance）后完成他们的工作。"无知之幕"会阻止他们知道他们正在制定制度的这个社会中的职位和权益。罗尔斯写道：

> 没有人知道他自己在社会中的位置：他的阶级地位和社会地位，没有人知道他从自然资源中获得的财富，他的能力、智慧及力量等等。我甚至设想参与者们不知道利益的概念或者他们特殊的心理倾向。正义原则是在"无知之幕"之后被决定的。

罗尔斯的思想试验为制度制定者保证了一个假定的公正环境。这使他们成为康德哲学的理性行动者，因为他们是自治的，他们能够并且应该选择在他们生命中最重要的事物。他们虽不知道自己的个人权益，但却制定了将会影响个人权益的制度，这是公平的，就像让一个孩子切蛋糕，让另一个孩子先选一样。社会中拥有权益的个体赞同这些基本制度，这反映了社会契约论所统治的人赞同社会契约论的必要性。

社会契约论也基于一个前提：政府必须证明政府对那些被统治者是有益的。罗尔斯的原初状态允诺了一个比最初的社会契约理论家（如约翰·洛克）所允许的更大的利益检验。洛克假设只有财产所有者才会在政府中得到代表。而罗尔斯的模型则允许我们问这样一个问题：在"无知之幕"的背后，社会中的所有人是否会选择某一特定的现状？如果不会，那么这个现状就不是公正或公平的。

约翰·罗尔斯相信完全的平等吗？

不，罗尔斯并不是"分配正义"（distributive justice）的完全支持者，也不是那种认为社会所有成员都应获得等量一切的理想主义者。但他通过他的"差异原则"将公平的标准应用于不平等："不平等必须'最大程度地有利于社会中处于最不利地位的成员'"。

罗伯特·诺齐克是谁?

罗伯特·诺齐克（Robert Nozick）主要是因为他的"最小政府"理念而被尊重。他曾在哥伦比亚大学、普林斯顿大学和牛津大学接受教育，并成为佩莱格里诺大学和哈佛大学的哲学教授。他最有影响的著作是《无政府、国家与乌托邦》（*Anarchy, State, and Utopia*），这本书是为了回应约翰·罗尔斯的《正义论》一书而写的。诺齐克的其他著作还包括《苏格拉底的困惑》（*Socratic Puzzles*）、《理性的本质》（*The Nature of Rationality*）及《被检验的人生》（*The Examined Life*）。

 ## 罗伯特·诺齐克是怎样回应约翰·罗尔斯的?

首先，诺齐克坚持认为权利是神圣不可侵犯的。其次，他提出可以在不侵犯个人权利的情况下发展出一个"最小政府"，但遵循罗尔斯的"差异原则"所构建的国家则无法做到。诺齐克认为，任何基于帮助弱势群体原则而建立的国家，都必然侵犯通过自由交易获得的财产权。

 ## 罗伯特·诺齐克提出了怎样的政治理论?

诺齐克坚持认为只要分配使人们得到了他们有权拥有的东西，那么这个分配就是正义的。人们应得的权益涉及财产的获得与转让，以及对以前的不公正和错误的纠正。

诺齐克赞成"最小政府"，"最小政府"维持治安并有力地保护公民的私有财产权。约翰·洛克认为私有财产基于劳动和某物的结合，在分析约翰·洛克的这一观念时，诺齐克提出了下面这个问题：

> 为什么将某人的劳动与某个东西结合在一起就会使这个人成为这个东西的所有者……如果我有一罐番茄汁并且将它倒入大海中……我因此而拥有了大海吗？还是我愚蠢地浪费了我的番茄汁？

诺齐克把这个难题从形而上学的领域转移到了功利主义的领域，从而解决了这个难题，洛克也使用了同样的方法。我们对结合了我们劳动的某物是有所有权的，因为我们附加的劳动增加了原始材料的价值。

"洛克-诺齐克的解决方案"忽略了什么？

他们的解决方案没有考虑到我们如何才能在拥有结合了我们劳动的那部分的事物的同时，也能够拥有没有结合我们劳动的那部分。一个人如何才能拥有某物（被证明是有用的东西）的开采权？同样，我们如何决定因某物太大而不能与我们的劳动结合，使得我们不能拥有整个事物？就像诺奇克给出的大海的例子。

 ### 列奥·施特劳斯是谁？

列奥·施特劳斯（Leo Strauss）在哲学界具有一定的影响力，因为他把哲学著作与现实生活中的政治学联系到了一起。他是一位德裔美国哲学家。1932 年获得了洛克菲勒奖学金，他辞去了德国柏林犹太研究学院的工作，前往法国巴黎学习。纳粹上台后，身为犹太人的列奥回到德国是很不安全的，因此他去了剑桥大学任教，之后又去了纽约，他在 1949 年成为芝加哥大学的政治学教授，并一直在那里工作到 1969 年。

施特劳斯教授古典政治哲学。在他去世后，他的研究工作给美国的新保守主义者提供了灵感。在总统乔治·W. 布什（George W. Bush）执政期间，他的学生和现实世界中的政治追随者，包括国防部副部长保罗·沃尔福威茨（Paul Wolfowitz）和五角大楼特别计划部主任艾布拉姆·舒尔斯基（Abram Shulsky）。威廉·克里斯托尔（William Kristol）也是施特劳斯的学生，此外还有自由社会评论家苏珊·桑塔格（Susan Sontag）和非政治性的文学评论家阿兰·布鲁姆（Alan Bloom）。

施特劳斯主要著作包括《霍布斯的政治哲学》（*The Political Philosophy of Hobbes*）、《迫害与写作的艺术》（*Persecution and the Art of Writing*）、《自然权利与历史》（*Natural Right and History*）、《关于马基雅维利的思考》（*Thoughts on Machiavelli*）、《城邦与人》（*The City and Man*）、《政治哲学：列奥·施特劳斯六篇论文》（*Political Philosophy: Six Essays by Leo Strauss*）、《苏格拉底和阿里斯托芬》（*Socrates and Aristophanes*）。

列奥·施特劳斯在政治上的相关思想是什么？

施特劳斯主要是一位古典政治理论家。他认为，在哲学与现实生活中的政治学之间的重要联系始于苏格拉底的审判和定罪。他认为，自苏格拉底以来，为了避免政治迫害，哲学家们隐藏了他们真正要表达的意思。施特劳斯开发了一种阅读理论，独立思考者可以用这种理论揭示晦涩的著作背后的真实意图。

施特劳斯不认为社会科学中事实与价值的区别是基础性的。这种区别认为，关于"什么应该是事实"的命题不能用"什么是事实"的命题逻辑推断出来。施特劳斯认为，研究政治不能脱离先验的价值观。他认为现代自由主义过于强调个体自由的重要性，这导致人们忽视了人性的优点和政治美德。因为作为一个学说的自由主义导致了相对论，所以它可能受两种类型的虚无主义支配：一种类似于纳粹德国的"暴力"虚无主义，它要消灭现有的社会基础，让人们铭记新的理想；另一种是美国文化中的"温和"虚无主义，它导致了"宽容的平等主义"。

依照基于古典著作深层次阅读的新政治哲学，施特劳斯显然支持"高尚的谎言"，它可以作为一种政治手段来纠正当代社会存在的弊端。（"高尚的谎言"是指对相信谎言有益的人所说的谎言。）然而，对于如何在理智与宗教信仰之间保持平衡，或者在现代政治哲学与古代政治哲学之间保持平衡，施特劳斯自己也没有清晰的解决方法。

逻辑实证主义之后的认识论和形而上学

 在逻辑实证主义出现之后，形而上学和认识论有哪些新观点？

在逻辑实证主义之后，形而上学和认识论经历了一个全新的、由科学彻底指导的实证起点。彼得·弗雷德里克·斯特劳森（Peter Frederick Strawson）支持常识形而上学。他和威尔弗里德·塞拉斯（Wilfred Sellars）一样，发展了与科学相对的公众观点的想法。斯特劳森做了大量的研究工作，帮助哲学作为一种常识方法被人们所接受，这在逻辑实证主义者看来是没有意义的，因为它不是关于科学的。纳尔逊·古德曼（Nelson Goodman）复兴了长期存在的归纳法问题——推理始于经验，最终构建知识。威拉德·冯·奥曼·蒯因（Willard Van Orman Quine）通过将实用主义者的见解与严谨的哲学方法相结合，创造性地改变了 20 世纪的哲学方向。此外，也许部分是由于蒯因的工作，希拉里·普特南（Hilary Putnam）通过将实用主义认识论应用于科学真理问题，对实用主义认识论进行了重新诠释。

彼得·弗雷德里克·斯特劳森是谁？

彼得·弗雷德里克·斯特劳森爵士毕业于牛津大学，并于 1968 年成为牛津大学的教授。他不同意伯特兰·罗素的"限定摹状词理论"，他认为"法国的国王是秃子"这个命题预示着"存在一个法国国王"这样的事实。这是人们创造出来的一个问题，因为如果法国没有国王，那么"法国的国王是秃子"就既不是真的也不是假的，或者它根本就不是一个命题。

虽然斯特劳森深受日常语言哲学的影响，但他对隐含在普通现实中的概念系统和存在范畴更感兴趣，而不是日常语言的用法。在《感觉的界限》（*The Bounds of Sense*）一书中，斯特劳森赞成"显现图景"（manifest image），认为它是理解世界的公共（共享）的方法。

"显现图景"的概念为什么重要？

20 世纪的分析哲学家们提出"显现图景"这一概念，是为了将人们对世界的普遍看法与科学观点相调和。这个词是由威尔弗里德·塞拉斯创造的。

威尔弗里德·塞拉斯是谁？

威尔弗里德·塞拉斯想把分析哲学与逻辑实证主义结合起来，这个目标促使他创办了杂志《哲学研究》（*Philosophical Studies*）。塞拉斯毕业于密歇根州立大学和哈佛大学，1963 年以后，他一直在匹兹堡大学工作。他的工作集中在使科学的世界观与我们的日常观念相一致，使意识和意图存在于具有意义、声音和颜色的世界里。塞拉斯通过结合经验主义与心灵哲学来解决这些问题，从而引入了"机能主义"（functionalism）的哲学。塞拉斯的主要著作包括《科学、感知和现实》（*Science, Perception and Reality*）、《哲学视角》（*Philosophical Perspectives*）及《关于哲学和哲学史的文章》（*Essays in*

Philosophy and Its History)。

纳尔逊·古德曼是谁?

纳尔逊·古德曼批评了"相似性独立于我们的语言倾向而存在于世界上"的观点。古德曼毕业于哈佛大学。1929 年至 1941 年,他是波士顿的一个艺术品商人,在 1968 年他成为哈佛大学的教授。在他的《表象的结构》(*The Structure of Appearance*)一书中,他发展了鲁道夫·卡尔纳普关于世界的逻辑结构的观点。后来他得出了这个结论:存在许多不同的世界结构,这取决于观察者的视角。在《事实、虚构和预测》(*Fact, Fiction and Forecast*)一书中,古德曼用"绿蓝"(grue)的例子扩展了他的观点,认为自然界的结构取决于我们的兴趣。

"绿蓝"是什么?

纳尔逊·古德曼假设所有的翡翠在时间 T (T 指的是现在) 以前都是绿色的。但是如果这个假设是真的,那么如下的陈述"G"也是真的:"翡翠在时间 T 之前是绿色的,或者翡翠在时间 T 之后是蓝色的。"之所以翡翠在时间 T 之后不是绿色的就是蓝色的,是因为 T 之后的时间指的是将来,而我们不知道将来翡翠(或其他任何事物)会是什么样的。

陈述"G"定义了"绿蓝"(古德曼虚构的一个术语)一词。作为翡翠的一个性质,所有具有"绿蓝"这一特征的翡翠在时间 T 之后可能是蓝色的。不过,古德曼主张,在时间 T 之后,我们应该更喜欢称它们为"蓝色的"。他认为这表明证实不能是一个纯粹逻辑或句法的过程,而是反映了我们的语言偏好,这些偏好超出了我们实际所知的范围。

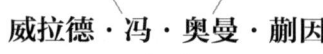
威拉德·冯·奥曼·蒯因

威拉德·冯·奥曼·蒯因是谁?

威拉德·冯·奥曼·蒯因代表了 20 世纪科学哲学的巅峰。在许多方面,他把逻辑实证主义、实用主义和科学经验主义精华的部分结合在一起。他出生于美国俄亥俄州的阿克伦,先后在奥柏林学院和哈佛大学学习。他于 1932 年获得哲学博士学位,然后成为一名哈佛大学研究员。这使得他有 4 年的时间研究和旅行,之后,自 1936 年,他开始了长达 50 年的哈佛大学任教生涯。

人们认为蒯因的影响是不朽的，作为个体的人，他被人们高度尊敬，甚至是敬仰。蒯因的主要著作包括《语词和对象》（*Word and Object*）、《悖论的习性及其他文章》（*The Ways of Paradox, and Other Essays*）、《本体论的相对性》（*Ontological Relativity*）、《从逻辑的观点看：九篇逻辑哲学文章》（*From a Logical Point of View: Nine Logico- Philosophical Essays*）、《从刺激到科学》（*From Stimulus to Science*）、《理论和事物》（*Theories and Things*）、《真理的追求》（*Pursuit of Truth*）及《诡辩：一部断断续续的哲学辞典》（*Quiddities: An Intermittently Philosophical Dictionary*）。

科学哲学家威拉德·冯·奥曼·蒯因认为："存在就是成为变元的值。"（图片来源：美联社）

 威拉德·冯·奥曼·蒯因最具影响力的思想是什么？

蒯因认为"分析—综合区别"无法被维护，因为他认为"分析"不能以非循环的方式被定义。他对知识持有整体论的观点，把我们的所有理论比作一个"网络"。他认为存在的断言是相对于特定理论的，哲学认识论应该"自然化"。他指的是哲学认识论应该与科学真理的标准相一致。

 威拉德·冯·奥曼·蒯因对"分析—综合区别"的抨击是什么？

蒯因在发表于期刊《哲学评论》（*The Philosophical Review*）上的《经验主义的两个教条》（*Two Dogmas of Empiricism*）这篇文章中，介绍了一个被普遍接受的观点：分析性命题仅仅基于它们所包含的词汇的意思为真。在这个世界上没有任何事情能影响分析命题的真实性。综合性命题是关于世界的事实的主张。蒯因还指出，如果之前没有与"分析"自身所预示的意义相一致性的概念，我们就不能定义"分析"。这意味着除非你已经知道了什么是"分析"，你才会明白它的任何定义，或者说"分析"无法避免循环定义。

如果我们不知道分析性是什么，那么这里有一个有效的暗示，实际上，在某种意义上，我们所有的信念都是"综合"的，并且被人们根据自身的经验修改过。蒯因在同一篇文章中抨击经验主义的第二教条的主要观点是，理论中的命题都应该单独地面对现实。蒯因主张所有的命题应该一起面对现实。蒯因在此表达的意思是，一个完整的理论或对世界的描述会一次性得到确认，而不是理论的各个部分分别得到确认。

威拉德·冯·奥曼·蒯因实践了他所宣扬的哲学相关性观点吗？

没有，而且很多人都非常高兴他没有这么做。作为一名哲学家，蒯因因为他提出的"象牙塔"（ivory tower）观点和声称哲学家并非特别擅长"帮助社会平稳发展"而受到批评。然而，在现实生活中，蒯因非常积极地抵制纳粹主义。20世纪30年代，他作为哈佛研究员访问德国，并会见了维也纳学派的逻辑实证主义者后，他通过加入美国海军来反对纳粹对哲学的入侵［其中一项入侵是公开宣扬种族主义的数学杂志《德意志数学》（*Deutsche Mathematik*）］。回到哈佛任教后，他从1938年到1941年为维也纳学派的成员组织座谈会和讲座，尤其是为鲁道夫·卡尔纳普，后来卡尔纳普被芝加哥大学聘用。蒯因还帮助阿尔弗雷德·塔斯基在纽约城市大学找到工作。

 威拉德·冯·奥曼·蒯因的存在观点是什么？

蒯因因为他的主张"存在就是成为变元的值"（to be is to be the value of a variable）而出名。他这一主张的意思是，我们只应该忠于那些实体的存在，为了理解并应用科学理论，人们需要证实那些实体是存在的。他写道：

对我来说，作为一个外行（业余）物理学者，我相信实物而不相信荷马的神；并且我认为相信荷马的神是一种科学错误。但是从认识论的角度来说，实物和神只是程度不同而不是种类不同。两类实体都只是作为文化假定进入我们的观念里。

威拉德·冯·奥曼·蒯因是如何接纳认识论的?

蒯因认为知识的基础不能在科学领域以外。我们应该用科学而不是哲学认识论来解释构建知识网的方式,解释为什么知识网是成功的,以及知识网是如何成功的。蒯因有一个灵活的知识观点,他认为理论的术语没有固定或确定的意思,解释是"不确定的",并且人们并不清楚词汇是如何指称实物的。

 威拉德·冯·奥曼·蒯因的知识整体论是什么?

在抨击了经验主义的第二教条之后,蒯因的整体论体现了他对知识的积极论述,第二教条认为人们能够确认单一的命题或者某个理论的各个组成部分是相互独立的。蒯因认为在知识网中的科学理论和日常理论都与最普通的和最抽象的真理相互关联,例如,算术真理。知识网的边缘是人们对知识更加具体的概括和人们提出的更实际的主张,这些概括和主张在面对与它们矛盾的经验时更容易被人放弃。正是蒯因提出的这些思想观点,使他带有传统实用主义的色彩。

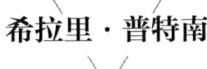 **"蒯因—普特南数学理论"是什么?**

该理论被专业哲学家称为"数学实在论的不可或缺性论证"(the indispensability argument for mathematical realism),它基本上断言了数学实体的存在。W. V. O. 蒯因和希拉里·普特南认为,我们必须承认对于最佳科学来说不可或缺的事物的存在,或者"具有本体论承诺"。数学实体符合不可或缺的条件。因此,我们必须承认它们的存在。

希拉里·普特南

 希拉里·普特南是谁?

希拉里·普特南的卓有成效的哲学研究包含形而上学、认识论、数学哲学、心灵哲学及语言哲学等各个领域。他在威拉德·冯·奥曼·蒯因之后的哲学时代开始崭露头角，并于1965年成为哈佛大学的教授。他与蒯因合作研究了数学实体的存在论，同时他赞同蒯因的"分析—综合区别"观点。他与妻子露丝·安娜·雅各布斯（Ruth Anna Jacobs）合作著书。普特南还重新激发了人们对约翰·杜威作品的兴趣。

普特南的主要著作包括《数学、物质与方法，哲学论文第一卷》（*Mathematics, Matter and Method, Philosophical Papers, vol. 1*）、《心灵、语言与实在，哲学论文第二卷》（*Mind, Language and Reality, Philosophical Papers, vol. 2*）、《意义和道德科学》（*Meaning and the Moral Sciences*）、《理性、真理与历史》（*Reason, Truth, and History*）、《实在论与真理，哲学论文第三卷》（*Realism and Reason, Philosophical Papers, vol. 3*）、《实在论的多副面孔》（*The Many Faces of Realism*）、《表征与实在》（*Representation and Reality*）、《更新哲学》（*Renewing Philosophy*），以及《实用主义：一个开放问题》（*Pragmatism: An Open Question*）。

关于"分析—综合区别"观点，希拉里·普特南是如何赞同威拉德·冯·奥曼·蒯因的？

1957年，在H. 费格尔（H. Feigl）和G. 马克斯韦尔（G. Maxwell）编辑的《明尼苏达科学哲学研究》（*Minnesota Studies in the Philosophy of Science*）文选中，普特南发表了《分析与综合》（*The Analytic and the Synthetic*）这篇文章，他在文章中指出，动能定义的历史决定了我们不可能把关于动能的命题区分为"分析的"和"经验的"，或者是"综合的"。

希拉里·普特南的新实用主义是什么？

20世纪70年代，普特南开始为分析哲学缺乏历史知识而感到遗憾。他用路德维希·维特根斯坦的日常语言概念来提倡哲学内部的多元论。他不再确信哲学家描述客观世界的能力强于日常语言使用者。他的兴趣更多地集中到社会科学，特别是经济学上，他拒绝事实、价值二分法。普特南认为科学家并不像他们自己所表现得那么"客观"或者超脱在利益关系之外，同时他认为价值判断可能是客观的。

科 学 哲 学

20 世纪分析的科学哲学是怎样发展的?

在如何看待科学这一方面，20 世纪是一个非同寻常的概念动荡时期。汉斯·赖兴巴赫（Hans Reichenbach）开始批评和摒弃核心逻辑实证主义。形而上学和认识论向实际科学靠近，科学哲学自身也开始更加人性化，因为卡尔·波普尔首先动摇了传统归纳法对客观事实的信任。随后，托马斯·S. 库恩（Thomas S. Kuhn）用他的范式和科学革命的概念颠倒了事实与理论之间的关系。

在同一时期，因为詹姆斯·杜威·沃森（James D. Watson）和弗朗西斯·克里克（Francis Crick）共同发现了 DNA 的双螺旋结构，人们不再相信"生机论"（vitalism）或者某些抽象的生命力量。然而，在接下来的 21 世纪，人类基因组的映射使人们对生物决定论产生了更多细致入微的看法，从而开启了新的生物科学哲学。

汉斯·赖兴巴赫是谁?

汉斯·赖兴巴赫是逻辑经验主义的"领路人"。他出生在德国汉堡，学习数学、物理学、逻辑学和哲学。赖兴巴赫后来成为柏林大学的一名科学哲学教授，并且是阿尔伯特·爱因斯坦的一个亲密的合作伙伴。他和鲁道夫·卡尔纳普一起创办了《认识》（Erkenntnis），该杂志是 20 世纪 30 年代首屈一指的科学哲学杂志。

同当时成千上万的犹太人一样，赖兴巴赫不得不在 1933 年离开德国。他先去了土耳其的伊斯坦布尔，后来在加利福尼亚大学洛杉矶分校定居了下来。赖兴巴赫的主要著作包括《经验和预测》（Experience and Prediction）、《概率论》（The Theory of Probability），以及在他死后出版的《时间的方向》（The Direction of Time）。

赖兴巴赫的逻辑经验主义理论是什么?

逻辑原子论者和逻辑实证主义哲学家认为，人们可以将科学研究的对象描述为由感知信息构成的事物。赖兴巴赫不同意他们的观点，他提出的实在论观点被称为"物理主义"。他从实用主义的角度论证了归纳的概率解释，认为归纳法可以被描述为，根据一些事件在过去出现的情况来判断这些事件在将来发生的可能性的方法。

赖兴巴赫为量子论开发了三值逻辑，命题可能是真的、假的或不确定的，这适用于量子理论。他在"真"和"假"之外增添了"不确定"这一选择。量子论明确阐述的观点是，对于一些事件，即使它们的原因是已知的，它们仍然不能被确定，因此在一个正规的逻辑符号系统中增加"不确定"这个选项是非常重要的。虽然他的作品大多科技性很强，但是《科学哲学的兴起》（*The Rise of Scientific Philosophy*）一书清晰、全面地记述了他的观点。

 ## 在科学哲学中，生命的观念有了怎样的变化？

1953 年，在詹姆斯·沃森和弗朗西斯·克里克共同发现了脱氧核糖核酸（DNA）双螺旋结构之后，关于生命繁殖实质的神秘"生机论"，或者"生命力量"的概念被唯物主义（物理主义）的描述所取代。沃森和克里克发现的 DNA 结构消除了生命的神秘性，因为它可以用纯化学术语来解释遗传物质的复制。双螺旋结构是 DNA 的螺旋梯形结构的三维模型，它显示了酸和碱的序列是如何通过化学反应进行自我复制的。沃森和克里克的发现为基于基因的遗传学研究铺平了道路，最终促成了 21 世纪初人类基因组（所有基因的总和）的"绘制"（mapping）。

 ## 科学是否已经消除了生命的所有神秘性？

不完全是这样。生物体用它们的基因与环境条件进行"计算和测定"，这一唯物主义的激进思想饱受争议，尤其是理查德·列文廷（Richard Lewontin）在他的著作《作为意识形态的生物学：DNA 的教条》（*Biology as Ideology: The Doctrine of DNA*）和《三重螺旋：基因、生物体和环境》（*The Triple Helix: Gene, Organism, and Environment*）中进行了阐述。列文廷的主要贡献是指出，在生物体发展中看似随机的因素（这些因素在事实发生之前无法预测）是生物复制中的第三个元素。

 ## 欧内斯特·内格尔是谁？

欧内斯特·内格尔（Ernest Nagel）出生在捷克斯洛伐克，1910 年移居美国，并在美国哥伦比亚大学哲学系任教四十多年。他撰写的《科学的结构》（*The Structure of Science*）大概是逻辑实证主义对科学调查的最后一部重要著作。内格尔将"覆盖律模型"（covering law model）的原则扩展到社会科学领域，该模型认为解释基于归纳建立起来的概括。内格尔认为，尽管历史事件是独特且不会重复的，但历史解释意味着在相同条件和已被证实的概括下，此类事件会再次发生。

 卡尔·波普尔对科学哲学有什么贡献？

波普尔在他的《科学发现的逻辑》(*The Logic of Scientific Discovery*)一书中抨击了逻辑实证主义者的假设，即科学假说可以从经验中被推导出来，并通过归纳得到证实。波普尔认为，因为我们不知道将来什么事情更可能是正确的，所以假设永远都不可能被完全证实。证明一个假设成立需要非常大量的正面实例，而否定一个假设则只需要一个反面实例就够了。波普尔的证伪理论深受科学家们的欢迎。

 卡尔·波普尔的证伪理论是什么？

波普尔认为假设是怎么来的并不重要，或者说假设是如何形成的并不重要，因此归纳对于它们的形成不是必要的。事实上，他认为越大胆、越富有想象力，就越科学，因为找出与这一假设不符的实例会更容易。他认为科学发展就是一个证伪的过程，或者说，如果假定经受住了至关重要的检验，那么就可以说得到了"证实"(corroboration)，但永远不是"确认"(confirmation)。根据波普尔的理论，凡是不能被证伪的假定或者学说，如宗教、弗洛伊德学说，它们永远也不能成为科学主张。

卡尔·波普尔认为，因为我们不知道将来什么事情是正确的，所以假设永远都不可能被完全证实。(图片来源：美联社)

 根据卡尔·波普尔的说法，证伪如何来进行？

波普尔提出了一个假设演绎法。从假设——以及初始条件的描述——中可以逻辑地推导出某些未来的事件或已知的过去的事件。如果将假设演绎法应用于过去，它就成了一种解释的形式。如果它被应用于未来，它就是预测的形式。因此，预测和解释具有相同的逻辑结构。

　　波普尔的证伪观念要求，一个证伪实例会否定最初的假设，或者更有可能的是对初始条件进行复审。例如，假设水在32F°（0℃）结冰，而某水体在该温度下并未结冰，那么水在该温度下结冰的规则或假设不太可能被抛弃。相反，可能需要检查温度计，以及假定为水的液体的化学成分。

关于卡尔·波普尔与路德维希·维特根斯坦的拨火棍有怎样的故事？

　　目击者们的描述各不相同，但最中立的叙述是，1946年10月25日，在剑桥大学国王学院的H3房间召开了一次道德科学俱乐部会议。伯特兰·罗素主持会议，卡尔·波普尔前来发表了一篇批判路德维希·维特根斯坦的语言游戏理论及他的哲学观的论文。波普尔认为道德规则是存在的。

　　在某个时刻，维特根斯坦从壁炉里拿起一根拨火棍。他可能是为了说明某个观点，可能是出于愤怒，关于这一点说法不一。当维特根斯坦问波普尔道德规则的例子是什么时，据说，波普尔回答："不要用拨火棍威胁来访的演讲者。"那时已与维特根斯坦疏远的伯特兰·罗素可能介入了，也可能没有介入，并告诉他们要冷静下来。

　　关于这一事件，以及波普尔和维特根斯坦的生平与时代的描述，英国广播公司的记者大卫·埃德蒙兹（David Edmonds）和约翰·艾丁诺（John Eidinow）撰写了一本非常有趣的书：《维特根斯坦的拨火棍》（*Wittgenstein's Poker*）。

 托马斯·塞缪尔·库恩是谁？

　　托马斯·塞缪尔·库恩认为科学的发展要求用新的角度来看世界，正是这一观点使他闻名于世。他毕业于美国哈佛大学，并先后任教于加利福尼亚大学伯克利分校、普林斯顿大学和麻省理工学院。他最初是一名物理学者，后来开始研究历史和科学哲学。在给人文科学的本科生讲授一门物理学课程时，他认识到亚里士多德的物理学并不像通常认为的那样是错误的，相反，在它自己的知识背景下它是有意义的。

　　库恩的第一本书《哥白尼革命》（*The Copernican Revolution*），说明了从亚里士多德的地球中心论到哥白尼的太阳中心论的知识转变。而库恩的第二本书《科学革命的结构》(*The Structure of Scientific Revolutions*)轰动了整个学术界，在这本书中，他说明了当新的理论推翻旧的理论时，科学是如何取得突飞猛进的进展的。据说，库恩成名后出席了一场关于他作品的会议，在会议上每个人都几乎像今天一样随意地使用他的术语——"范式"(paradigm)，他告诉某人："我不是库恩主义者。"

 ## 托马斯·塞缪尔·库恩的"范式理论"是什么？

尽管库恩本人指出，他在《科学革命的结构》一版中至少用了 23 种不同的方式介绍了"范式"一词，但其核心的意思是，范式定义并规定了在科学中如何进行研究，同时也展示了该科学所研究的世界的图景。

在常规科学中，所有从业者都期望在他们领域的现行范式内工作，并将公认的理论扩展到新的情况下。在成熟的科学中，人们普遍认同一个连贯的世界观。在不成熟的科学中，相互竞争的思想流派有追随者捍卫他们所认同的观点的范式。范式并非永远绝对正确，可以通过采用新范式而被推翻。

 ## 根据托马斯·塞缪尔·库恩的观点，科学革命是什么？

库恩认为，科学革命之前是一段危机时期，在此期间，主导范式不再能够指导该领域的调查并产生新的发现。出现了一种竞争范式，它既能解释旧范式中的数据，又能解释新数据。

最后，因为新的范式的追随者掌控了正被讨论的领域，所以新的范式取得了胜利。随着他们的胜利，他们有权改写教科书，以便将整个科学史视为导致新范式的历史。大部分旧的范式的追随者并没有改变他们的主意，但他们差不多都离开了这个领域，或者是隐退了，或者是死亡了。然后新的范式建立了一个常规科学的新的时代，直到下一次革命的到来。

 ## 伊姆雷·拉卡托斯是谁？

伊姆雷·拉卡托斯(Imre Lakatos)对科学哲学的主要贡献是把卡尔·波普尔和托马斯·塞缪尔·库恩的工作结合在了一起。拉卡托斯出生在匈牙利德布勒森的一个犹太家庭，他的父母给他起名为伊姆雷·阿夫鲁姆·利普席茨(Imre Avrum Lipschitz)。他的母亲和祖母在集中营中被杀害。拉卡托斯在德布勒森大学中学习数学、物理和哲学，在此期间为了躲避纳粹的迫害，他将自己的名字改为伊姆雷·莫尔纳（Imre Molnar）。

在第二次世界大战期间，他是一个共产主义者，并且由于他对匈牙利将军和总理盖佐·拉卡托斯（Geza Lakatos）的崇拜，他把自己的名字改为"拉卡托斯"。他曾就读于莫斯科国立大学，但是后来在1950年至1953年，他因为"修正主义"观点而入狱，他的这一观点以另一种方式重新解释了马克思主义学说，而马克思主义的权威人士认为他颠覆了他们的官方观点。在1956年苏联入侵匈牙利之后，他逃离了匈牙利。拉卡托斯于1961年在剑桥大学获得了博士学位，并成为伦敦经济学院的讲师。

拉卡托斯的主要著作是《证明与反驳》（*Proofs and Refutations*）和《数学、科学和认识论：哲学论文集第二卷》（*Mathematics, Science and Epistemology: Philosophical Papers Volume 2*），其中《证明与反驳》是基于他的博士论文《科学研究纲领方法论：哲学论文集第一卷》（*The Methodology of Scientific Research Programs: Philosophical Papers Volume 1*）创作的。

盖佐·拉卡托斯是谁？

盖佐·拉卡托斯·德·西克辛特西蒙（Géza Lakatos de Csíkszentsimon）是二战期间的匈牙利将军，也是1944年8月至10月期间的匈牙利总理。1944年8月，拉卡托斯和米克洛什·霍尔蒂（Miklós Horthy）用一辆坦克推翻了匈牙利的德国政府。他们在掌权期间阻止了对犹太人的驱逐。德国人为了报复，绑架了霍尔蒂的儿子。霍尔蒂投降后，拉卡托斯下台了。战争结束后，拉卡托斯移民到了澳大利亚。伊姆雷采用拉卡托斯的名字，因为他觉得拉卡托斯追求自由的个人勇气非常鼓舞人心。

 在卡尔·波普尔和托马斯·塞缪尔·库恩之间有什么问题需要解决？

卡尔·波普尔认为科学家应该在他们的理论被证明是错误的时候对理论进行修改，而科学理论的标志就是它能被证伪。托马斯·库恩则认为，事实上，许多被接受的科学理论有很多已知的、能被证伪的数据。但问题在于，根据波普尔的证伪标准，库恩的理论并不允许科学的进步，而波普尔的理论又似乎不太现实。

伊姆雷·拉卡托斯的"研究纲领"是如何对波普尔和库恩的工作进行调和的?

拉卡托斯描述了一种科学方法,这种方法既允许科学的进步,又解释了科学是如何发展的。他不再谈论理论,而是引入了"研究纲领"(research program)这一概念,"研究纲领"由特定领域的理论和公认的研究方法构成。每一个纲领都有一个核心主张或者称为"防护带"(protective belt)主张,"防护带"主张是不能被证伪的。

正在退化的"研究纲领"有不断增长的"防护带",并且无法预测新的事实或者创造新的发现项目;它们通过增加特别假定来继续存在。进步的"研究纲领"能够支持新的发现项目,这些新的发现项目不会产生大量需要对核心主张进行修改的证伪数据;进步的"研究纲领"并不显著依赖特别假定。

为了调和波普尔与库恩之间在科学观点上的分歧,拉卡托斯采取的方法是把研究背景从事实与理论之间的静态联系转移到科学实践的动态性质中。波普尔的观点是,当理论被证伪时,科学真理就会改变;而库恩则认为,理论并不是被证伪,而是被推翻。拉卡托斯以科学实践为研究主题,而不是关于理论真实性的信念。

 保罗·费耶阿本德是谁?

保罗·费耶阿本德(Paul Feyerabend)是伊姆雷·拉卡托斯的一个朋友兼同事,他因提出"科学的无政府主义"观点而闻名。费耶阿本德出生在奥地利维也纳,第二次世界大战期间,他在德国军队服役时,背部中弹。战争结束后,他在伦敦经济学院学习,当时卡尔·波普尔是他的指导老师。在此期间,他与拉卡托斯进行了一次对话,立场坚定地反对拉卡托斯的理性主义的科研项目。但是因为拉卡托斯的死亡,他们两个合著的书未能发表。费耶阿本德一生都对戏剧和歌剧感兴趣。1958 年之后,费耶阿本德一直在加利福尼亚大学伯克利分校任教。

费耶阿本德的主要著作包括《反对方法:无政府主义知识论纲要》(*Against Method: Outline of an Anarchistic Theory of Knowledge*)、《自由社会中的科学》(*Science in a Free Society*)、《实在论、理性主义与科学方法:哲学论文集第一卷》(*Realism, Rationalism and Scientific Method: Philosophical Papers, Volume 1*)、《经验主义问题:哲学论文集第二卷》(*Problems of Empiricism: Philosophical Papers, Volume 2*),

以及标题大胆的著作《告别理性》(*Farewell to Reason*)。他的自传是《虚度光阴：保罗·费耶阿本德自传》(*Killing Time: The Autobiography of Paul Feyerabend*)。

 保罗·费耶阿本德的科学观点是什么？

费耶阿本德认为，为科学进步制定不变规则的科学哲学是不可能的。相反，他主张最重要的科学革命是在违反既定的公认方法论规则下进行的。例如，他认为"一致性标准"(consistency criterion)，即新理论不能与旧理论相矛盾，并不是一个理性的规则，而是一个审美的规则，因为旧的理论已经被证伪。

费耶阿本德也反对卡尔·波普尔的证伪思想，反对依据是引起注意的理论并不是根据所有相关的事实构筑的。一个典型的例子是，文艺复兴时期的天文学家伽利略·伽利莱和他的追随者们，在构建他们的光学理论时就忽视了一些他们用望远镜发现的情况。费耶阿本德认为拉卡托斯的"研究纲领"的概念是伪装的无政府主义；他把《反对方法：无政府主义知识论纲要》这本书献给了他的"无政府主义的追随者"拉卡托斯。

心灵哲学和语言哲学

 在分析哲学中，心灵哲学和语言哲学之间有怎样的联系？

自从行为主义对语言学习的解释被推翻以来，心灵哲学和语言哲学的发展一直交织在一起。诺姆·乔姆斯基(Noam Chomsky)对语言学进行了哲学处理，推翻了行为主义，展现了语言哲学如何与心灵哲学相结合，由此产生了认知科学的新领域。当乔姆斯基证明语言学习需要天生的语言能力时，整个"心灵白板说"(即"白板理论"，认为人的心灵如同白板，观念和知识都来自后天的经验，而非天赋)就崩溃了。

 行为主义是什么？

行为主义由心理学家伊万·巴甫洛夫(Ivan Pavlov)和约翰·布罗德斯·沃森 [John Broadus (J. B.) Watson] 提出，并由伯尔赫斯·弗雷德里克·斯金纳 [Burhus Frederick (B. F.) Skinner] 简化。行为主义是一种主张内省对心灵科学没有用的理论。行为可以通过其后果进行修改，而这种修改方式可以在不涉及意图、信仰或先验知识的情况下，仅通过心灵来描述。人类心理学不过是在实验室中可以被观察到的行为，而不考虑从"行为者"的视角来看这种行为。学习是一种条件反射，是对重复奖励和惩罚的一系列自动反应。沃森在他的《行为主义》（*Behaviorism*）一书中提出了行为主义理论。

诺姆·乔姆斯基对斯金纳 1959 年的著作《言语行为》（*Verbal Behavior*）的评论，被认为推翻了斯金纳的行为主义语言学习理论，并更广泛地推翻了行为主义。这对哲学有两个方面的重要性。首先，它恢复了人类主体如何感知或体验事物的重要性。其次，它允许对主体心灵中发生的事情如何在大脑中组织和处理进行推测和分析。

心理学家伊万·巴甫洛夫向人们展现了人的行为会随着时间而改变。（图片来源：艺术文献库）

诺姆·乔姆斯基

 诺姆·乔姆斯基是谁？

诺姆·乔姆斯基是一位美国语言哲学家，也是 20 世纪至今最具影响力的当代政治批评者之一。乔姆斯基是麻省理工学院的名誉退休语言学教授，被认为是语言学、心理学和心灵哲学，以及计算机科学中认知科学的重要创始人。

乔姆斯基关于语言哲学和心灵哲学的主要著作包括:《句法结构》（*Syntactic Structures*）、《笛卡儿语言学》（*Cartesian Linguistics*）、《语言学理论的新问题》（*Current Issues in Linguistic Theory*）、《句法理论的若干问题》（*Aspects of the Theory of Syntax*）、《英语语音模式》[*The Sound Pattern of English*，与莫里斯·霍尔（Morris Hall）共同完成]、《语言和心灵》（*Language and Mind*）、《语义学的生成

语法研究》（*Studies on Semantics in Generative Grammar*）、《语言学理论的逻辑结构》（*The Logical Structure of Linguistic Theory*）、《语言问题思考》（*Reflections on Language*）、《关于形式和解释的论文集》（*Essays on Form and Interpretation*）、《规则和表达》（*Rules and Representations*）、《语言与心灵研究》（*Language and the Study of Mind*）、《心灵研究的模块化方法》（*Modular Approaches to the Study of the Mind*）、《语言知识：本质、来源及使用》（*Knowledge of Language: Its Nature, Origin, and Use*）、《障碍语言学研究专著十三》（*Barriers Linguistic Inquiry Monograph Thirteen*）、《语言与思想》（*Language and Thought*）、《最简方案》（*The Minimalist Program*）、《谈语言》（*On Language*）及《语言与心灵研究新视野》（*New Horizons in the Study of Language and Mind*）。

 诺姆·乔姆斯基对行为主义的论点是什么？

乔姆斯基反对行为主义的理由是，一个孩子甚至在没有听到语法正确的话语之前，就能学会一种语言，并展示出形成新的、正确的句子的能力和速度，意味着这种语言能力不是学会的。行为主义从根本上来说是一种理论，认为人类所有的知识和行为，包括语言使用，都是通过学习获得的。

 诺姆·乔姆斯基的语言学理论是什么？

虽然乔姆斯基多年来发展出了自己理论的不同版本，并经常抛弃自己先前版本理论的追随者，但大多数评论家都同意，他思想中的整体主题和趋势等同于这样一种主张，即语言能力及一般句法或语法意义上的语言"硬编码"（hard wired）在人

诺姆·乔姆斯基是一位才华横溢的语言学家，他发明了一种普遍语法的理论，来限定可能存在的语言类型，并指出人类的意识可以像自然现象一样被研究。（图片来源：美联社）

类大脑中，作为一种物理结构，使得人类拥有一种"语言官能"（language faculty）。

乔姆斯基假定了一个"普遍语法"（Universal Grammar），用来限定可能存在的人类语言的类型。从哲学上讲，这是一种理性主义而非经验主义的语言观。因而，在《笛卡儿语言学》一书中，与勒内·笛卡儿观点相同的乔姆斯基明确地指出，人类语言是一种天生的能力，所有的人类都拥有这个能力。需要注意的是，无论如何，乔姆斯基在关于精神行为这一方面是唯物主义者，而笛卡儿认为意识是非物质的。

 为什么诺姆·乔姆斯基的语言学理论有深远的影响？

乔姆斯基的普遍语言原理与唯物主义一致。他认为心灵可以像自然现象一样用科学的方法来研究。此外，人们可以将说话者所说的话作为数据来使用，这些数据可以帮助我们推断出口语中明显更深层的语言结构。鉴于语言即使不是首要的心灵活动，也是一个重要的心灵活动，那么，天生的物理结构决定语言产生的观念有助于了解其他心灵功能。乔姆斯基在语言学方面的工作对心灵哲学家产生了非常重大的影响，例如，杰里·福多（Jerry Fodor）。

 为什么唯物主义对于分析的心灵哲学是重要的？

无论心灵等同于物质的大脑还是与大脑保持着紧密的联系，自从吉尔伯特·赖尔（Gilbert Ryle）写了《心的概念》（*The Concept of Mind*）这本书，对此进行分析的心灵哲学家们一直秉持着唯物主义的观点。

 吉尔伯特·赖尔是谁？他的观点是什么？

吉尔伯特·赖尔是牛津大学的哲学教授，他在乔治·爱德华·摩尔之后成为《心灵》杂志的主编。他因彻底地批评哲学家将心灵视为"机器中的幽灵"（the ghost in the machine）而闻名。他抨击了遗留下来的笛卡尔式的观点，即心灵是非物质实体，与身体以无法解释的方式相关联。相反，他认为，关于心灵的陈述只有在能够用实际行为或行为倾向来解释时，才应被视为有意义。

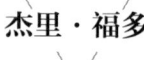

杰里·福多

杰里·福多是谁?

杰里·艾伦·福多（Jerry Alan Fodor）是罗格斯大学的一位认知科学方面的哲学家，他因提出"心灵模块理论"（modular theory of mind）和"思维语言"（language of thought）的概念而著名。福多的著作包括:《心理学解释》（*Psychological Explanation*）、《思维语言》（*The Language of Thought*）、《表征: 关于认知科学基础的论文》（*Representations: Essays on the Foundations of Cognitive Science*）、《心灵的模块化: 一篇关于官能心理学的论文》（*The Modularity of Mind: An Essay on Faculty Psychology*）、《心理语义学: 在心灵哲学中的意义问题》（*Psychosemantics: The Problem of Meaning in the Philosophy of Mind*）、《内容理论及其他论文》（*A Theory of Content and Other Essays*）、《榆树与专家: 心理语言及其语义学》（*The Elm and the Expert, Mentalese and Its Semantics*）、《概念: 认知科学在哪里出错了》（*Concepts: Where Cognitive Science Went Wrong*）、《临界情况》（*In Critical Condition*）、《心灵不是那样工作的: 计算心理学的范围和界限》（*The Mind Doesn't Work that Way: The Scope and Limits of Computational Psychology*）及《休谟变量》（*Hume Variations*）。福多还为《伦敦书评》（*London Review of Books*）写一些关于歌剧的文章。他的写作风格独特而机智，充满了欢快的嘲讽，以及家常的类比和引用。

杰里·福多的"心灵模块理论"是什么?

首先，福多认为心灵在很大程度上是先天的，并且心灵的发展不是由经验构成的，而是由经验引起的。可以用表征的方式来描述认知，就像描述计算机的操作一样。心灵是模块化的，因为它的许多计算过程都是独立于其他过程的。它们可能会将结果"发送"给其他计算过程，而不会让自己的过程被其他过程"观察"。

根据杰里·福多的观点，"心灵的模块"是什么?

在《心灵的模块化》一书中，福多提出了"传感器"（把我们与外面的世界连接起来的感觉官能）、"输入系统"及"中央系统"。输入系统和中央系统的区别在于，输入系统是模块化的，而中央系统不是。每一个模块都有一种认知材料（例如，视觉模块），并且它们的信息是封闭的，所以它们能够非常快速地工作，尽管它们无法通过意识内省来访问。一个模块可以被破坏而不会损害其他模块，就像在"失语症"的情况下一样。

除了不同的感觉系统之外，语言也是一个模块。应该指出的是，福多毫不犹豫地将他的理论同弗朗茨·约瑟夫·加尔（Franz Joseph Gall）提出的颅相学体系进行了比较，颅相学通常被当作早期伪科学的一个例子。非模块化的中央系统对应于思想和信仰，并且可以访问心灵的其他内容。与语言不同，非模块化的中央系统不是局部化的。

福多令人惊讶的进化观点是什么？

福多并不是创世论者。然而，他并非毫无保留地接受进化心理学关于人类认知的观点。看看他在1998年写的内容：

关于我们心灵的结构如何依赖于我们大脑的结构，我们一无所知。甚至没有人知道我们的认知能力依赖于哪些大脑结构。与我们的心灵不同，在粗略的衡量下，我们的大脑非常像猿猴的大脑。因此，从祖先猿猴到我们的过渡中，看起来大脑结构的相对较小的改变一定产生了非常大的行为不连续性。如果那是正确的，那么你不需要假设知的复杂性是由达尔文选择对史前人类行为表型的逐渐作用所塑造的。

换句话说，福多声称，为了解释人类心灵的复杂性，可能没有必要假设特定的环境条件，甚至是一系列适应性变化。据我们所知，一个小的突变可能已经使猿猴和我们之间产生了重要的心灵差异。

 福多的"思想语言假说"是什么？

思想语言，作为一种心理语言，是大脑中的一个符号系统。它的内容是"命题态度"（propositional attitudes），例如：认为、期望、打算、相信、希望等。每一个态度都与一个表征有一种独特的计算关系。计算是指基于语法的信息处理。正如福多所说，"没有表征就没有计算"。

因此，人有信念就是人与表征建立了计算关系，这与人有欲望是一样的。思想中的每一个简单的概念在大脑中都对应一个神经系统的符号。这种表现在行为上的最终结果是，作为信念的表征使个体表现得好像它是真实的，而作为欲望的表征使个体采取行动使其变为真实。

威尔弗里德·塞拉斯的机能心理学思想是什么？

威尔弗里德·塞拉斯在他 1956 年发表的论文《经验主义与心灵哲学》（*Empiricism and Philosophy of Mind*）中提出了"机能主义"这个概念。按照塞拉斯的说法，不可能存在类似于感知信息这样的知识的心灵基础，他也驳斥了实用主义者所谓的"被给予的神话"（实用主义者所说的"被给予的"是指经验中不受感知者或思考者影响的那部分）。机能心理学是由塞拉斯发展起来的，希拉里·普特南在其早期的作品中也提到过机能心理学。机能心理学的观点认为，心理状态可以通过三个方面来定义：引起它们的原因、它们对其他心理状态的影响，以及它们对行为的影响。也就是说，心理状态可以从其机能的角度来理解，它们就像计算机软件一样运转。

作为一种心灵理论，机能心理学存在什么问题？

机能心理学可能会导致我们将心灵归咎于那些我们原本不会认为有心灵的复杂系统。它可能会否认那些根据与我们不同的因果原则运作的心灵的存在。事实上，希拉里·普特南自己后来也否认了机能心理学，他认为信念的内容是由外部事实决定的，同时也是整个知识体系的一部分，因此信念不可能是计算的状态。普特南与保罗·克里普克（Paul Kripke）和基思·唐纳伦（Keith Donnellan）一同发展了一种新的因果关系或者直接意义的理论，这个理论被发表在《意义的意义》（*The Meaning of "Meaning"*）一书中。

"意义的因果理论"是什么？

这一理论最早是在 20 世纪 70 年代由保罗·克里普克、基思·唐纳伦和希拉里·普特南发展起来的。过去，在外延意义和内涵意义，或"意向性"[拼写中使用"s"的"intensional"（该词的汉语意思为"紧张"）与拼写中使用"t"的"intention"（该词的汉语意思为"意图"）是不同的]意义之间常常是有区别的。外延意义是一个词所指的世界上的事物或事物类型。内涵意义或意向性意义是一个词的应用条件或用其他词语定义该词。

根据"意义的因果理论"，也被称为"因果指称理论"（the causal theory of reference），存在一种因果历史，使专名成为它们所指的个体的名称（类似于"洗礼"）。自然种类术语，如水和黄金，也大致以相同的方式工作。以"水"这个词为例，它指的是自然存在的H_2O；如果一个物质被称为"水"，但它不是H_2O，那么它就不是水。普特南在这方面对意义的著名说法是，它们"根本不在头脑里"。克里普克、唐纳伦和普特南关于这个主题的文章出现在斯蒂芬·P·施瓦茨（Stephen P. Schwartz）编辑的《命名、必然性和自然种类》（*Naming, Necessity and Natural Kinds*）一书中。

托马斯·内格尔是如何反对机能心理学的？

托马斯·内格尔（Thomas Nagel）与欧内斯特·内格尔没有任何关系，托马斯·内格尔因其在1974年在《哲学评论》（*The Philosophical Review*）上发表的论文《作为一只蝙蝠是怎么样的体验》（*What Is It Like to Be a Bat*）而闻名。内格尔在那篇论文里提出的观点是，由于我们测量意识的客观方法的性质，我们无法理解蝙蝠的主观性。他通过另一个例子以另一种方式表达了同样的观点，即一个人品尝巧克力时，脑外科医生观察他大脑中被激活的部分。无论进行多少次这样的观察，观察者都无法品尝到巧克力——即使他舔了被观察的大脑部分也不行！

内格尔坚持主观经验不可还原的主要动机既是道德的也是认识论的。他表明，整个科学调查都在朝着越来越客观、理想的"无源之见"（view from nowhere）迈进，而具体的经验始终是某人从某个角度出发的观点。内格尔的著作包括：《利他主义的可能性》（*The Possibility of Altruism*）、《人的问题》（*Mortal Questions*）及《无源之见》（*The View from Nowhere*）。内格尔的哲学入门短篇《这一切意味着什么》（*What Does It All Mean*）非常通俗易懂。

托马斯·内格尔用他著名的论文《作为一只蝙蝠是怎么样的体验》批评了人类心灵的还原主义观点。（图片来源：美联社）

关于内格尔和蜘蛛的故事是怎样的？

有一年夏天，内格尔在哈佛大学威廉·詹姆斯会堂工作时，注意到一只生活在男厕所小便池里的蜘蛛。每当小便池冲水时，这只可怜的蜘蛛就会为了生存而疯狂地向上爬，以免被淹死。内格尔担心当学生上学，小便池被冲洗的频率更高时，这只蜘蛛会发生什么。

经过长时间的考虑，内格尔决定解放这只蜘蛛。他小心翼翼地用纸巾将蜘蛛从小便池中取出，放在房间的角落里。起初，蜘蛛一动不动，内格尔以为它在找方向。他离开城市度过了一个周末，当他回来时，那只可怜的蜘蛛仍然没有动。它已经干透了，完全死了。

内格尔在《无源之见》一书中叙述了这一事件。他的言下之意似乎是，即使是最伟大的同情心和最好的意图也可能因为缺乏对他人处境的理解而无法达到目的。

 ## "取消唯物论"是什么？

"取消唯物论"（eliminative materialism）是一种学说，最初是由保罗·费耶阿本德在 20 世纪 60 年代初期提出来的。这一学说认为，科学最终可能会消除所有那些只将大脑状态视为非物质意识的习惯性言语。出生在加拿大的美国哲学家保罗·丘奇兰德（Paul Churchland）和他的妻子帕特里夏·丘奇兰德（Patricia Churchand）一同把这一观点发展成为心灵哲学的一个独特分支。丘奇兰德夫妇指出，我们关于心灵的普通常识理论——包括意图、欲望和动机——只是纯粹的"民间心理学"，像其他的"民间信仰"一样，在智力和科学活动中应当被抛弃。丘奇兰德写道：

> 取消唯物论的观点是，我们的心理现象的常识概念构成了根本上错误的理论，一个在原理和存在论上都有这样根本缺陷的理论最终将会被完善的神经系统科学所取代，而不是被平稳地减弱。

保罗·丘奇兰德的主要著作包括《科学实在论与心灵的可塑性》（*Scientific Realism and the Plasticity of Mind*）；1981 年发表在《哲学杂志》（*Journal of Philosophy*）上的《取消唯物论与命题态度》（*Eliminative Materialism and the Propositional*

Attitudes）及《理智的引擎与灵魂的住所》(*The Engine of Reason, the Seat of the Soul*)；保罗和帕特里夏共同撰写了《相反》(*On the Contrary*)。

 丘奇兰德夫妇是如何说明意义的认知的?

意义是由联想网络固定下来的。最终，意义将被由"优先向量"(preferred vectors)激活的联结主义网络所取代。意义的相同性不过就是模式的相同性。在未来的图书馆中，将会有"插头"，直接激活相关的大脑状态和模式，从而绕开我们现在通过语言传递意义的需要。

 艾伦·麦席森·图灵是谁?

艾伦·麦席森·图灵 (Alan Mathison Turing) 是英国密码学家和数学家，他因为创立了现代计算机科学而被赞颂。他提出的图灵机是一种广泛的思维实验，它使算法和计算的概念形式化。图灵机由一条可能无限长的带有一串二进制符号的纸带构成，这条纸带按照程序不断地被一个"读写"装置扫描，在扫描的过程中，这个装置左右移动并且在纸带上写上或者擦除二进制符号。

图灵指出，任何一台这样的机器都可以被编写程序来模仿任意的另一台机器，意思是这是一台"通用机"。这台通用机能够实现所有已知的数学方法。图灵将这个模式扩展到不能被通用机模仿的机器，这些机器被称为"谕示机"(Oracle machines)。图灵提出，智力活动可以被理解为通用机器和非通用机器的网络，这些网络可以通过"训练"来学习，变得类似于通用机器。

在发明真正的电子计算机之后，图灵提出"人工智能"理论能够被检验。如果有一台计算机能够像人类一样完成各种计算（其准确度使得人类不能区分出结果是人算出的还是机器算出的），那么在理论上，人工智能是可能存在的。图灵于 1950 年在《心灵》上发表了论文《机器能思考吗》(*Can Machines Think*)，这篇文章对心灵哲学的讨论仍然具有非常大的影响，其中的部分原因是约翰·塞尔 (John Searle) 对其的论述。

 约翰·塞尔是怎样反驳艾伦·麦席森·图灵的观点的?

美国哲学家约翰·塞尔自从 1959 年开始，就一直是加利福尼亚大学伯克利分校的一名教授，将自己的工作描述为试图将科学世界与意识动物中具有自由意志的人类的自

艾伦·麦席森·图灵是英国密码学家和数学家，他因为创立了现代计算机科学而被赞颂。（图片来源：艺术文献库）

我认知相结合。在他的《意向性：一篇关于心灵哲学的文章》（*Intentionality: An Essay on the Philosophy of Mind*）一文中，塞尔认为精神状态是由大脑的神经生物学过程引起，并且在大脑的神经生物学进程中实现的。他把这个观点称为"生物学的自然主义"。

在他的"中文屋论证"（Chinese room argument）中，他试图反驳一种广泛受到图灵启发的强人工智能观点，即心灵可以通过正确的计算设备进行复制。塞尔的其他作品，如《表达和意义：言语行为理论研究》（*Expression and Meaning: Studies in the Theory of Speech Acts*）、《重新发现心灵》（*The Rediscovery of the Mind*）、《意识之谜》（*The Mystery of Consciousness*）及《心灵导论》（*Mind: A Brief Introduction*），都主张意识的非还原性，同时也接受当代科学的观点。

约翰·塞尔的"中文屋论证"是什么？

在《重新发现心灵》一书中，塞尔假设一个不懂中文的人被关在一个房间里，房间里有中文字符和一个算法或计算机程序，可以用来自动用中文回答问题。程序提供的回答，与一个说中文的人给出的回答几乎没有区别。塞尔坚持认为，当代哲学中整体的心灵计算理论所缺乏的是理解——房间里的人不懂中文！

支持心灵计算理论的人可能会反驳塞尔的观点，声称除非我们找到神秘的"机器中的幽灵"，否则被关在房间里的人的行为可以被视为"懂得中文"。

至于在这场争论中谁是对的，没有人知道确切的答案。正如杰里·福多所指出的，"我们"，即心灵哲学家，还没有一个充分的心灵理论。如果你认为自己有，那么请试着解释一下为什么你举起右臂的欲望会导致手臂上升。

第6章
新哲学

"新"的哲学是如何产生的？

西方哲学开始于公元前 7 世纪，因此在这个领域里是否还有"新"的东西确实是一个值得探讨的问题。20 世纪末，人们扩展了哲学领域并且修正了一些旧有的问题，这使得哲学开始焕发新的活力。其中一些新增的领域源于哲学，发展为其他学科，然后又回归哲学，以便哲学家们能够梳理出真正的知识问题。女性主义、环境主义、种族研究在某种程度上都属于这个范畴，认知科学及新的心理学和生物学哲学也都属于这个范畴。

解构主义，也被称为"后现代哲学"，在欧洲一直被认为是哲学，但直到 21 世纪初才在美国大学的哲学系得到这样的认可。来自拉丁美洲、亚洲和非洲的所谓"其他哲学"也开始在美国获得认可。实用主义也重新兴起。

此外，还有实验哲学、新的生物学哲学、电影电视哲学、技术哲学和儿童哲学，以及新的"神秘主义"等。

在这些新哲学中，哪些是流行一时的，哪些将是长久存在的？

哲学的历史表明，随着新方法和新主题的出现，一两代人的焦点可能会变得模糊不清。因此很难去预测在今后的 100 年、50 年，甚至是 20 年内，人们会了解哪些哲学观点，会阅读哪些哲学书籍。在某种程度上，本章所论述的哲学被分解成文学、文化批评，或者实证科学，因此读者们可能会觉得本书的这一章预示着哲学的终结。

但是哲学已经持续了两千多年，因此现在宣布其死亡的消息可能还为时过早。还有待观察的是，这些新的思想流派是否会以传统的哲学方式确立自己的地位，或者旧的传统是否会继续大步前进，无视遇到的干扰。

"老"哲学家们是如何接受"新"哲学家的？

当然，这里所说的"新"和"旧"并不是哲学家年龄的问题。旧传统的力量依然很强大，它的践行者们批判所有的新哲学，认为它们不是真正的哲学。然而，随着这些新哲学的践行者在哲学系获得教职，这种否定变得站不住脚。如果有人接受过哲学家的培训，在哲学期刊上发表作品或出书，被聘为哲学教师，并自称为哲学家，那么这个人就是一个哲学家，就像一只走路摇摆、嘎嘎叫、游泳的生物就是鸭子一样！

问题在于，哲学家们通常会在朋友之间互相反驳和否定对方的观点。因此有些人会认为人们对待新哲学就应该有这样的反应，因为新哲学偏离了当前的主流思想。

新哲学中的主要问题是什么？

有几个因素特别突出：人们认为哲学需要与现实社会问题相关，重视民主的价值及文化多元性，强调将女性和非白人（这些人在白人男性主导的历史中并未充分发挥作用）纳入历史的重要性，最重要的是，人们强烈反抗客观性、真理，以及前代哲学家所表现出的傲慢和狂妄。此外，还有一种愿望，即让哲学这门学科在多媒体、电子时代变得更加有趣。

后 现 代 哲 学

哪些世界事实孕育了后现代主义？

"后现代"这个术语源于建筑学领域。意思是"现代之后"，这个短语有时以讽刺的方式暗示着以不敬的方式借鉴过去。后现代哲学是在一系列重大历史变革之后兴起的，包括阿尔伯特·爱因斯坦的相对论和亚原子物理学所代表的不同科学世界观；20世纪战争的巨大破坏力；欧洲和美国的前殖民地，以及妇女和非白人的解放；"后殖民主义"的经济、政治和社会条件；以及传统社会机构（如核心家庭）的崩溃、妇女角色的变化、全球资本主义、新的经济不平等和环境危机。

后现代哲学的独特方法是什么？

在结构主义者的工作基础上，特别是基于费迪南·德·索绪尔（Ferdinand de Saussure）和雅克·拉康的研究，大多数后现代哲学家把语言和符号的社会系统作为他们的主要研究对象。更重要的是，他们视整个人类世界为通过语言存在并依赖于语言的存在。

他们的分析方法多种多样，包括解释学、批判学和谱系学。更具体地说，解构主义是通过识别西方思想中的悖论或矛盾来进行的，这些悖论或矛盾基于神学原则，因为它们最终是不可被意识所理解的。通常，现代的悖论需要二元对立，如"对与错"或"存在与非存在"，然而，这种对立的定义方式是错误的，因为它错误地假设了这两个概念或实体在本质上是相互排斥、无法共存的。换句话说，它们被过度简化或极端化，以至于无法准确反映这两个概念或实体的复杂性和多样性。

雅克·德里达与解构主义

雅克·德里达是谁？

雅克·德里达（Jacques Derrida）是出生在阿尔及利亚的法国知性理论家，人们公认他是解构主义的创始人。他在1962年翻译了埃德蒙德·胡塞尔的《几何学的起源》一书，并在该译著的序言中提出了解构主义。在后来的一次访谈中，德里达用他独特的术语解释了解构主义，这些术语让许多英美哲学家对解构主义不屑一顾：

> 在这篇论文中，写作的问题已经存在，它与"延期"（deferral）的不可约减结构相关，这种延期与意识、存在、科学、历史和科学史、起源的消失或延迟等有关……这篇论文可以被视为《声音与现象》（*Speech and Phenomena*）的另一面（正面或反面，随你喜欢）。

德里达使用了胡塞尔的标准，认为人们所知道的事物必须是人的意识所能认识到的事

物。在此基础上，德里达批评了"在场的形而上学"（metaphysics of presence）。从传统上来说，人们设想知识是上帝或者绝对意识所了解的东西。他认为整个西方哲学史就是"探究超出人类经验的存在，而这种存在是意义的起源或者保证"。

他的主要著作包括《声音与现象和关于胡塞尔符号理论的其他论文》（"Speech and Phenomena" and Other Essays on Husserl's Theory of Signs）、《论文字学》（Of Grammatology）、《书写与差异》（Writing and Difference）、《马刺：尼采的风格》（Spurs: Nietzsche's Styles）、《无聊之物的考古学：阅读孔狄亚克》（The Archeology of the Frivolous: Reading Condillac）、《哲学的边缘》（Margins of Philosophy）、《明信片：从苏格拉

雅克·德里达是解构主义的创始人。（图片来源：美联社）

底到弗洛伊德及以后》（The Post Card: From Socrates to Freud and Beyond）、《埃德蒙德·胡塞尔〈几何学的起源〉引论》（Edmund Husserl's Origin of Geometry: An Introduction）、《论精神：海德格尔及其问题》（Of Spirit: Heidegger and the Question）及《死亡的礼物》（The Gift of Death）。德里达因其所著的《论文字学》闻名于世。

 ## 解构主义是什么？

解构主义是解读"文本"（解构主义者用来指书面作品的术语）的一种方法。它的前提是文本的意义既取决于作者的历史背景条件，也取决于读者的历史背景条件，同时也取决于文本本身的内容。

 ## 德里达在他的《论文字学》中是如何解释解构主义的？

在《论文字学》一书中，德里达解释了解构主义。他认为文本的不稳定性源于这样

一个事实，即所有的写作都依赖于读者赋予它的意义，这些意义可能会改变，因此不能声称某一段写作具有特定且稳定的意义。所有的符号都依赖于其他符号来获得意义，因此从来没有一个最终的意义——意义总是被"延期的"（deferred）。

雅克·德里达在这里谈及"原初书写"（arche-writing），它指的是神圣事物意义中的空白。所有的写作都在其意图和读者如何理解它之间分裂，作者和读者之间也存在着鸿沟。

德里达提出，所有的文本（包括写作、语言、符号等）都是在特定的历史、文化和社会背景下产生的，它们的意义并不完全由作者决定，而是由读者、社会和文化背景等多种因素共同构成的。因此，我们试图直接从文本中把握到作者的意图和文本的意义，实际上是一种幻觉。

德里达认为口头语言是不明确的，这使得书面表达成为必要，他还用"差异"（difference）这一词来说明文字与口头语之间的差异。如果一个人大声地说"differance"（该词为"difference"一词的错误拼写）和"difference"（该词的汉语意思为"差异"），两者之间听起来是没有什么区别的。尽管我们已经看到了文字中的意思也具有不确定性，但是语言相关的区别还是只能用文字形式表示出来。

正是对意义的动态性质的这一洞见——与费迪南·德·索绪尔的结构主义观点相反，后者认为存在一个由言语构成的意义系统，而书面文字在某种程度上是次要的，如果不是不必要的——使德里达在1968年开始被贴上"后结构主义者"的标签。德里达批评结构主义传统是"徒劳地从中心到中心的转移"。

雅克·德里达的解构主义是如何被人们接受的？

德里达的同代人米歇尔·福柯，很多人认为他是结构主义者，指责德里达正在实行蒙昧主义的恐怖主义。福柯的意思是，那些无法理解德里达的人（即他的大多数哲学同代人）都被德里达当作呆子来攻击。美国哲学家如诺姆·乔姆斯基、约翰·塞尔和理查德·麦凯·罗蒂（Richard McKay Rorty）都嘲笑并驳斥了德里达。塞尔提到"散文中故意的晦涩难懂，极度夸大的主张，以及通过提出看似自相矛盾的主张来表现深邃，但在分析之下往往被证明是愚蠢或琐碎的。"

乔姆斯基认为德里达的作品是典型的巴黎知识分子的地方性怪诞传统。乔姆斯基和塞尔都认为意义本身是稳定的，他们的理论工作也基于此。然而，罗蒂虽然声称可能无法理解德里达的形而上学，但他对哲学家们持有的虚假的真理主张与德里达的观点相似。

理查德·罗蒂

 理查德·罗蒂是谁？

理查德·麦凯·罗蒂可能是拥有最多读者的当代美国哲学家之一，尽管分析哲学家和经验主义哲学家认为他不是在研究哲学。他先后在韦尔斯利学院、普林斯顿大学、弗吉尼亚大学和斯坦福大学教书。罗蒂最初是一位分析哲学家，他赞同取消唯物主义，但是在 20 世纪 70 年代末出版了《哲学与自然之镜》（*Philosophy and the Mirror of Nature*）一书后，他开始从实用主义的角度批判分析哲学，并借鉴了大陆哲学思想。

理查德·罗蒂认为大多数哲学问题是由语言引起的幻觉，真理是一种相对的理想。（图片来源：美联社）

作为一名新实用主义者，罗蒂认为大多数哲学问题都是由语言引起的幻觉，真理是一种相当任意和相对的理想，而哲学只是一种文学体裁。罗蒂的主要著作包括《哲学与自然之镜》、《实用主义的后果》（*Consequences of Pragmatism*）、《历史中的哲学》（*Philosophy in History*）、《偶然、反讽与团结》（*Contingency, Irony, and Solidarity*）、《客观性、相对主义与真理：哲学论文第一集》（*Objectivity, Relativism and Truth: Philosophical Papers I*）、《论海德格尔及其他哲学家：哲学论文第二集》（*Essays on Heidegger*

and Others: *Philosophical Papers Ⅱ*)、《筑就我们的国家：20 世纪美国的左翼思想》
(*Achieving Our Country: Leftist Thought in Twentieth Century America*)、《真理
与进步：哲学论文第三集》(*Truth and Progress: Philosophical Papers Ⅲ*)、《哲学与
社会希望》(*Philosophy and Social Hope*)、《反对老板，反对寡头：与理查德·罗蒂的
对话》(*Against Bosses, Against Oligarchies: A Conversation with Richard Rorty*)、
《宗教的未来》[*The Future of Religion*，与詹妮·瓦蒂莫（Gianni Vattimo）合著]
及《文化政治哲学：哲学论文第四集》(*Philosophy as Cultural Politics: Philosophical
Papers Ⅳ*)。

 理查德·罗蒂的真理观点是什么？

　　罗蒂批判了那种认为我们所知的都是代表世界的观念，或者称之为"表象主义"。
他也质疑了哲学家在知识领域的特殊作用。他认为"真实"只是在语言和知识社群内
部使用的敬语，意味着"彻底合理的"。罗蒂称这种认识论立场为"自由的反讽主义"
（liberal ironism），因为它建立在人类自由的理想之上。他认为，仅仅承诺就足以成为信
仰的合理依据。这种观点使罗蒂走向了相对主义。

 理查德·罗蒂的哲学观念是什么？

　　罗蒂认为哲学是正在进行的自由的对话或者思想的交流，这种对话或者思想的交流
被人们充满热情地进行下去，但却不能推断出不存在的真理。哲学是一个创造性地重塑
自我的机会。虽然他不断表达自由主义观点，但他并不认为可以构建一种关于普遍人权
的理性观点，但通过阅读文学作品和正确的早期教育可以培养人的同理心和相关情感。

理查德·罗蒂是如何向听众阐述相对主义的？

　　罗蒂实践了一种高度复杂的相对主义，他能够以一种看似坚定且令人信服的方
式表达他对某些观点（如反对宗教激进主义）的立场，使听众倾向于接受他的看法。
但与此同时，他也展示了即使是这样的立场，也可能被持有完全不同观点的人（这
些观点是他和他的听众所不能接受的）以合理的方式质疑。

在关于宗教激进主义的例子中，罗蒂不仅以坚定的态度反对这些信仰，而且他还试图揭示，他的这种反对立场是如何可能对那些持有这些信仰的人产生冒犯，甚至可能阻碍他们改变原有信仰的过程的。

尤尔根·哈贝马斯

尤尔根·哈贝马斯是谁？

尤尔根·哈贝马斯是德国的哲学家和社会理论家，他把法兰克福学派的批判理论与美国的实用主义结合在一起。通过这种结合，他强调公共演讲和对话作为政治生活方式的后现代性。他与同时代思想家——从雅克·德里达到约翰·罗尔斯再到罗马教皇本笃十六世（Pope Benedict XVI）——的交往都体现了他的理论。然而，应该注意的是，与大多数自认为是后现代哲学家的人不同，哈贝马斯捍卫启蒙时代的民主价值观。

德国哲学家和社会理论家尤尔根·哈贝马斯是一个后现代主义者，他捍卫启蒙时代的民主价值观。（图片来源：美联社）

哈贝马斯的主要著作包括《公共领域的结构转型》（The Structural Transformation of the Public Sphere）、《理论与实践》（Theory and Practice）、《社会科学的逻辑》（On the Logic of the Social Sciences）、《知识与人的利益》（Knowledge and Human Interest）、《迈向理性社会》（Toward a Rational Society）、《作为意识形态的技术与科学》（Technology and Science as Ideology）、《沟通行动理论》（The Theory of Communicative Action）、《论沟通语用论》（On the Pragmatics of

Communication)、《后民族结构》(*The Postnational Constellation*)、《旧欧洲、新欧洲、核心欧洲》(*Old Europe, New Europe, Core Europe*)、《分裂的西方》(*The Divided West*)及与约瑟夫·拉青格(Joseph Ratzinger)合著的《世俗化的辩证法》(*The Dialectics of Secularization*)。

 尤尔根·哈贝马斯的主要观点是什么？

哈贝马斯的追求是为社会批判寻找一个标准化的或者规范性的基础。当他是研究生时，他认识到 18 世纪政治话语的公共空间的重要性，但这一公共空间并未持久。在他早期的作品中，他抵制实证主义、马克思主义和精神分析传统，因为它们没有制定出一个标准化基础。他自己的目标是解放性的，他认为，对现代性最好的批判方式是从交往理性或进步话语出发，而不是仅仅从工具性或目标导向的理性出发。

哈贝马斯认为，形式上的"语用学"是必要的，以澄清决定谁参与官方和机构话语的隐含规则。在批评这些规则时，哈贝马斯的结论是，这种话语偏向于官僚制度和技术或自然控制，而不仅仅局限于资本主义。纠正这一偏差的方法在于持续的辩证法或公共讨论，理想情况下是获得所有利益集团的共识。这种多元辩证法本身就是一种"理想言语情境"(ideal speech situation)。许多人认为，哈贝马斯的"理想言语情境"是对启蒙理性的复兴。

 尤尔根·哈贝马斯的工作完全是理论性的吗？

不是的。首先，他认为，看到他人目标价值的能力是参与话语社区的一个条件。其次，所讨论的主题应该决定什么才算是令人信服的论据。他乐观地表示，他的话语概念与民族国家之间可能实现的全球和平是兼容的。

哈贝马斯一直在与"将自我决定作为国家的个体化标准"的思想进行斗争，并且试图确定欧洲内部相互合作所必需的各种谈判类型。他还认为宗教思想家和世俗论者之间的对话能够使双方都受益，即使他们各自的一些核心信仰不能完全转化为对方的世界观。

总的来说，哈贝马斯关于理性、世界主义和民主谈判的普遍人类目标的观点代表了现代理想的重塑。其他后现代主义者，如让·鲍德里亚(Jean Baudrillard)、吉勒·德勒兹(Gilles Deleuze)及皮埃尔-费利克斯·加塔利(Pierre Felix Guattari)，对这些理想持怀疑态度。

更多的法国后现代哲学家

 让·鲍德里亚是谁?

让·鲍德里亚是一位社会理论家,在其作品中,鲍德里亚采用了一种既悲观又充满文学魅力的散文风格,来探讨和描述尤尔根·哈贝马斯所关注的受教育公众话语的缺失现象。同理查德·罗蒂一样,鲍德里亚也是可读性极强的后现代主义者,但鲍德里亚较为悲观。

鲍德里亚在著作《阴影中的美国公众》(*In the Shadow of the Silent Majority*)和《恐怖主义的精神:双子塔的安魂曲》(*The Spirit of Terrorism: And Requiem for the Twin Towers*)中认为,恐怖主义是一种操纵媒体、吸引公众注意力的行为,发生在一个只有奇观才被认真对待的文化中。这并不是一种轻率的观点,因为它是基于对当前生活的彻底分析,当前生活在很大程度上是虚拟的,由人类存在的先前形式的复制品所组成。

这种情况的一个例子就是,新建成的"古镇"是历史地点的复制品,而美式比萨是意大利食品的复制品。根据鲍德里亚的观点,这显然不仅仅是事物缺乏真实性的问题,而是大众对虚拟性的偏好超过了对现实性的偏好。在《海湾战争并没有发生》(*The Gulf War did not Take Place*)一书中,他描述了参加第一次海湾战争的经历,即使是对于那些士兵来说,也是通过电视、广播和其他媒体形式的描述来传达的,这些描述根据外部确定的脚本进行,只捕捉到了实际体验的一些片段。

 让-弗朗索瓦·利奥塔尔是谁?

让-弗朗索瓦·利奥塔尔(Jean-Francois Lyotard)在法国巴黎索邦神学院接受教育并且参加了雅克·拉康的心理分析研究会。他受魁北克政府的委托而写的著作《后现代状态:关于知识的报告》(*The Postmodern Condition: A Report on Knowledge*)为其赢得了世界盛名。他在美国各地教书并做演讲。

利奥塔尔尝试解释和定义后现代主义的核心原则,并且他认为这些原则不仅代表了一种思考世界和知识的特定方式(即一种智力态度),还反映了当代社会和文化生活的实际状况。

让-弗朗格斯·利奥塔尔的后现代主义观点是什么？

利奥塔尔对后现代主义的看法是，后现代主义是"对元叙事的怀疑"（incredility toward metanarratives），或者是一种对正统合法的教条不满的怀疑态度。他所说的叙事的一个例子是启蒙运动对理性胜利的叙述和"理性主体"的解放。利奥塔尔提出，应该构建关于独特事件的"小叙事"来代替这些元叙事。在他的《异识》（*The Différend*）一书中，利奥塔尔考虑了参与者之间无法就规则达成一致而产生的分歧。由于这种分歧，争端无法解决，因此能发生的最好结果就是各方都被承认。

 ### 吉勒·德勒兹和皮埃尔-费利克斯·加塔利是谁？

吉勒·德勒兹和皮埃尔-费利克斯·加塔利是合作者，他们因合著了《反俄狄浦斯：资本主义与精神分裂症》（*Anti-Oedipus: Capitalism and Schizophrenia*）、《千高原》（*A Thousand Plateaus*）及《什么是哲学》（*What Is Philosophy*）而闻名于世。他们的最后一部著作《混沌互渗》（*Chaosmose*），总结了他们早先提出的关于主观性的质疑："如何产生它，收集它，丰富它，并永久地重新发明它，以使其与'变异的价值宇宙'相兼容？"

他们既关注哲学史和当代文化，也参与政治活动。他们认为理论家的任务是发明联系，因为理论和现实之间没有预先形成的关系。因此，某些结构最好被理解为"根茎"，这些"根茎"水平延伸并以令人惊讶的方式出现，而不是"根"，"根"可以直线向下挖掘。"根茎"类似于去中心化的社会趋势，比如人们通过博客创建自己的新闻渠道，而不是所有人都依赖少数几个信息来源。进步的趋势可以被识别为"微观政治"（micropolitics）、"精神分裂分析"（schizoanalysis）和"成为女人"（becoming-woman）。

吉勒·德勒兹与皮埃尔-费利克斯·加塔利合著了几部哲学著作，哲学著作中经常使用深奥的术语。（图片来源：美联社）

273

德勒兹和加塔利的"奇怪术语"是什么意思？

吉勒·德勒兹和皮埃尔-费利克斯·加塔利为使用了新的术语而感到骄傲，尽管他们没有对这些术语进行详细说明，但他们认为读者会理解这些术语。"变异的价值宇宙"（Mutant universes of value）似乎是指一个新的价值体系，这个价值体系是非传统且受欢迎的。以我们这个时代为例，如对吸血鬼的娱乐兴趣、正在增长的电子通信的重要性，以及家庭宠物地位的变化，它们从单纯的宠物转变为与一起生活的家庭成员。

美国市政厅会议的重要性是"微观政治"的一个例子。"精神分裂分析"具有矛盾的含义，指的是德勒兹和加塔利试图摆脱弗洛伊德的无意识概念作为解释人类行为的方式。"成为女人"指的是当代女性积极参与定义自己的社会角色的事实。

吉勒·德勒兹是怎样的一个人？

他不喜欢提供给传记作家自传信息，声称："学者的生活都很无趣。"他留着长指甲，但是当人们认为长指甲是古怪的标志时，他回应道："我没有正常的保护性螺旋纹，因此触摸任何东西，尤其是布料，都会引起强烈的刺激，我需要长长的指甲来保护它们。"在同一次采访中，他说，他不旅行并不意味着他没有进行"心灵的旅行"。

艾伦·索卡尔是如何抨击后现代主义的？

纽约大学物理学家艾伦·索卡尔（Alan Sokal）写了一篇关于后现代学术研究的讽刺文章，题为《超越界限：走向量子引力的超形式的解释学》（*Transgressing the Boundaries: Towards a Transformative Hermeneutics of Quantum Gravity*），这篇文章发表在 1996 年春夏之交的后现代杂志《社会文本》（*Social Texts*）的"科学战争"专刊上。在这篇文章登出来之后，索卡尔又在学术八卦杂志《通用语》（*Lingua Franca*）上坦白了自己的恶作剧。他指出他在《社会文本》上发表的文章是"左翼陈词滥调的拼凑，谄媚的引用，宏大的引语，以及明目张胆的胡言乱语"，它是"围绕着我能找到的关于数学和物理的最愚蠢的引语构建的"，这些引语是近期后现代主义学者所写的。索卡尔为什么这么做？他这样解释：

我是一个老左派，从未完全理解解构主义是如何帮助工人阶级的。而且我是一个顽固的老科学家，天真地相信存在一个外部世界，这个世界存在关于它的客观真理，而我的工作就是发现其中的一些。

　　换句话说，除了认为并展示后现代思想的智力和学术质量很差外，索卡尔并不相信它具有值得肯定的政治目的。索卡尔和物理学家、科学哲学家让·布里克蒙（Jean Bricmont）合作，在他们的著作《知识的骗局》（Fashionable Nonsense）中进一步发展了索卡尔文章所隐含的对后现代主义的批评。

　　索卡尔的著作给人们留下的疑问："这种对整个思想领域的政治谴责是否违反了来之不易的学术自由原则？如果将政治价值标准应用于后现代主义，考虑到两个半世纪以来哲学与其直接政治背景大多无关，这种应用是否公平？"

　　诚然，许多后现代作品确实是由 1968 年法国学生广泛抗议运动所激发的，然而，哲学史上也有许多作品，尽管它们可能受到即时政治事件的启发，但在政治上却显得无效或无关紧要。这意味着政治事件虽然可以激发创作灵感，但作品的政治意义和价值并不完全取决于政治背景。此外，对后现代主义的政治批评需要对其智力和后结构主义背景有一定的了解，而索卡尔似乎缺乏这种了解。最后，政治相关性问题与作品是否毫无意义是两个不同的问题。

其他美国哲学

 其他美国哲学是什么？

　　其他美国哲学这个术语并不是指那些历史上由美国政府所代表的主流群体的哲学，而是指那些在政治上处于从属地位的群体的哲学。这些哲学体系本身拥有悠久的历史文化来源，但它们的关注点最近已成为英美主流学术哲学的一部分。因此，20 世纪末出现了几个新的哲学分支：非裔美国哲学、美洲原住民哲学和拉丁美洲哲学。每一种传统都发展成一种文化批判形式，并且在某种程度上，被批判者不会立即认可这些批判，每一种都是独特的批判理论。

是什么让历史上的弱势群体的关注点成为哲学的一部分?

　　当哲学家们分析整理几十年来许多人忧虑的问题时,这些问题成为高等教育中哲学课程的正式内容。另外,这些问题的解决需要分析法和大陆哲学观点。其中的一些问题与伦理有关,而另一些则与政治哲学和国家政策直接相关,它们现在都是当代哲学体系中的一部分。

▽ 非裔美国哲学 ▽

 非裔美国哲学是什么?

　　非裔美国哲学至少经历了三个时期:19世纪,非裔美国哲学围绕废奴主义展开,主要体现在弗里德里克·道格拉斯的作品中;20世纪初,以阿兰·洛克和 W. E. B. 杜波依斯的作品为主要代表。直到20世纪70年代,非裔美国哲学开始成为学术哲学内部的一个分支,这成为非裔美国哲学第三时期的开端,并一直延续到现在。

　　除了认识到历史上被忽视的思想家和思想之外,非裔美国哲学还关注身份、种族主义及其更正方法、美国内战前黑人奴役制度的赔偿问题,以及把人类划分成生物学上的种族是否有科学依据等问题。

　　非裔美国哲学的核心经典读物包括:亚历山大·克鲁梅尔(Alexander Crummell)撰写的《命运和种族:1840年—1898年作品选集》(Destiny and Race: Selected Writings, 1840—1898)、弗雷德里克·道格拉斯撰写的《弗雷德里克·道格拉斯,一个美国奴隶的生平自述》(A Narrative of the Life of Frederick Douglass, an American Slave)、W. E.

在非裔美国哲学领域众多的杰出人物中,威廉·爱德华·伯格哈特·杜波依斯是一位民权活动家、历史学家、社会学家和泛非主义者,他毕生致力于解决种族主义问题。(图片来源:美国国会图书馆)

B. 杜波依斯撰写的《黑人的灵魂》(*The Souls of Black Folk*)和《黎明的黄昏》(*Dusk of Dawn*)、阿兰·洛克撰写的《新黑人》(*The New Negro*)、布克·华盛顿(Booker Washington)撰写的《超越奴役:自传》(*Up from Slavery: An Autobiography*),以及马丁·路德·金(Martin Luther King)撰写的《希望的自白:马丁·路德·金的重要著作和演讲》(*A Testament of Hope: The Essential Writings and Speeches of Martin Luther King, Jr.*)。

 经典非裔美国人著作中的主要主题和主张是什么?

　　直到《解放黑人奴隶宣言》(*the Emancipation Proclamation*)颁布,黑人奴隶制度的废除问题一直是人们最关心的问题。从南北战争结束一直到 20 世纪 50 年代末的民权运动,导致了 1964 年反歧视法案的出台,这期间的主要问题变成了对黑人的歧视问题,以及在就业、各级教育、住房、适当的医疗和刑事司法系统等领域,非裔美国人长期遭受着社会和法律层面的排斥和不公的情况。同时,支持和构建非裔美国人的积极身份也是一个核心关注点。

哪些重要的著作帮助创立了20世纪后期非洲裔美国哲学?

　　一个简化的核心书目包括以下几本书:夸梅·安东尼·阿皮亚(Kwame Anthony Appiah)和艾米·古特曼(Amy Gutmann)的《色彩意识:种族的政治道德》(*Color Conscious: The Political Morality of Race*);伯纳德·博克西利(Bernard Boxill)的《黑人与社会正义》(*Blacks and Social Justice*);安吉拉·戴维斯的《女性、种族和阶级》(*Women, Race, and Class*);刘易斯·R·戈登(Lewis R. Gordon)的《伪善与反黑人种族主义》(*Bad Faith and Antiblack Racism*);杰奎琳·格兰特(Jacquelyn Grant)的《白人女性的基督与黑人女性的耶稣》(*White Women's Christ and Black Women's Jesus*);伦纳德·哈里斯主编的《斗争中诞生的哲学:1917年以来非裔美国人哲学文集》(*Philosophy Born of Struggle: Anthology of Afro-American Philosophy from 1917*);比尔·E·劳森(Bill E. Lawson)主编的《下层阶级问题》(*The Underclass Question*);汤米·L·洛特(Tommy L. Lott)主编的《征服与奴役》(*Subjugation* and Bondage）；霍华德·麦加里（Howard McGary）的《种族与社会正义》（*Race and Social Justice*）；查尔斯·W·米尔斯（Charles W. Mills）的《种族契约》（*The Racial Contract*）；米歇尔·M·穆迪-亚当斯（Michele M. Moody-Adams）的《道德、文化与哲学：熟悉之地的实地研究》（*Morality, Culture and Philosophy: Fieldwork in Familiar Places*）；格雷格·摩西（Greg Moses）的《良知革命：马丁·路德·金与非暴力哲学》（*Revolution of Conscience: Martin Luther King, Jr., and the Philosophy of Nonviolence*）；阿尔伯特·莫斯利（Albert Mosley）的《平权行动：社会正义还是不公平的偏好》（*Affirmative Action: Social Justice or Unfair Preference*）；卢修斯·奥特劳（Lucius Outlaw）的《论种族与哲学》（*On Race and Philosophy*）；罗德尼·C·罗伯茨（Rodney C. Roberts）主编的《不公正与矫正》（*Injustice and Rectification*）；劳伦斯·托马斯（Laurence Thomas）的《罪恶之舟：美国奴隶制与大屠杀》（*Vessels of Evil: American Slavery and the Holocaust*）；科内尔·韦斯特（Cornel West）的《预言释放！非裔美国人革命基督教》（*Prophesy Deliverance! An Afro-American Revolutionary Christianity*）；乔治·扬西（George Yancy）的《非裔美国哲学家，17场对话》（*African-American Philosophers, 17 Conversations*）；以及内奥米·扎克（Naomi Zack）的《关于种族的思考》（*Thinking about Race*）。

 关于种族身份的哲学问题都有哪些？

　　它们可以被归纳总结为一个问题：非裔美国人是把他们自己和他们的族群看成特殊种族的美国人，还是一般的美国人？传统上，强烈的种族或民族认同是在被压迫群体的成员中发展出来的，有时种族主义者反对非裔美国人的一些特别事件会引发强烈的种族认同。另一方面，在弱势群体中的强烈种族认同可能会妨碍年轻人在白种人占统治地位的社会中渴望并获得成功。除了这些实际问题之外，当前还有一个共识：所有社会和心理上的种族认同都是社会构建的，而不是生物决定的。

 非裔美国哲学中的主要问题有哪些？

　　种族主义的分析、种族认同问题和种族现实性的问题都是非裔美国哲学的重要问题。

有关生物种族的哲学问题是什么？

在普遍事实中，由于生物差异，大多数人看起来很明显地属于一些主要种族中的某一支。事实上，人类生物科学没能发现任何一项能够辨别一个种族的物理要素，并且也不存在种族的所有成员都共有的物理特性。例如，一些黑人拥有比一些白人更亮的肤色，并且大体上种族内部存在的种族特性的变化比种族之间存在的变化更大。当人类基因组在 21 世纪初被绘制出来时，报告该研究的遗传学家强调，他们没有发现任何与种族相关的基因。

当然，种族的重要物理特性是遗传的，但是在这些特性和其他特性之间原则上是没有任何差异的。从全球和历史的角度上看，判断种族成员的标准更加多样化了。在殖民时期，如果一个人的曾祖父母中大部分是白人，那么这个人就被认为是白人。到了 1900 年，"一滴血"（one-drop）规则在全球范围内有效：如果一个人的祖先中有黑人，那么这个人就被认为是黑人，不管这个祖先有多遥远。"一滴血"规则抹去了同时拥有黑人祖先和白人祖先的美国人真实的种族身份——他们在很大程度上仍然被认为是黑人，而不是多种族、混血儿或双种族。

由于缺乏黑人或者白人种族身份的生物学基础，一些作家建议消除种族类别，种族身份被认为是纯社会性的。在这种社会基础上，没有合理的理由来解释为什么同时拥有黑人祖先和白人祖先的人不被认为是混合种族，而自动被认为是黑人种族。有些人试图为种族重建不那么严格的生物学基础，还有一些人坚持认为，在非裔美国人的传统中，种族一直是一个复杂且多方面的概念，它超越了简单的生物或社会定义。

美国原住民哲学

 美国原住民哲学是什么？

早在欧洲人入侵并占有土地之前，美国原住民部落和民族就已经拥有了成熟的世界观、宗教信仰、认识论、形而上学，以及社会和政治观点。美国原住民通过口头讲述的方式将这些知识一代代传下来。在美国原住民遭到大屠杀后，大部分知识遗失，不再完整。

美国原住民哲学作为学术哲学的一个分支，其发展不仅需要对历史知识进行重建，而且在某种程度上，其发展需要接受西方哲学的方法。问题是，对于大多数美国原住民思想家来说，这些方法存在很大的问题。此外，几个世纪以来人类学家和政府官员对美国本土文化的描述是扭曲的，大多数美国原住民哲学家喜欢自己表述想法，而不喜欢让别人传达他们的观点。

在美国大学哲学系工作的美国原住民并不多。然而，自从 20 世纪 80 年代起，已经发展出了一套"经典"的美洲原住民哲学，包括：葆拉·冈恩·艾伦（Paula Gunn Allen）所著的《圣环》（*The Sacred Hoop*）、凯瑟琳·迪安·摩尔（Kathleen Dean Moore）、库尔特·彼得斯（Kurt Peters）和泰德·乔乔巴（Ted Jojoba）所著的《怎会这样：琳达·霍根笔下的 V. E. 科多瓦的美国原住民哲学》（*How It Is: The Native American Philosophy of V. E. Cordova by Linda Hogan*）、安吉拉·L. 科顿（Angela L. Cotton）和克莉丝塔·戴维斯（Christa Davis）所著的《批判领悟的文化遗址：哲学、审美学以及非洲裔美国妇女和美国本土妇女的著作》（*Cultural Sites of Critical Insight: Philosophy, Aesthetics, and African American and Native American Women's Writings*）、安妮·沃特斯（Anne Waters）所著的《美国印第安人思想：哲学论文集》（*American Indian Thought: Philosophical Essays*），以及杰斯·韦弗（Jace Weaver）所著的《保卫地球母亲：本土美国人对环境正义的看法》（*Defending Mother Earth: Native American Perspectives on Environmental Justice*）。

 ## 美国原住民哲学当前存在哪些问题？

美国原住民哲学家关注的事情涉及政治、生态、宗教，以及女性主义。美国本土居民的主张既直接又难以得到解决。沃德·丘吉尔（Ward Churchill）是政治活动家和美国科罗拉多大学博尔德分校的前种族研究教授，他认为美国主流社会内的进步运动并没有满足美洲原住民的理想，因为这些进步运动致力于获得更多的技术和资本主义的奖品。相比之下，传统的美国本土居民试图退出统治体制，并进入自给自足的传统社会。

在某种程度上，美国本土居民当前所担忧的政治问题涉及生态学和环境保护主义。一方面，美国本土居民可能拒绝人们将他们视为生态美德的象征，尽管部落生活的自给自足的理想状态确实依赖可持续发展的生态实践。极具讽刺意味的是，一些美国本土居民社区用他们在娱乐场所获得的收益购买他们祖先的土地，而这些土地曾经是美国在未履行的条约中许诺给这些美国本土居民的。

维奥拉·科多瓦是一位大学教授，她是第一个获得哲学博士学位的美国本土居民（她也拥有部分西班牙血统）。她认为西方哲学的历史在很多方面受占统治地位的基督教的影响，这些是本土文化思想家所不能理解的。另一位美国原住民哲学家安妮·沃特斯是加利福尼亚州立大学贝克斯菲尔德分校的律师，她质疑欧洲人发现"美洲"大陆的神话，指出人们的口头传统表明美国本土居民一直居住在美洲。

像葆拉·冈恩·艾伦这样的美国本土女作家回溯了本土政治历史中的母系模式，这种模式被欧洲殖民者排斥，欧洲殖民者拒绝与女性领导者谈判。这表明美国原住民女性主义者与西方女性主义者所关注的事情是有差异的，前者关注的是恢复政治权力而不是获得政治权力。

拉丁美洲哲学

拉丁美洲哲学是什么？

拉丁美洲哲学是指居住在拉丁美洲国家的哲学家的思想，或者是指拉丁美洲裔／西班牙裔美国哲学家的新作品。同非裔美国哲学和美国原住民哲学一样，拉丁美洲哲学也是一个学科分支，尽管它在 1980 年之后才被正式承认，但它在 1930 年之后就已经形成了。

一些哲学家对拉丁美洲裔／西班牙裔美国人经历进行了思考和研究，他们所著的当代反思性的作品有：琳达·阿尔柯芙（Linda Alcoff）与爱德华多·门迪塔（Eduardo Mendieta）所著的《从历史底层思考：恩里克·杜塞尔的解放哲学》（*Thinking from the Underside of History: Enrique Dusell's Philosophy of Liberation*）、豪尔赫·J. E. 格拉西亚（Jorge J. E. Gracia）与米雷娅·卡穆拉蒂（Mireya Camurati）主编的《拉丁美洲的哲学与文学》（*Philosophy and Literature in Latin America*）、豪尔赫·J. E. 格拉西亚与伊丽莎白·米兰－扎伊伯特（Elizabeth Millan-Zaibert）主编的《21 世纪拉丁美洲哲学：人类的社会地位、价值与身份探求》（*Latin American Philosophy for the 21st Century: The Human Condition, Values, and the Search for Identity*）、爱德华多·门

迪塔所著的《全球碎片：批判理论、拉丁美洲与全球化》(*Global Fragments: Critical Theory, Latin America and Globalization*)、苏珊娜·努切泰利 (Susana Nuccetelli) 所著的《拉丁美洲思考：哲学问题与争论》(*Latin American Thought: Philosophical Problems and Arguments*)，以及奥费利娅·舒特 (Ofelia Schutte) 所著的《拉丁美洲思考的文化特征与社会解放》(*Cultural Identity and Social Liberation in Latin American Thought*)。

 拉丁美洲/西班牙裔美国哲学主要研究哪些问题？

拉丁美洲/西班牙裔美国哲学主要研究身份、移民、多民族人们的经历，以及文化差异特征。拉丁美洲哲学还研究独特的女性主义事件、性别差异问题与种族划分上存在的问题。

 拉丁美洲哲学的总体趋势如何？

一些评论员将拉丁美洲哲学 500 年的历史分为四个阶段：殖民时期、独立主义时期、实证主义时期和当代时期。总体说来，拉丁美洲哲学家积极参与本国家的政治与社会事件。但是，直到实证主义时期，他们才将本土世界观与理性的观点相结合。

殖民时期（1550—1750）的哲学特点是，哲学家们对中世纪的经院哲学感兴趣。例如，哲学家们喜欢研究托马斯·阿奎那与弗朗西斯科·苏亚雷斯的著作。在此期间，墨西哥和秘鲁哲学家虽然在人们的理性生活中起着重要作用，但西班牙哲学家的影响力占主导地位。墨西哥皇家和教皇大学创立于 1553 年，阿隆索·德拉维拉·克鲁兹 (Alonso de la Vera Cruz)、托马斯·德·梅尔卡多 (Tomás de Mercado) 及安东尼奥·鲁比奥 (Antonio Rubio) 曾经活跃于此。安东尼奥·鲁比奥所著的《墨西哥逻辑学》(*Mexican Logic*) 是欧洲各地广泛使用的亚里士多德逻辑学教科书。巴托洛梅·德·拉斯·卡萨斯 (Bartolomé de Las Casas) 所著的《为印第安人辩护》(*In Defense of the Indians*) 至今仍被人们广泛地阅读。

在独立主义哲学阶段（1750—1850），尽管也接受了欧洲的理性主义、经验主义和伦理学，但智力兴趣主要集中在政治问题上。实证主义哲学时期（1850—1910）推崇欧洲实证主义，并将实证主义应用于社会和政治领域。许多人认为在独立哲学阶段之后，实证主义哲学受到社会科学的支持，预示着社会的"有序和进步"

（Order and Progress）。胡安·包蒂斯塔·阿尔韦迪（Juan Bautista Alberdi）在他的著作《观点》（*Idea*）中曾经试图将欧洲实证主义修改为更适合拉丁美洲具体境况的理论。

女性主义哲学

 女性主义和女性主义哲学是什么？

女性主义包括旨在改善女性福利的思想和实践。在实践方面，人们常常将女性主义视为"妇女运动"。女性主义在思想层面上是一种批判理论，因为它包含了对社会状况的分析和改进方法。同时，在理性方面，女性主义目前是一个包含了多学科的学术领域，涵盖了几乎所有的人文学科、当代文化批评、社会科学，以及妇女问题研究。

女性主义哲学是对女性主义思想进行哲学分析和探讨的领域。它从哲学的视角出发，对性别平等、女性权益、性别角色等议题进行深入的思考和探讨。许多女性主义哲学家按照"三大浪潮"来理解女性主义思想史和妇女运动史。

 女性主义哲学家所谓的女性主义的"三大浪潮"指的是什么？

第一浪潮始于法国大革命前夕，以玛丽·沃斯通克拉夫特出版的著作为起点，一直持续到 1918 年和 1920 年，英国和美国的女性分别获得投票权。

在美国妇女获得选举权之后，妇女运动看起来好像进入了一个静止期。这也许是因为直到第二次世界大战结束，进步思想主要集中在社会主义和共产主义上。然而，在 20 世纪中期，两本书的出版被很多人认为是女性主义第二浪潮的开始：法国存在主义哲学家西蒙娜·德·波伏娃所著的《第二性》（*The Second Sex*）和贝蒂·弗里丹（Betty Friedan）所著的《女性的奥秘》（*The Feminine Mystique*）。

贝蒂·弗里丹是一位美国作家、左翼政治记者和激进主义分子。1957 年，在史密斯学院（一所女子学院）的 15 年校庆上，她采访了 1942 年毕业的同班同学。许多人已经实现了拥有丈夫、孩子和家庭的社会期望，但她们对自己的生活感到不满，在某些情况下甚至感到极度沮丧。弗里丹主张女性作为人类，需要教育、有意义的工作、精神激励，以及充分的成年人的责任。弗里丹的主张在美国和欧洲引起了广泛的共鸣。

在 20 世纪中叶，卓越的女性主义者贝蒂·弗里丹撰写了多部著作，表达了美国女性对她们的生活不满。（图片来源：美联社）

到 20 世纪 70 年代，弗里丹的思想进一步发展，象征着女性主义第三浪潮的开始。妇女解放运动取得了如下成果：1964 年的《民权法案》（*Civil Rights Act*）第 7 条禁止基于性别和种族的就业歧视；美国最高法院对罗伊诉韦德案的判决宣布，基于身体隐私的堕胎权是合法的；"口服避孕药"（节育药）的合法化；新程度的性自由；在家庭之外就业的女性人数极大地增加；妇女有机会接受高等教育；职业妇女达到了前所未有的数量。"过去的都已经成为历史"了，美国社会现在理所当然地认为女性拥有与男性平等的机会。

 ## 第二浪潮女性主义者的目标是什么？

平等就业；停止对妇女的暴力行为；在公共生活中实现妇女的全面平等，包括进入政府最高职位及所有社会机构的高级管理职位，这些都是第二浪潮的目标。完全接受女同性恋和非传统家庭仍然是女性主义者正在进行中的政治理想，就像在美国为职业母亲提供全民医疗保健和儿童保健一样。另一个悬而未决的问题是"第二轮班"（second shift），也就是工作女性在家中仍然承担不成比例的家务和儿童保育工作的问题。[参见阿利·罗素·霍克希尔德（Arlie Russell Hochschild）和安妮·麦琼（Anne Machung）合著的《第二轮班》（*The Second Shift*）一书。]

 ## 女性主义哲学的哲学性体现在哪里？

女性研究主要集中在女性生活的现实和历史方面，不同的是，女性哲学更多的是从女性观点和女性的利益角度来反思社会哲学和道德规范。一些女性主义哲学家创造了新的哲学主题，而另一些女性主义哲学家则使用了由男性哲学家创造的传统哲学方法。例如，政治哲学家常常假定基本的政治单位是以男性为主导的家庭，因此忽视了女性工作者和传统家庭中女性所做的无偿工作。女性主义哲学家对这些假设进行了修改和扩展，把女性的作用和权利也考虑在内。

女性主义哲学的主要主题是什么？

迄今为止，女性主义哲学家非常愿意接受来自其他学科的理论工作。她们专注于从理论上阐述历史上及当代文化中女性所受的压迫。

有影响力的女性主义学术成果的例子包括女性主义复兴、女性主义认识论、女性主义政治理论及女性主义性别理论。艾莉森·M. 贾格尔（Alison M. Jagger）与马里恩·杨（Marion Young）合著的《女性主义哲学的同伴》（*A Companion to Feminist Philosophy*）是对这些主题的精彩概述。

女性主义复兴是什么？

在哲学领域及其他领域，女性主义复兴是对女性主义思想家的重新发现，这些女性主义思想家在传统知识史中，特别是在 20 世纪 80 年代之前，一直被人们所忽视。其中一些女性只在广义上被视为哲学家。然而，许多女性主义思想家在其所研究的领域做了全面的研究，在极大程度上影响了同时代的哲学家，却仅仅在近期才被人们真正地认识和认可。其中一个最明显的例子是露丝·巴尔坎·马库斯（Ruth Barcan Marcus）。

露丝·巴尔坎·马库斯是谁？

露丝·巴尔坎·马库斯曾经在耶鲁大学学习，她获得过 1952 年的古根海姆奖学金（Guggenheim fellowship），并且是芝加哥伊利诺伊大学的哲学系奠基人。在结束了西北大学的教授生涯之后，她于 1973 年至 1991 年任耶鲁大学哈勒克哲学教授（Halleck Professor of Philosophy）。她从事量化理论和模态逻辑等正式学科的研究，不赞成威拉德·冯·奥曼·蒯因的某些观点。

她最引人注目的贡献之一是较早地提出了"意义的因果理论"，这一理论因希拉里·普特南和索尔·克里普克而闻名。意义的因果理论认为，事物名称具有从第一次有人用一个特定的词汇来代表一个特定的物体或观点开始的历史。这意味着，当我们使用某个词汇时，我们是在基于该词汇在历史上与某个对象或想法的关联来指代它。例如，我们把苹果称为"苹果"，是因为在某个时候、某个特定地点，这个词是第一次被用来命名这种水果的。正如因果指称理论的倡导者所言，苹果被"命名为"苹果。

马库斯具有突破性的期刊文章都被收集在《模态性：哲学论文集》（*Modalities: Philosophical Essays*）中。2007 年，她因在女性主义领域所作的贡献而获得了美国哲学协会奎因奖（Quinn Prize）。

 女性主义认识论是怎样发展起来的？

南西·乔多罗（Nancy Chodorow）在著作《母性的再生产》（*The Reproduction of Motherin*）中描述了核心家庭内部的社会角色是如何被"再生产"的：女孩子认同她们的母亲，而男孩子变得不像他们的母亲。认识到女性性别的社会构建导致了对女性传统角色生物决定论的广泛拒绝。这为女性主义者寻求女性不利地位的社会原因扫清了道路。

卡罗尔·吉利根（Carol Gilligan）在其著作《不同的声音》（*In a Different Voice*）中批判了劳伦斯·科尔伯格（Lawrence Kohlberg）的道德发展理论，主要因为她认为科尔伯格的理论忽略了女孩道德观念中的关系性质。吉利根认为，与男性在道德判断中更倾向于抽象和个体化的性质不同，女性往往更加注重关系、联系和对他人的关怀。对女性道德观念的深入理解，导致了关怀伦理学的出现，其中最著名的是斯坦福大学的心理学家内尔·诺丁斯（Nell Noddings）的著作《关怀》（*Caring*）。桑德拉·李·巴特克（Sandra Lee Bartke）的《女性与统治》（*Femininity and Domination*）和伊娃·基蒂（Eva Kittay）的《爱的劳动：关于妇女、平等和信任的论文集》（*Love's Labor: Essays on Women, Equality and Dependence*）都是以《关怀》为基础的。

吉纳维夫·劳埃德（Genevieve Lloyd）的《理性的人：西方哲学中的"男性"和"女性"》（*The Man of Reason: "Male" and "Female" in Western Philosophy*）反映了这样一个观点：对于知识分子来说，他们将哲学本身与男性特有的推理能力联系在一起，仅从字面上就把女性排除在外了。女性主义认识论强调在知识获取和理解过程中，人与人之间的相互连接和关系的重要性，而非仅仅局限于孤立个体的认知过程。此外，女性主义认识论强调情感和行为在知识中的作用。琳达·阿尔科夫（Linda Alcoff）和伊丽莎白·波特（Elizabeth Potter）共同编辑的著作《女性主义认识论》（*Feminist Epistemologies*）一书中收集的论文将这项开创性工作与传统认识论联系起来。女性主义认识论的另一个发展是女性主义科学哲学。

女性主义科学哲学是什么？

女性主义科学哲学包含对科学方法和真理标准的分析。它的重点集中在分析客观观念将对女性有价值的知识排除在外的各种情况。

 一些重要的女性主义科学哲学家有谁？

桑德拉·哈丁（Sandra Harding）探讨了在"第三世界"中，女性是否拥有独特的认知方式，以及这种独特性是否也存在于欧美社会，同时她也研究了女性被科学界排斥是否可以在科学界内部得到纠正，以及科学知识本身是否存在"厌女症"。哈丁的开创性著作包括《女性主义的科学问题》（*The Science Question in Feminism*）和《谁的科学？谁的知识？》（*Whose Science？Whose Knowledge？*）。珍妮特·克莱妮（Janet Kourany）编辑了《科学的性别》（*The Gender of Science*）和《科学知识》（*Scientific Knowledge*），这两本书将女性主义对传统科学的批判与主流科学哲学中的一些问题联系起来。

所有女性主义哲学家都是女性吗？

绝非如此。许多男性哲学家都努力学习和支持女性主义，并在自己更传统的工作中融入女性主义主题。这些男性哲学家出版了诸如《反思男性气质：在女性主义光照下的哲学探索》（*Rethinking Masculinity: Philosophical Explorations in Light of Feminism*），该书由拉里·梅（Larry May）和罗伯特·斯特里克韦达（Robert Strikwerda）编辑出版；《研究女性主义的男人》（*Men Doing Feminism*），该书由汤姆·迪格比（Tom Digby）编辑；以及迈克尔·A·斯洛特（Michael A. Slote）的《关怀伦理学与移情》（*The Ethics of Care and Empathy*）等书籍。

 在第二浪潮女性主义政治哲学中，什么是重要的？

在第二浪潮女性主义政治哲学中，父权制（"父亲"的统治）的概念在整个人类历史中引发了大量的社会和作品分析，并且由卡罗尔·帕特曼（Carole Pateman）在著作

《性契约》(*The Sexual Contract*) 中上升为完整的理论。帕特曼认为，在托马斯·霍布斯和约翰·洛克建立了现代社会契约理论之后，女性就被排除在政治平等之外，被限制在私人生活中。

伊丽丝·扬 (Iris Young) 是芝加哥大学的一位哲学教授，她在《正义与差异政治》(*Justice and the Politics of Difference*) 和《包容与民主》(*Inclusion and Democracy*) 两本书中提出了女性社会角色和政治结构之间的关系。扬还在她发表于1980年的论文《像一个女孩那样投球》(*Throwing Like a Girl*)（后收入1990年出版的同名书籍）中谈到了会降低女性自信心的身体动作。此外，女性主义哲学家愉快地接受并讨论了密歇根大学法学院教授凯瑟琳·麦金农 (Catherine MacKinnon) 的著作。

 凯瑟琳·麦金农对第二浪潮女性主义政治哲学有哪些贡献？

在19世纪70年代，凯瑟琳·麦金农开始指出性骚扰是性别歧视的一种形式。性骚扰在1964年的《民权法案》中被认定是违法行为。麦金农和安德烈娅·德沃金一起改良法律理论来禁止色情文学。1986年，美国最高法院在很大程度上基于麦金农的工作，对性骚扰做出了判决；加拿大最高法院也部分接受了她反对色情内容的论点。

麦金农的著作包括：同安德烈娅·德沃金一起编辑和出版的《在危险之中：色情文学公民权利听证会》(*In Harm's Way: The Pornography Civil Rights Hearings*)；《迈向女性主义的国家理论》(*Toward a Feminist Theory of the State*)；与安德烈娅·德沃金合著的《色情文学与公民权利：女性平等的新时代》(*Pornography and Civil Rights: A New Day for Women's Equality*)；《组织起来反对色情文学》(*Organizing Against Pornography*)；《未被修改的女性主义：生活和法律的话语》(*Feminism Unmodified: Discourses on Life and Law*)；与托马斯·I. 埃默森 (Thomas I. Emerson) 合著的《对职业女性的性骚扰：性别歧视的一个案例》(*Sexual Harassment of Working Women: A Case of Sex Discrimination*)。

 凯瑟琳·麦金农反对色情文学的论点是什么？

根据麦金农的说法，色情文学不仅不道德地剥削和物化了那些作为主角的女性，而且还表达并支持社会中女性整体受到的压迫。色情文学中女性的从属地位，以及许多对女性施暴行为的描写，是不公平的性别体系的组成部分。

第二浪潮的女性主义者是如何处理性别问题的？

　　她们批判了"强制异性恋"（compulsive heterosexuality）的社会规范，理由是人类的性别体系是一个以牺牲女性为代价而有利于男性的权力系统。这方面的一些工作包括将性别"解构"为自然状态，将女性之间的爱视作正常和稳定的。朱迪斯·巴特勒（Judith Butler）是加利福尼亚大学伯克利分校的修辞与比较文学教授，她在《安提戈涅的诉求：生与死之间的亲缘关系》（*Antigone's Claim: Kinship Between Life and Death*）和《性别麻烦：身份的颠覆》（*Gender Trouble: Feminism and the Subversion of Identity*）两本著作中对"异性恋常规"提出了挑战。巴特勒对传统的性别观念和身份认知进行了深入的解构，并提出了"性别表演"（Gender Performance）的概念，这为她赢得了广泛的声誉。莎拉·露西娅·霍格兰（Sara Lucia Hoagland）的《女同性恋的道德规范：一个新的价值观》（*Lesbian Ethics: Toward a New Value*）和玛丽莲·弗赖伊（Marilyn Frye）的《真实的政治：女性主义理论论文集》（*The Politics of Reality: Essays in Feminist Theory*），都为巴特勒关于性别解构和性别表演的理论提供了基础性的观点或支持。

 法国女性主义是什么？

　　法国女性主义是由法国之外的女性主义者所命名的一个思想流派，主要指吕斯·伊里加雷（Luce Irigaray）、埃莱娜·西克苏（Helene Cixous）和朱莉娅·克里斯蒂娃（Julia Kristeva）的著作。但是这3个人最初都不是法国人，并且她们自始至终都否认自己是女性主义者。伊里加雷、西克苏和克里斯蒂娃的共同点是她们的研究都以哲学和精神分析为基础。她们都认为想要改变女性的境遇，必须先改变人们的基本心理结构。也就是说，她们的工作是在结构主义的传统中进行的。

　　相比之下，还有另一批法国女性主义者，她们的研究更偏向社会学和行动主义。她们被称为法国唯物主义女性主义者，通过政治行动主义和社会科学工作来试图改变社会以改善女性的处境。主要人物有西蒙娜·德·波伏娃、克里斯蒂娜·德尔菲（Christine Delphy）、莫妮克·威蒂格（Monique Wittig）和科莱特·吉约曼（Colette Guillaumin）。她们的一些理论著作阐述了女性在家庭中的无偿劳动支持了资本主义，这些著作在共产主义革命联盟中具有很大的影响力。

朱莉娅·克里斯蒂娃是谁?

　　1966 年，朱莉娅·克里斯蒂娃从保加利亚来到法国。此后，她凭借在心理分析传统方面撰写的关于女性的著作而得到了国际上的认可。人们认为她的著作涉及多学科，包括艺术批评、哲学和文化批判。克里斯蒂娃在理论上的主要贡献是她对语言"象征性"（symbolic）和"符号性"（semiotic）两个方面的区分。她认为，语言的象征性方面是我们通常理解和使用的语言形式，包括文字、语法、词汇等，它们遵循着一定的规则和逻辑，可以被明确地表达和理解。而符号性方面则更为复杂和深刻，它基于个体与母亲之间的原始关系，以及这种关系所带来的心理影响。克里斯蒂娃认为，语言中的符号性方面与人的基本欲望和情感有着密切的联系。这种符号性不仅基于母亲身体的生物节律，也涉及个体的生理和心理状态，以及他们与外部世界的互动。

 朱莉娅·克里斯蒂娃关于"女性本质"的观点是怎样的?

　　克里斯蒂娃认为由于男性主导的文化模式，母亲被男孩和女孩排斥，使母亲本身成为"卑贱"（object）的，也就是说，母亲变成完全不同的、令人厌恶的、怪异的人。克里斯蒂娃认为想要解决这个问题，需要重新发现并从心灵上治愈女性的自恋情节，同时要接受成年女性之间的爱恋。然而，克里斯蒂娃拒绝把"女性"作为一个通用的术语，并且拒绝去定义女性。很显然，她认为，每个女性作为女性的方式，以及她作为女人存在的意义这两方面，基本上都是不同的。正如她写道:

　　　　在分析她与母亲之间复杂的关系，以及她与其他人（男人和女人）的不同之处时，某个女人就会遭遇"女性"之谜。我倾向于这样理解女性特质：有多少女性，就有多少"女性特质"。

　　克里斯蒂娃的主要理论著作，包括《中国妇女》（*About Chinese Women*）、《语言中的欲望：文学艺术的符号学方法》（*Desire in Language: A Semiotic Approach to Literature and Art*）、《恐怖的力量：论贱弃》（*Powers of Horror: An Essay on Abjection*）、《诗歌语言的革命》（*Revolution in Poetic Language*）及《灵魂的新疾病》（*New Maladies of the Soul*）。

吕斯·伊里加雷是谁?

吕斯·伊里加雷出生于比利时,她在 20 世纪 60 年代参加了雅克·拉康的精神分析研讨会。她因在著作中写出如下这些话而闻名:"性别差异可能是我们这个时代的问题,如果我们能深入思考它,它可能会成为我们的'救赎'"。同时,她认为人们必须重新认识、肯定和承担女性的角色。这意味着将一种屈从的形式转化为一种肯定,从而阻止性别歧视和性别不平等的继续存在和蔓延。伊里加雷的主要著作包括《性别差异伦理学》(An Ethics of Sexual Difference)和《我,你,我们: 走向文化差异》(Je, Tu, Nous: Toward a Culture of Difference)。

 吕斯·伊里加雷最著名的文章是什么?

吕斯·伊里加雷最为人所知的是她于 1974 年出版的博士论文《他者女人的窥镜》(Speculum of the Other Woman)。这篇论文导致了她不能在位于万塞讷的拉康弗洛伊德学院继续学习。(在欧洲,哲学博士学位不足以在大学任教,事实上在美国也一样,还需要再有一篇论文才能取得任教的资格。) 伊里加雷的论文包括她对西格蒙德·弗洛伊德就女性气质这一主题所做演讲的理论分析,以及引用从柏拉图至黑格尔的男性哲学家的著作。很显然,她在她的博士论文中提到的"窥镜"指的是插入到女性身体里的凹面医用镜。

 吕斯·伊里加雷的《他者女人的窥镜》有社会意义吗?

是的,这本书对法国女性主义哲学的学生和学者产生了巨大的影响。在 20 世纪 70 年代美国妇女健康运动的背景下,这本书表达了在妇女解放运动中妇产科医学方面的部分精神要求。当时只有非常少的女医生,男性医生用压抑的方式治疗女性生殖和生育方面的问题,女性们开始对这一现状进行反抗。她们开始更多地公开谈论她们对自己身体的羞耻感。

一些女性团体的成员开始为她们自己和她们的朋友进行妇科医学检查,而另一些没有受到医学培训的女性则自学如何处理流产。与此同时,为了母亲和婴儿的健康,提倡有条件的妇女进行自然分娩(无药分娩)和哺乳,在此之前这一直是许多贫穷女性的唯一选择。这些女性承担自己健康责任的例子,既是对父权制的反抗意识形态的动机,也是改善女性健康的目标。

自 20 世纪 70 年代以来，女性主义的拥护者就已经指出，临床医学一直都是以男性身体为基础的。有些疾病在男人和女人之间有着不同的症状——例如，心脏病。在这个时候，女性医生的存在就是很正常的事情，特别是在妇科医学的实践中，女性医生的存在是必要的。总之，人们需要对女性健康问题有更多的关注。

 ### 埃莱娜·西克苏是谁？

埃莱娜·西克苏（Hélène Cixous）最为哲学家们所知的是她的著作《美杜莎的笑声》（*The Laugh of the Medusa*）和《突围》（*Sorties*）。这些作品构成了反本质主义的呼吁，呼吁女性以一种新的女性写作形式——"女性书写"（écriture féminine）来重新获得她们的身体体验。西克苏被解读为以某种方式倡导双性恋和性别的多样性，这些方式被认为预示了酷儿理论（queer theory）的出现。

法国的女性主义者衣着华丽吗？

有时，确实如此。例如，贝伦娜·安德马特·康利（Berena Andermatt Conley）提到，埃莱娜·西克苏曾经身穿一件耀眼的貂皮大衣进入万塞讷的巴黎第八实验大学的综合楼，"这件大衣的价值很可能超出了班上许多人的承受能力。"

 ### 为什么现在 LGBT 研究和酷儿理论是哲学的一部分？

伴随着人们对文化研究整体兴趣的扩大，以前被忽视的一些问题开始受到关注。LGBT 研究（LGBT 代表 lesbian、gay、bisexual、transgender，指女同性恋、男同性恋、双性恋、跨性别者）和酷儿理论已经成为哲学的一部分。这种转变通常是人文学科的一部分，哲学家们都将注意力集中在与这些领域相关的概念问题上。

20 世纪 90 年代，酷儿理论伴随着人们对 LGBT 的研究逐渐形成。它们共同表达了对不符合传统性别和性取向观念的一种积极认可和支持。内奥米·朔尔（Naomi Schor）的著作《女性主义和酷儿理论》（*Feminism Meets Queer Theory*）对于这个问题提出了正面的观点。在跨性别研究上有所帮助的著作是苏珊·斯特赖克（Susan Stryker）的《跨性别历史》（*Transgender History*）和洛里·施拉格（Laurie Shrage）的《你变了》（*You've Changed*）。

 ## 为什么女性主义有第三浪潮？

根据批评家提出的观点，虽然人们假定女性运动第二浪潮的目的是支持所有女性，但第二浪潮的运动只提出并维护了一小部分有特权的美国白人女知识分子的利益。有两本书明确提出了这样的控诉：贝儿·胡克斯（bell hooks）（她用小写字母拼写自己的名字）的《难道我不是女人吗？黑人女性与女性主义》（*Ain't I a Woman: Black Women and Feminism*）使人们开始关注有色人种女性受到的种族压迫。伊丽莎白·V. 斯佩尔曼（Elizabeth V. Spelman）在《无关紧要的女性：女性主义思想中的排他问题》（*Inessential Woman: Problems of Exclusion in Feminist Thought*）一书中指出了女性主义内部普遍化趋势的问题，即忽视了女性之间的差异。

白人女性主义者一方面抱怨"玻璃天花板"（glass ceilings），即女性在商业高层职位上遇到的隐形障碍，另一方面抱怨家庭生活的沉闷乏味，但这些并没有引起所有其他女性的共鸣。贫困女性和有色人种女性几个世纪以来一直在工厂、田野或其他女性的家中工作；对她们来说，"第二轮班"并不是什么新鲜事。正是因为如此，女性主义需要一个第三浪潮来提出所有女性的需求。

 ## 在女性主义哲学中，种族为什么变得重要了？

加利福尼亚大学洛杉矶分校的法学教授金伯利·克伦肖（Kimberle Crewshaw）在他的开创性的论文《消除种族与性别的交叉：黑人女性主义对反歧视主义、女性主义理论和反种族主义政治的批判》（*Demarginalizing the Intersection of Race and Sex: A Black Feminist Critique of Antidiscrimination Doctrine, Feminist Theory and Antiracist Politics*）中强调了种族在女性主义问题中的复杂性。金伯利的著作引入了"交叉性"（intersectionality）的问题，他认为种族和性别问题所引发的压抑不能够被简单地累计在一起，因为它们产生了独特的新身份，形成了新的歧视形式。

金伯利指出，黑人妇女既没有得到针对女性遭受歧视的法律的保护，也没有得到有关黑人受歧视的法律的保护——在第一种情况下，白人女性优先于她们；在第二种情况下，黑人男性优先于她们。也就是说，反歧视法符合法律的字面意思，它保护了白人女性主导的女性群体，也保护了黑人男性主导的黑人群体。但是结果是，既是黑人又是女性的黑人女性没有受到法律的保护。

 ## "交叉性"带来的问题是什么？

所有"交叉性"的结果都导致了一个被广泛接受的等式，即种族＋阶级＝性别。交叉导致了女性性别的多样性，从而阻止了女性共同工作或甚至以相同方式认同彼此的可能性。其结果是出现了无数种女性主义。一旦不同女性的性别得到认可，她们就很难再作为女性团结起来。例如，玛丽亚·C. 卢戈内斯（Maria C. Lugones）和伊丽莎白·V. 斯佩尔曼在她们的文章《我们有一个适合你的理论！》（*Have We Got a Theory for You!*）中用一个对话展现了盎格鲁人和拉丁人在文化体验上的一些差异，这些差异根本无法在彼此的理解框架中进行转换。

 ## "交叉性"的问题可以解决吗？

许多理论家相信只要对女性的共同之处有一致的理解，这个问题就能够解决。内奥米·扎克在著作《包容性女性主义：关于女性共同点的第三浪潮理论》（*Inclusive Feminism: A Third Wave Theory of Women's Commonality*）中提出了一种可能性，就是所有女性都与一个被压迫的历史范畴有一定的关联：母亲群体，或者生育女性，或者男性异性恋的选择对象。克雷茜达·J. 海斯（Cressida J. Heyes）在《路线图：通过女性主义实践来定义妇女》（*Line Drawings: Defining Women Through Feminist Practice*）中提出了第二种可能性，就是女性们都有维特根斯坦理论中的"家族相似性"。

 ## 为什么女性的团结或者女性的共同性质是重要的？

尽管全世界都知道哪些人是"女性"而不是"男性"，但是，如果女性主义者不能在这一事实上达成共识，那么人们就不清楚女性主义是如何为女性的幸福辩护的。生活在"第三世界"、贫穷、被种族边缘化的女性需要"第一世界"女性的支持，而"第一世界"女性也可以从较不发达国家和文化中发展起来的实践组织形式中学习。如果没有感知到女性之间的共同性，那么女性主义者就没有基础来追求共同的政治目标，如医疗保健、教育、工作母亲的儿童保育、自然环境的保护和照顾等。

女权主义第二浪潮没有解决种族主义问题,再加上忽视了社会阶级不平等,使问题更加复杂。此外,虽然西方女性主义者的目标是实现男女平等,但是经历政治剧变的"第三世界"的女性则以她们作为妻子和母亲这样的传统角色为基础来构建女性主义。乌马·纳拉扬(Uma Narayan)和桑德拉·哈丁主编的《偏离中心:多元文化、后殖民和女性主义世界的哲学》(*Decentering the Center: Philosophy for a Multicultural, Postcolonial and Feminist World*),以及哈莱·阿夫沙尔(Haleh Afshared)的《第三世界的女性与政治》(*Women and Politics in the Third World*)中讨论了一些这样的项目。洛里·施拉格在《堕胎与社会责任:平息辩论》(*Abortion and Social Responsibility: Depolarizing the Debate*)中讨论了贫穷的美国女性在堕胎辩论中被排除在外的情况。

环 境 哲 学

环境保护主义是什么?

环境保护主义是对生物(包括人类)与自然环境之间关系的研究。研究是为了保护自然环境和可再生资源。目前,环境保护主义是一个多元化的跨学科领域,广泛涉及理论和实践。

环境哲学涉及哲学的多个领域和分支,其中包括伦理学、社会哲学、大陆哲学、美学和女性主义。这些领域都将人类与环境的关系问题融入了基本的哲学观点。

除了伦理学,环境保护主义的哪些方面与哲学有关?

人类依靠环境生存,地球使得人类生活成为可能。我们应该心怀感激之情,珍惜环境,珍惜自然生命及没有生命的物体,欣赏它们的美丽。环境保护主义鼓励人们尊重生活,崇尚自然真实的生活,反对人造产品及大批量生产制造产品。

当然,在涉及环境主义时,人类有直接的实际关切,比如与资源减少相关的生活质量问题。例如,研究全球变暖的多学科专家在全球变暖的危害程度、全球变暖在多大程度上是由燃烧化石燃料引起的这两个主题上没有达成共识。一些专家认为在人类社会工业化之前，地球的温度有同样的变化模式。有研究表明，是人们饲养用于食用的牲畜的胀气（研究者认为这是间接的人类活动）造成了全球变暖。研究全球变暖这种复杂的事件需要人们掌握广泛的科学哲学知识！

环境哲学家分析人类与自然之间的关系。（图片来源：大图片文献库）

环境保护主义提出了哪些普遍的哲学问题?

在更为传统的哲学术语中,环境保护主义涉及存在论和形而上学问题,即环境保护主义中的"单位"(unit)是什么?(正确地定义"单位"是非常重要的,因为该定义从理论上确定了范围,使得人们明确地知道什么该被保护。)究竟是一种动物,一个群体,一个完整的生态位,一个地区,还是一个国家?

从更广义的范围看,与自然环境相关的问题在21世纪的生活中很可能占据中心地位——无处不在。人类对地球自然环境的依赖,以及地球某些地区健康的自然环境对人类活动的依赖,将成为人们更加关注、更苦恼、更有争议的问题。

在哲学领域所有的新兴学科中,环境保护主义是最受关注的。下列著作可以为我们提供更多关于环境保护主义的信息。威廉·F. 巴克斯特(William F. Baxter)所著的《人类或者企鹅:最大的污染案例》(*People or Penguins: The Case for Maximum Pollution*)、特德·本顿(Ted Benton)所著的《自然关系:生态、动物权利和社会正义》(*Natural Relations: Ecology, Animal Rights & Social Justice*)、杰伊·伯恩斯坦(Jay Bernstein)所著的《阿多诺:祛魅与伦理学》(*Adorno: Disenchantment and Ethics*)、J. B. 卡利科(J. B. Callicott)所著的《捍卫土地伦理:环境哲学论文集》(*In Defense of the Land Ethic: Essays in Environmental Philosophy*)、B. 德瓦尔(B. Devall)与G. 塞申斯(G. Sessions)共同撰写的《神秘生态学:自然决定下的生活》(*Deep Ecology: Living as if Nature Mattered*)、罗伯特·海尔布鲁诺(Robert Heilbroner)在杂志《纽约时报》(*New York Times Magazine*)(1975年1月19日)上发表的文章《后人为我做过什么?》(*What Has Posterity Ever Done for Me?*)、托马斯·E. 希尔(Thomas E. Hill)在著作《伦理》(*Ethics*)第5卷中发表的文章《人类卓越的理想和自然环境保护》(*Ideals of Human Virture and Preserving the Natural Environment*)、D. 贾米森(D. Jamieson)主编的《环境哲学手册》(*A Companion to Environmental Philosophy*)、奥尔多·利奥波德(Aldo Leopold)所著的《沙乡年鉴》(*A Sand County Almanac*)、A. 内斯(A. Naess)所著的《生态学、社会、生活方式》(*Ecology, Community, Lifestyle*)、R. 纳什(R. Nash)所著的《自然的权利:环境道德历史》(*The Rights of Nature: A History of Environmental Ethics*)、V. 普拉姆伍德(V. Plumwood)所著的《环境文化》(*Environmental Culture*),以及彼得·辛

格所著的《动物解放：我们对待动物的道德规范》（*A New Ethics for our Treatment of Animals*）。

环境哲学是如何产生的？

二十世纪六七十年代，当时的海洋生物学家蕾切尔·卡森（Rachel Carson）在她的著作《寂静的春天》（*Silent Spring*）中，介绍了食物链中追踪到有毒杀虫剂（特别是滴滴涕）在植物和动物之间传递，公众环境主义开始兴起。该书激发了生态学家、林业家奥尔多·利奥波德对自然进行重新探索和发现，并撰写了《沙乡年鉴》。约翰·缪尔（John Muir）也在此期间受到启发，创办了塞拉俱乐部（Sierra Club）。

利奥波德曾经写道："土地是一个共同体，这是生态学的基本概念，但是土地应该被热爱和尊重，这是伦理学的延伸。"这种道德基调为环境主义设定了基本的哲学方向，将其视为一个道德或者伦理问题。挪威哲学家阿尔内·内斯在拜访喜马拉雅夏尔巴人时，当地的夏尔巴人因为对伟大的喜马拉雅山的敬重而拒绝带他去神圣的地方参观，这一做法激发了他的灵感。他对浅层生态学与深层生态学进行了区分。

浅层生态学与深层生态学有什么区别？

根据阿尔内·内斯的描述，浅层生态学是众多西方人为失去清洁的空气、丰富的资源和美丽的景色担忧。相对于浅层生态学来说，深层生态学以地球生态平衡为基础，重视所有存在的自然生物的固有价值，提倡生态平衡。

阿尔内·内斯将地球想象成一个"总场"（total-field）或"生物圈网络"（biospherical net）。其中，每个生物体都与它们所处的整体环境相互关联。而作为个体的人类仅仅是网络中的一个"节点"（knots），人类应该停止为了自身存在和个人利益而对自然环境的恶意破坏和占有。

阿尔内·内斯有怎样的哲学影响？

阿尔内·内斯最广泛的影响力可能来自他的整体意识，即如果不算宗教的话，在与自然环境的恰当联系中，存在着精神价值。人类应该尊敬并关爱环境，并将此视作高尚的行为。许多环境保护主义者在理论和实践上体现出与内斯相同的观点。他们认为人类通过与自然及动物的接触，收益颇丰，这些收益是商业娱乐形式，甚至人与人之间的互动所不能比拟的。美德伦理学家，如托马斯·E. 希尔二世（Thomas E. Hill Jr.），认为在人类与自然的关系中，人类确实有所收益。他宣称我们对待自然的方式能够揭露出我们自身的个性，同时也部分构成了我们的性格。

在当代的环境争论中，另一种阐述浅层生态学与深层生态学区别的方式是工具价值和内在价值。一个生命体如果自身是优良的，那么它就有内在价值；如果它的价值在于它的用处，那么它的价值就是工具性的。这种理论在伦理上是非常重要的，甚至可以追溯到伊曼纽尔·康德提出的观点，他区分了范畴性或绝对命令和假设性或工具性命令。但康德认为，只有理性生物（人类）的善良意志才具有内在价值，而一些环保主义者则将内在价值扩展到所有生物。

 ## 深层生态学向哲学家们提出了哪些问题？

深层生态学向哲学家提出的问题："我们如何证明非人类生命体的内在价值？"杰里米·边沁很好地回答了这个问题，他认为非人类生命体的内在价值不在于"它们"是否会思考或者推理，而是在于它们是否能够经受痛苦。当代的功利主义者，澳大利亚哲学家彼得·辛格在他闻名世界的著作《动物解放》一书中发展了这一价值理念。

 ## 彼得·辛格有什么观点？

辛格曾经提出，健康的成年动物比那些严重残疾的人类婴儿更有价值。这个观点引起了人们的激烈争论。1999 年，当辛格被普林斯顿大学聘用时，残障人士及其支持者们举行了大型的公开示威活动，普林斯顿大学行政部不得不雇用武装警卫来保护辛格。

辛格继而提出了功利主义的观点，认为动物没有权利，动物的健康是内在的优势，动物的痛苦和毁灭是内在的劣势。辛格不是一位深层生态学家，因为他没有将山脉、河流或植物等非感性生物的福祉赋予内在价值。辛格认为，将人类生命和福祉置于动物之上是物种主义，在原则上，这与种族主义和性别歧视没有区别。

一张讽刺彼得·辛格的漫画。辛格因提出"健康的成年动物比严重残疾的人类婴儿更有价值"这一观点而受到批评。（图片来源：大图片文献库）

在美国，人类的"物种歧视"为什么具有讽刺性？

讽刺之处在于，一方面，美国人残忍地对待野生动物，但另一方面，在许多情况下，家养宠物却得到了皇家般的待遇。2006年，美国人在宠物上花费了360亿美元，是他们在儿童玩具上花费的两倍。2007年，他们在宠物上花费了410亿美元。抛开吉娃娃的设计师服装和上千美元的床不谈，许多单身人士和家庭都将他们的狗和猫视为人类，与它们建立了深厚的情感纽带。但这并不是什么新鲜事——美国人对家养动物的关爱有着悠久的历史。20世纪70年代，当公众的注意力转向虐待儿童问题时，并没有现成的法律可以支持早期倡导者的诉求，一些早期的虐待儿童的案件是根据美国防止虐待动物协会（ASPCA）制定的法律进行起诉的。

谁主张动物也有权利？

汤姆·里根（Tom Regan）认为杀害无辜生命，包括动物，是一种错误的行为。他的这一学说的前提是他认为动物具有内在或固有的价值。基于这一前提，人们有义务不因为消遣、食用或者实验而伤害动物，或者至少是其中的一些动物。保罗·W.泰勒（Paul W. Taylor）对里根的观点进行了发展。他认为任何生命体，从微生物到大象，都有一个"生命的终极目标中心"（teleological-center-of-life），值得道德的尊重。

深层生态学和动物价值论批评者提出了怎样的观点？

威廉·F.巴克斯特在《人类或者企鹅：最大的污染案例》一书中指出，虽然一个无污染的社会在环境上是理想的，但实现它所需的成本可能会对人类产生负面影响。他认为，人道主义的核心是关注人类的利益，因此在追求环境保护的同时，必须充分考虑并平衡人类的需求和利益。巴克斯特表达了对那些不相信动物具有与人类同等的内在价值或权利的环保主义者的普遍批评观点。

环境论涉及哪些宗教问题，是支持还是反对环境论？

一些批评环境论的观点源于西方政治哲学中根深蒂固的基督教观点。基督教宣扬上帝为人类创造了地球及地球上的一切事物。上帝赋予人类特定的权利，人类可以根据自己的需要来支配这些事物。只有人类具有内在价值，这是上帝赋予人类的神力。但是，许多宗教团体已经声明他们有义务在地球的一些地区开展一些慈善工作。但是，在提到这些慈善工作是为后代着想时，一个令人困惑的问题产生了：我们怎样为尚未存在的人尽义务？罗伯特·海尔布鲁诺在1975年发表的《后人为我做过什么？》一文中分析过这一问题。这篇最初发表在《纽约时报》杂志上的文章被广泛地引用和重印。

 ### 环境伦理如何成为世俗问题？

从世俗的角度来看，动物和其他自然实体在人类法庭里没有法律地位，除非有人为它们辩护。濒危物种和禁止虐待动物的法律就是此类辩护的例子。其他环境保护主义和动物权利批评家指出，所有曾经存在过的物种中有99.9%现在已经灭绝，而人类对自然的掠夺与动物对自然的掠夺一样自然。

 ### 环境保护主义与女性主义有何关联？

女性主义者将人类开发自然环境视为整体文化厌女症的一部分，因为地球一直被比喻成女性。并且，人类开展的一些对动物的研究也主要以雌性动物为目标。克里斯·科莫（Chris Cuomo）对这一主题进行研究，并在其著作《女性主义与生态群落》（*Feminism and Ecological Communities*）中，将生物有趣的生存方式描述为"动态魅力"（dynamic charm）。

 ### 环境保护主义和种族及国际研究有何关联？

种族歧视理论家，如劳拉·韦斯特拉（Laura Westra）、比尔·E. 劳森（Bill E. Lawson）确认了"环境种族主义"的存在。生活在贫穷街区的少数民族更容易在其直接环境中遭受有毒垃圾场的危害。一些美国原住民哲学家批评了整个西方科技发展计划。相比之下，国际学者批评了西方环境保护主义者，因为后者认为改善贫穷国家人类生活的发展不如保护自然重要。

新哲学的其他趋势

 生物学哲学是什么？

严格说来，生物学哲学并不是新兴事物，因为自从亚里士多德以来，生物学哲学就是哲学的一部分。然而，近来人们在生命系统与物理和化学的非生物主题的差异方面进行了进一步的思考，这些思考使人们将生物学哲学视为一个独特的理论／哲学学科。并且，一些社会争论，如关于创世论和进化论的著名争论，个人自我决定论和遗传决定论的信念，都为生物学哲学的一些旧话题注入了新的活力。

 生物学哲学的研究主题有哪些？

人类能否预测生物的行为？环境、遗传及生物发展过程是如何与有机体相互作用的？这些都是生物学哲学家感兴趣的主题。他们还对有关上述主题的生物学解释和其他学科解释形式上的差异感兴趣。进化论同样也是他们感兴趣的主题。

生物学哲学领域的实用性书目包括：亚历山大·罗森伯格（Alexander Rosenberg）所著的《生物科学的结构》（*Structure of Biological Science*）、埃利奥特·索伯（Elliot Sober）所著的《选择的本质》（*The Nature of Selection*），以及迈克尔·鲁塞（Michael Ruse）所著的《生物学哲学》（*Philosophy of Biology*）。大多数当代的生物学哲学家都参照厄恩斯特·迈尔（Ernst Mayr）所著的《生物学思想的发展：差异、进化和遗传》（*The Growth of Biological Thought: Diversity, Evolution and Inheritance*）和《迈向新的生物学哲学：一位进化论者的观察》（*Towards a New Philosophy of Biology: Observations of an Evolutionist*）。生物学家新的思想引发了生物学哲学研究的新角度，生物学哲学家包括帕特里克·贝特森（Patrick Bateson）、理查德·道金斯（Richard Dawkins）、贾里德·戴蒙德（Jared Diamond）、史蒂芬·杰伊·古尔德（Stephen Jay Gould）、理查德·列文廷、约翰·梅纳德·史密斯（John Maynard Smith）及爱德华·O.威尔逊（Edward O. Wilson）。进化生物学激发了新的哲学思考体系，代表人物为丹尼尔·丹尼特（Daniel Dennett）。

 丹尼尔·C. 丹尼特是谁？

丹尼尔·C. 丹尼特是一位美国心灵科学与科学哲学家。他是美国塔夫茨大学的哲学教授和认知研究中心的联合董事。他比较有影响的是在生物学哲学领域将认知科学与进化理论相结合，主要体现在下面的这些著作中：《达尔文的危险观念：进化和生命的意义》（*Darwin's Dangerous Idea: Evolution and the Meanings of Life*）、《思想的种类：为了意识的了解》（*Kinds of Minds: Towards an Understanding of Consciousness*）、《脑力劳动的产物：关于设计思想的论文》（*Brainchildren: Essays on Designing Minds*）、《自由的进化》（*Freedom Evolves*）、《甜美的梦：意识科学的哲学障碍》（*Sweet Dreams: Philosophical Obstacles to a Science of Consciousness*）及《打破魔咒：作为自然现象的宗教》（*Breaking the Spell: Religion as a Natural Phenomenon*）。丹尼特还是"明智思想运动"（Brights Movement）的支持者。

"明智思想运动"是什么？

明智思想运动致力于推动公众对自然主义世界观的理解和认可。该运动由芝加哥生物学教师保罗·盖泽特（Paul Geisert）和米恩加·富特雷尔（Mynga Futrell）于2003年共同发起。富特雷尔是一位教育工作者，也是美国人文主义者协会（American Humanist Association）的董事会成员、无神论者和其他自由思想者协会（Atheists and Other Freethinkers）的前任会长。富特雷尔将"明智"（Bright）定义为"世界观为自然主义（不含超自然和神秘元素）的个体"。

明智思想运动的口号是"照亮和提升自然主义世界观"。该组织有三大目标：提高公众对自然主义世界观的认识，让人们认识到秉持这一世界观的人可以在重要的公民事务中以有原则的方式行事，以及教育社会所有成员认可并参与明智思想运动。

 ### 丹尼尔·C. 丹尼特提出的生物学哲学是什么？

丹尼特从事进化理论的研究，他提出了这个问题："高空吊车还是起重机？""高空吊车"是指从一个发展阶段到下一个发展阶段的无法解释的飞跃，而"起重机"是指根据前一个发展进程理解后期阶段的方式。丹尼特认为，意识、意识的内容，甚至意识的产物，如莎士比亚戏剧，都可以像物理进化一样被自然化地理解。神经系统创造出同一事物的"多份草稿"，因此大脑本身就是"一堆粪便，别人想法的幼虫在其中重新焕发生机"。丹尼特也是"模因"（memes）学说的支持者，即某些行为模式是物理遗传的进化产物。他的极端唯物主义既吸引了批评者，也吸引了支持者。

 "模因"是什么？

在《自私的基因》（*The Selfish Gene*）这本书中，英国进化生物学家、教授、作家理查德·道金斯提出了"模因"这一术语，并将其与"基因"相提并论。模因，如旋律、食谱、道德体系或着装风格，是通过文化互动传递到下一代的。尽管模因通常不被认为是像基因那样通过物理方式遗传的，但社会生物学家认为它们也受到自然选择和变异的影响。

理查德·道金斯，一位进化生物学家，创造了"模因"这个术语。（图片来源：美联社）

 实验哲学是什么？

实验哲学是一种较为新颖的哲学方法，旨在用实证信息来支持哲学家们提到的"普通直觉"（ordinary intuitions）。哲学家向人们介绍了一些哲学问题及这些问题的答案，并且询问人们是否同意哲学家们所给出的解答。实验哲学已经被应用于语言哲学、行动哲学，以及自由意志与决定论不一致的"直觉"中。

 实验哲学有哪些成果？

到目前为止，伯特兰·罗素的描述理论至少已经在一次直觉测试中"失败"了。接受测试的人倾向于责怪人们无意识做的事，根据哲学家们的观点，人们不应该为无意的行为负责。人们还认为自由意志与决定论是兼容的，而哲学家们假设的情况并非如此。

实验哲学的承诺和缺陷是什么？

从简单的形式上来说，实验哲学类似于民意测验哲学，但民意测验不是它的目标或者方法。相反，实验哲学的观点是，在依赖普通直觉之前，哲学家们应该了解那些不是哲学家的人实际相信什么。也就是说，如果哲学理论取决于某个直觉的观点，那么哲学家应该从实证准确的观点开始：他们应该确保当他们说公众认为某事物是 X 时，公众确实认为该事物是 X。实验哲学的承诺是，实验哲学有潜力使社会哲学和政治哲学更加科学化。

这并没有剥夺哲学家构建相关的理论来解释为什么普通直觉是错误的自由，只要这些理论是基于综合的判断而不是基于纯粹的体验经历。实验哲学领域的著作包括：约书亚·诺比（Joshua Knobe）与肖恩·尼古拉斯（Shaun Nichols）合著的《实验哲学》（*Experimental Philosophy*）、约书亚·诺比在杂志《哲学心理学》（*Philosophical Psychology*）上发表的《民族心理学的有意行动：一个实验研究》（*Intentional Action in Folk Psychology: An Experimental Investigation*）及克瓦米·安东尼·阿皮亚（K. Anthony Appiah）编著的《伦理学实验》（*Experiments in Ethics*）等。对实验哲学的批判性著作包括：欧内斯特·索萨（Ernest Sosa）在杂志《哲学研究》（*Philosophical Studies*）上发表的《实验哲学和哲学直觉》（*Experimental Philosophy and Philosophical Intuition*）、柯克·路德维希（Kirk Ludwig）在《中西部哲学研究》（*Midwest Studies in Philosophy*）上发表的《思想实验认识论：第一人称方法与第三人称方法》（*The Epistemology of Thought Experiments: First vs. Third Person Approaches*），以及安蒂·考皮宁（Antti Kauppinen）在《哲学探索》（*Philosophical Explorations*）杂志上发表的《实验哲学的兴衰》（*The Rise and Fall of Experimental Philosophy*）等。

 科技哲学是什么？

科技哲学的观点可以追溯到柏拉图和亚里士多德时期，因为他们曾经提到过技术，或者艺术和手工艺知识，这其中包括算术和医学。这种特定的知识是基于对普遍规律和原因的理解来自我认知的。这种知识是可以被传授的，并且它与"自然"（physis/nature）是有区别的。

当代的科技哲学是一个跨学科领域，致力于研究技术的文化影响和原因，包括其历史形态和新兴形态。美国哲学协会在《哲学与计算机》（*Philosophy and Computers*）上发表关于科技哲学的实时通讯。该领域的其他学术期刊还有《目的和手段》（*Ends and Means*）、《网络的未来——技术和人类责任》（*NetFuture —— Technology and Human Responsibility*）和《科技：哲学与技术研究》（*Techné：Research in Philosophy and Technology*）等。

我们与科技有怎样的联系？科技如何改变我们的生活和我们对世界的感知？这些是科技哲学所要探讨的问题。（图片来源：大图片文献库）

 ## 科技哲学有哪些主要的主题和影响因素？

大部分科技哲学著作涉及当代哲学的进步主义、环境保护主义、女性主义和后现代主义。虽然它们本身并不反对技术，但是马丁·海德格尔在著作《技术的追问》（*The Question Concerning Technology*）中表达了自己对于科技的许多质疑。相比之下，约翰·杜威对科技的观点更加乐观。

关键的问题是：人们能否可以不依赖激进的经济和政治变革来控制科技？科技是否可以纠正自身的过度发展？科技在科学发展史中扮演着什么样的角色？当代有影响的科技哲学著作包括：迈克尔·阿达斯（Michael Adas）的《作为人类量度的机器：科学、技术及西方统治的意识形态》（*Machines as the Measure of Men: Science, Technology, and Ideologies of Western Dominance*）；埃里克·希格斯（Eric Higgs）的文选《科技和美好的生活》（*Technology and the Good Life*）；以及汉斯·阿奇特休斯（Hans Achterhuis）的《美国科技哲学》（*American Philosophy of Technology*）。

儿童哲学是什么？

儿童哲学是一种尝试，旨在向中学生介绍批判性思维和哲学主题，并探索和培养年轻儿童对哲学问题的自然兴趣。通常情况下，欧洲中学的教学大纲中要求学校为学生开设一些哲学课程。在美国，学校开哲学课程所面临的问题不在于青少年是否有能力学习哲学，而在于如何引入哲学，如何找到合格的哲学老师，以及是否有足够的资金来开设课程。

虽然心理学家让·皮亚杰（Jean Piaget）设定了一个范例，即儿童在12岁之前无法"考虑思想的问题"或从事哲学活动，但哲学家加雷思·马修斯（Gareth Matthews）在《哲学与儿童》（*Philosophy and the Young Child*）一书中指出，皮亚杰年轻的研究对象具有哲学思想和言语。在此之前，马修·李普曼（Matthew Lipman）已经在新泽西州蒙特克莱的中学儿童中引入了哲学，他的儿童哲学小说《哈里·斯托特尔迈尔的发现》（*Harry Stottlemeier's Discovery*）共有96页。（儿童哲学小说是一个故事，它用儿童能理解的语言提出哲学问题。）

马修斯和李普曼都强调了孩子们具备对哲学产生兴趣的积极天性。相比之下，挪威作家乔斯坦·贾德（Jostein Gaarder）的青少年畅销小说《苏菲的世界：一本关于哲学史的小说》（*Sophie's World: A Novel about the History of Philosophy*）引导读者对哲学进行一系列的研究。因此，教授给青少年一些哲学知识可能比教授年幼的孩子们哲学知识有更好的教育效果。

当代致力于儿童哲学的期刊包括《分析教学》（*Analytic Teaching*）、《社区调查杂志》（*The Community of Inquiry Journal*）、《批判性与创新性思维》（*Critical & Creative Thinking*）、《澳大利亚儿童哲学杂志》（*The Australasian Journal of Philosophy for Children*）、《青年哲学问题》（*Questions: Philosophy for Young People*）和《儿童哲学思考杂志》（*Thinking: The Journal of Philosophy for Children*）等。

电影哲学是什么?

电影评论,无论是学术的还是大众的,都有着与视觉媒体一样悠久的历史。但电影的哲学,作为美学或艺术哲学的一个当代子领域,起源于 20 世纪 70 年代。与其他领域一样,电影的哲学类似于电影研究专家所从事的电影理论。

一些哲学家,如电影理论家和批评家,专门将电影视为一种独立的媒介进行研究。哲学文化批评家将电影视作"证据",这一"证据"反映出当代文化中大众的信念。还有一些哲学家从伦理、美学、政治哲学、女性主义等许多哲学兴趣和子领域转向电影。

此外,一些电影直接地提出了哲学问题。如电影《黑客帝国》(*The Matrix*)及其续集中提到了"什么是真实存在"的问题;《记忆碎片》(*Momento*)和儿童电影《永无止境的故事》(*The NeverEnding Story*)中涉及记忆和身份的本质问题。同时,还有一些电影直接以哲学和哲学家为主题,《伊斯特河》就是一部关于哲学家马丁·海德格尔的电影。

关于哲学电影的著作包括:理查德·艾伦(Richard Allen)和默里·史密斯(Murray Smith)主编的《电影理论与哲学》(*Film Theory and Philosophy*)、格雷戈里·柯里(Gregory Currie)所著的《图像和意识:电影、哲学和认知科学》(*Image and Mind: Film, Philosophy, and Cognitive Science*)、辛西娅·A. 弗里兰(Cynthia A. Freeland)与托马斯·E. 沃特伯格(Thomas E. Wartenberg)合著的《哲学与电影》(*Philosophy and Film*)。在线期刊《电影哲学:电影研究和世界电影的哲学评论》(*Film-Philosophy: A Philosophical Review of Film Studies and World Cinema*)为人们提供了当代电影哲学研究的更多资源。

 神秘主义是什么?

神秘主义认为人类无法解释意识。人们将一些哲学家提出的这种观点叫作"新神秘主义"。科林·麦金(Colin McGinn)著有多本关于神秘主义的著作,如《意识问题》(*The Problem of Consciousness*)、《神秘的火焰》(*The Mysterious Flame*)及《意识及其对象》(*Consciousness and Its Objects*)。

"神秘主义"一词是欧文·弗拉纳根(Owen Flanagan)在著作《意识的科学》(*Science of the Mind*)中首次提出的。"神秘主义"一词源于摇滚乐队"问号和神秘人"（Question Mark and the Mysterians）的名字。以前的哲学家，如戈特弗里德·莱布尼茨认为人类虽然具有意识，但却不能完全了解意识的出现。

然而，新神秘主义引人注目的特点是，它出现在人们严谨的哲学尝试（哲学家努力尝试提供意识和认知的理论）之后的一个世纪。与哲学家的主张不同，正如杰里·福多所阐述的那样，我们不知道意识如何与身体相关联，我们从未了解这种关联，我们甚至也不了解意识本身是什么。一些哲学家还将自己在神秘主义领域的观点融合了古代和 16 世纪的怀疑论。